죄의 문제

시민의 정치적 책임

죄의 문제

Die Schuldfrage

카를 야스퍼스 지음 | 이재승 옮김

앨피
Long Playing Book

차례

죄의 문제

카를 야스퍼스의 삶과 정치

나는 전문 철학자가 아닌 데다 카를 야스퍼스Karl Jaspers(1883~1969)를 오랜 시간 탐구한 적도 없어서 그의 사상 전반을 다양한 각도에서 조명하거나 비판적으로 검토할 역량을 갖추지 못했다. 야스퍼스 철학에 대한 종합적인 평가라면 국내에 입문서와 연구서가 여럿 나와 있으므로 그쪽에 책임을 미루어야 하겠다. 이 점에 대해 독자들의 깊은 양해를 구한다.

아울러 주제넘게 번역을 하겠다고 나선 일에 대해 야스퍼스 연구자들에게도 미안한 마음이다. 그러나 나로 하여금 과거 청산에 관한 총론을 생각하도록 촉발시켜 준 저작을 책임론의 이정표로서 널리 공유하고 싶은 바람이 그만큼 컸다고 변소할 따름이다.

이 책에 대하여

이 책은 독일 현대사에서 자행된 홀로코스트의 참상을 폭로하는 역사서가 아니다. 또한, 엄청난 고통을 겪고 살아남은 자의 충격적인 증언도 아니다. 제2차 세계대전이 끝난 직후 정치적으로 민감한 국면에서 거센 비난을 무릅쓰고 국가폭력과 관계된 인간 군상들의 죄와 책임을 성찰한 정치철학서이다.

야스퍼스는 모두가 죄인이라는 사이비교리와 나는 무죄이고 그들만이 죄인이라는 속물적 윤리를 배격하고 조심스럽게 묻는다.

"야만적인 폭력 앞에서 나는 평범한 시민으로서 무엇을 잘못했고, 지금 개인으로서 그리고 동료와 연대해서 무엇을 해야만 새롭게 출발할 수 있는가?"

무책임이 문화가 되고 폭력이 정치의 유산이 된 사회에서라면 이 물음이 더욱 복잡해질 것이다. 이 책은 '독일인의 죄와 책임'이 아니라 '시민의 죄와 책임'을, 나아가 세상에 만연한 부정의와 비참 앞에 '인간의 죄와 책임'을 묻는다.

야스퍼스는 일찍이 죄에 빠질 수밖에 없는 인간의 문제를 한계상황으로 논의하였다. 그러나 이 책만큼 '책임' 문제를 실존철학자들의 전유물로 만드는 데 크게 기여한 것도 없다. 아마도 대부분의 독자들은 야스퍼스의 다채로운 죄 개념들에 놀라움을 금치 못할 것이다. 그가 철학자이자 심리학자이고 정신과 의사였다는 점을 기억하길 바란다.

어쨌든 독자들은 현재의 야만과 비참의 구렁텅이에서 자신이 주체로서 이러한 죄 개념들을 어떻게 사유하고 구사하고 그것에 감응해야 하는지를 고민하게 될 것이다. 바로 이 지점에서 좋은 정치에 대한 상상이 시작된다.

법적인 죄는 유사 이래로 범법자와 피해자, 그리고 법률가의 집요한 관심사였다. 형이상학적 죄는 인간의 비참한 운명에 공명하는 예술가적 인간에게 영감을 부여한다. 도덕적 죄와 정치적 죄는 윤리학자나 정치철학자들의 사유를 자극한다. 그러나 이 모든 죄가 궁극적으로 겨냥하는 대상은, 실제로 책임을 생각하고 추궁하려는 우리 자신이다.

여러 죄 개념 중에서 입맛대로 죄를 골라 봉합하려는 사람도 있을지 모르겠다. 그러나 이 네 가지 죄는 인간의 내면과 외적 행위의 다양한 층위들에 부합하는 논리적인 구조를 갖기 때문에 심정의 연금술로도 회피하기 어려워 보인다. 우리는 이제 야스퍼스의 통찰이 빚어낸 '죄의 문법' 속으로 서서히 말려들게 된다.

《죄의 문제》를 읽다 보면 죄와 책임에 관한 사고에 닿아 있는 야스퍼스의 정치관이 궁금해지기 시작한다. 1945년 이후 그는 놀라운 정치적 슬로건을 제시하였다. '스스로 비정치적이라고 주장하는 철학조차도 정치적 의미를 가진다.'[1] '정치적이지 않은 철학은 참된 철학이 아니다.'[2]

지독하게 경건주의적이면서 보수적이고, 자유주의적이면서 비정치적인 부르주아 철학자가 대체 언제부터 철학과 정치에 대해 이런 입장을 갖게 되었을까? 베버를 만난 1909년이었을까? 나치가 집권한 1933년이었을까?

---

[1] 야스퍼스, 이상철·표재명 옮김, 《철학적 사유의 작은 학교》, 서광사, 1986, 69쪽.

[2] Robert J. Whelan(tr.), *Karl Jaspers on Max Weber*, Paragon House, 1989, p. 139.

대학교수 직에서 쫓겨난 1937년이었을까? 정치적 발언권을 인정받은 1945
년이었을까? 필시 나치를 체험하며 철학자의 소명을 각성했을 것이다.

야스퍼스는 이러한 각성을 얻은 후 비루한 과거를 어떻게 떨쳐 냈을
까? 그는 1945년 이후에 《죄의 문제》를 포함하여 정치적인 문제들에 개
입하였다. 일각에서는 이러한 야스퍼스를 철학자가 아니라 정치꾼이라
고 조롱하였다. 그러나 나치 체제의 체험 이후 세계사랑amor mundi이 철
학자 야스퍼스를 이끌었다는 평가가 온당하지 않을까! 실존의 사회적
지평 또는 사회적 실존의 폭발이라고 해도 좋고, 정치적 실존주의라고
말해도 좋고, 인간이라면 어떠한 경우에도 함께 죽거나 함께 살아야 한
다는 근본적 연대성에 대한 깨달음이라고 해도 좋다. 괴테가 《빌헬름
마이스터의 수업시대》에서 《빌헬름 마이스터의 편력시대》로 이행한 것
처럼, 야스퍼스도 그렇게 세계관의 전향을 이루었다.

나는 해제에서 먼저 야스퍼스의 생애와 주요 저작을 연대기적으로
소개하고, 그의 삶의 궤적에서 교차하는 세 인물, 베버·하이데거·아렌
트를 등장시켜 야스퍼스의 철학과 정치를 해명해 보겠다. 그리고 생애
마지막까지 야스퍼스가 품었던 정치적 입장 중 특히 나치 청산에 관한
몇 가지 중요한 주장도 검토해 보겠다.[3]

---

[3] 이 점과 관련해서는 쿠르트 잘라문, 정영도 옮김, 《카를 야스퍼스》, 지만지, 2011, 특히 166~200
쪽 ; 한국야스퍼학회 엮음, 《야스퍼스와 사유의 거인들》, 지만지, 2010. 참조.

나는 한국사회사학회가 발간한 학술지 《사회와 역사》 제101집(2014)에 〈국가범죄와 야스퍼스의 책임론〉을 게재하였는데, 이를 다시 가필하여 작품의 해제로 삼아 부록으로 실었다.

야스퍼스의 생애와 주요 저작

야스퍼스는 1883년 북독일 올덴부르크에서 태어나, 1969년 스위스 바젤에서 사망하였다. 부친은 올덴부르크 지역의 정치인이었고, 집안 분위기는 북독일 자유주의적 정치문화에 젖어 있었다. 야스퍼스는 어린 시절의 자유롭고 민주적인 사유 배경에 깊은 영향을 받았다고 밝혔다. 그의 신앙은 북독일 프로테스탄티즘의 영향을 받았으며 대체로 칸트와 키르케고르의 전통에 가깝다.

그는 1901년 하이델베르크와 뮌헨에서 첫 세 학기 동안 법학을 공부하고, 전공을 의학으로 전환한 후 베를린과 괴팅겐을 거쳐 최종적으로 하이델베르크대학에서 1909년 《향수와 범죄Heimweh und Verbrechen》로 의학박사 학위를 취득하였다. 그리고 1910년 친구 에른스트 마이어의 누이 게르트루트와 혼인하였다. 하이델베르크 대학병원에 근무하면서 심리학과 정신의학을 공부할 뜻을 가졌으나 의과대학에서는 기회를 잡지 못하였다.

그러던 중 신칸트학파의 거장 빌헬름 빈델반트Wilhelm Windelband 문하에서 《정신병리학총론Allgemeinen Psychopathologie》(1913)으로 교수 자격을 취득하고 심리학 강의를 시작하였다. 《정신병리학총론》은 7판까지 발행되었으며, 국제정신병리학회는 야스퍼스의 업적을 기리고자 2013년 이 책의 100주년 기념행사를 가졌다. 2014년 국내 연구자들이 이 책을 완역하였는데, 이것이 아마도 야스퍼스의 대작 중 유일한 한국어 번역작이 아닐까 한다.

야스퍼스는 이어서 《세계관의 심리학Psychologie der Weltanschauungen》(1919)을 저술하였다. 이 책은 막스 베버의 영향 아래 저술한 이해심리학으로 평가받기도 하지만, 한계상황과 실존 개념을 다루고 있어 본격적인 실존철학의 예고편으로 여겨지기도 한다.

야스퍼스는 1910년대에 하이델베르크 대학병원에서 정신과 의사로 일하면서 베버를 만나 그 주변의 저명한 학자들과 교류하면서 이른바 '베버 서클'에 속하게 되었다.[4] 1921년 야스퍼스는 전문 철학자의 전형적인 학문적 경로를 밟지 않았음에도 불구하고 하이델베르크대학 철학과의

---

[4] '베버 서클'은 베버 부인의 이름을 따서 '마리안느-베버-서클Marianne-Weber-Kreis'이라고도 한다. 마리안느 베버는 법학자로서 여권운동에 깊이 관여하였다. 1903년부터 1918년까지 베버의 집에서 열린 정기적인 모임에 에른스트 트뢸치Ernst Troeltsch, 게오르크 옐리넥Georg Jellinek(1910년 사망), 프리드리히 나우만Friedrich Naumann, 베르너 좀바르트Werner Sombart, 게오르크 짐멜Georg Simmel, 에밀 라스크Emil Lask, 죄르지 루카치Geörgy Lukács, 에른스트 블로흐Ernst Bloch, 구스타프 라드브루흐Gustav Radbruch, 테오도어 호이스Theodor Heuss 등이 참여하였다. 이 모임이 야스퍼스의 지적인 발전에 큰 영향을 미쳤을 것이다. 베버 서클에 대한 라드브루흐의 회상은 라드브루흐, 최종고 옮김, 《마음의 길》, 종로서적, 1983, 67쪽 이하.

정식 교수가 되었다. 그는 1920년대에 비로소 철학 공부에 매진하여 그 결과로 실존철학의 대표작인 세 권짜리 《철학Philosophie》(1932)을 출간하였다. 동시에 《현대의 정신적 상황Die geistige Situation der Zeit》(1931)이라는 정치적인 성격의 저작도 선보였다. 그러나 이 책은 현실정치를 예리하게 분석한 이론서라기보다는 문화의 맥락을 주목한 에세이에 가깝다.

1933년 나치당의 권력 장악은 야스퍼스에게도 고통의 세월을 가져왔다. 나치 독일은 '직업공무원제복구법Gesetz zur Wiederherstellung des Berufsbeamtentums'(1933.4.7.) 및 일련의 획일화법Gleichschaltungsgesetze에 기하여 유대인과 정치적 기피 인물들을 공직에서 대량으로 숙청하였다. 이들은 당국에 의해 해외로 추방당하거나 스스로 독일을 탈출하기도 했는데, 그렇지 못한 경우에는 국내에 머물며 온갖 사회적 활동을 제약당해야 했다. 후자의 상황이 완곡어법으로 표현하자면 '내적 망명innere Emigration'이다. 당시 진보파 교수들이 대량으로 해직되었음을 감안할 때 나치 정권의 칼바람 앞에서 건재했다는 것은 지식인으로서 결코 명예로운 일이 아니었다.

야스퍼스는 나치 패망 후 《실존철학Existenzphilosophie》 재판 후기(1956)에서, 당시 정치적 견해나 철학이 문제가 된 게 아니라 유대인 부인과 이혼하지 않아서 1937년 해직되었다고 처연하게 적었다. 그리고 스스로 박해받는 자가 되기 전까지는 나치 체제의 방관자로서 도덕적 죄를 저질렀다고 고백하였다.

야스퍼스는 1937년 해직된 후 스위스 바젤대학으로 떠나고자 했으나 당국이 부인의 출국을 허가하지 않아 국내에 잔류할 수밖에 없었다. 그는 이때 철학사의 주요 인물들을 탐색하기 시작하였고, 그 결실을 전후에 《위대한 철학자들Die großen Philosophen》(1957)로 출판하였다.

무려 960여 쪽에 달하는 이 책은 실존철학을 철학사에 적용한 놀라운 시도로, 야스퍼스는 이 책에서 깨알 같은 시대비평을 수행하였다. 이 책은 철학자들을 시대순으로 배열하는 전통적인 철학사 서술 방식을 버리고 새로운 분류 방식(표준적인 인물들, 철학의 건설자들, 형이상학자들)에 따라 총 15인의 인물을 논의하였다. 15인 중에 붓다, 공자, 노자, 용수까지 포함시켰으니 말 그대로 세계 철학사를 구상했다고 할 수 있다. 이 책에서 아리스토텔레스, 아퀴나스, 데카르트, 헤겔이 제외된 것도 이채롭다.

야스퍼스는 나치 시대에 정치적 발언 기회를 봉쇄당했을 뿐만 아니라 스스로 침묵하였고, 종교적이고 형이상학적인 주제에 몰두하였다. 그런 와중에 나치 체제는 어느덧 종착점에 이르렀다.

1945년 3월 초, 야스퍼스는 지인의 귀띔으로 자신과 아내가 4월 14일에 강제수용소로 이송될 것이라는 이야기를 들었다. 이때 아마도 철학은 죽음 앞에 의연함을 갖게 한다는 말로 위안을 삼지 않았을까. 천만다행으로 미군이 3월 30일 하이델베르크에 들이닥치면서 야스퍼스는 끔찍한 공포에서 벗어날 수 있었다. 뿐만 아니라, 연합군 당국은 나치청산정책을 추진할 깨끗한 독일인으로 야스퍼스를 낙점했다.

1945년 이후 독일의 정치적 재건과 대학 개혁에 주도적으로 참여하면서 야스퍼스의 운명은 극적으로 변했다. 야스퍼스는 대중 앞에서 적극적으로 발언하기 시작하였고, 스스로 대중 철학자임을 자처하였다. 《죄의 문제Die Schuldfrage》(1946), 《철학입문Einführung in die Philosophie》(1950), 《원자폭탄과 인류의 미래Die Atombombe und die Zukunft des Menschen》(1957), 《철학적 사유의 작은 학교Kleine Schule des Philosophischen Denkens》(1965) 등은 이 시기 대학 강연과 라디오 강의, TV 강의를 통해 나온 철학 대중화의 걸작이다.

아렌트는 이러한 모습에 감흥하여 야스퍼스가 1933년 이후 세계를 향하여 발언하기 시작했다고 평했다. 야스퍼스는 당시 박해받았던 자로서 독일의 개혁과 나치 청산에 관한 도덕적 발언권을 행사했던 것이다.

야스퍼스는 미군 당국의 위촉을 받아 1945년 4월 5일 하이델베르크대학의 13인 재건위원회에서 활동하였으며, 나치에 협력한 교수들의 대학 복귀를 반대하였다. 그러나 전후 독일에서 전개된 나치 청산 방향은 야스퍼스가 생각한 바와는 거리가 멀었다. 나치에 협력한 인물들이 대학이나 공직에 속속 복귀하였다. 비판법학자 노이만은 이 같은 나치 청산의 중단을 '도로나치화Renazifizierung'라고 비꼬았다.[5]

---

[5] Franz L. Neumann, "Militärregierung und Wiederbelebung der Demokratie in Deutschland (1948)", Alfons Söllner(hg.), Wirtschaft, Staat, Demokratie : Aufsätze 1930-1954, Suhrkamp,

야스퍼스는 딱하게도 냉전시대가 도래하면 반공의 기치 아래 파시스트들이 복귀할 거라는 점을 예측하지 못했던 듯하다. 연합국의 청산정책에 대한 실망에다, 독일에 사는 것에 대한 유대인 아내의 트라우마가 더해졌으리라. 1948년 야스퍼스는 실존철학자 폴 애베를랭Paul Häberlin 후임으로 스위스 바젤대학으로 옮겨 가 그곳에서 1961년에 은퇴하였다. 그런데 1966년 독일에서 나치당원 전력을 가진 기민당의 키징어[6]가 수상에 취임하고 비상사태법이 의회를 통과하자, 야스퍼스는 이에 항의하며 1967년에 독일 국적을 버리고 스위스 국적을 취득하였다.

야스퍼스는 스위스에 머무는 동안에도 독일과 세계에 대해 발언하기를 멈추지 않고 시사적인 저작들을 쏟아 냈다. 그중에서도 세 권의 저작은 기억할 만하다. 이른바 '축의 시대Achsenzeit'를 제시하며 문화 간의 대화를 의미 있게 열어 둔 《역사의 기원과 목적Vom Ursprung und Ziel der Geschichte》(1949), 칸트의 영구평화론에 영감을 받아 전후 국제 질서를 논의한 《원자폭탄과 인류의 미래》(1957), 독일의 정치적 문제들에 각

1978, p. 324.

[6] 키징어Kurt Georg Kiesinger(1904~1988)는 법률가로서 1933년 나치당에 입당하였으며, 1940년부터 외무부 공직자가 되어 라디오분과 부관리자 지위에 올랐다. 제2차 세계대전 후인 1945년에 기민당(CDU)에 입당하여 정치인이 되었다. 1958년부터 1966년까지 바덴 뷔르템베르크 주지사를 역임하고, 1966년부터 69년까지 연방수상을 지냈다.

을 세우며 비판한 《독일은 어디로 가는가Wohin treibt die Bundesrepublik?》
(1966)가 그것이다.

베버, 하이데거, 아렌트

야스퍼스와 베버

야스퍼스는 《세계관의 심리학》 서론에서 자신의 사유에 큰 영향을 준 인물로 칸트, 헤겔, 키르케고르, 니체 이외에 놀랍게도 사회학자인 막스 베버Max Weber(1864~1920)를 꼽았다.

야스퍼스는 19세 연상의 베버와 직접 많은 대화를 나누지는 못했지만 베버에게 가장 큰 영향을 받았다고 밝혔다. 1909년 베버를 처음 만난 이래로 마지막까지 베버와 친밀한 관계를 유지하였다. 실제로 베버 서클 안에서도 베버에 관한 저작을 남긴 학자는 야스퍼스뿐이다.

야스퍼스는 초기 대작인 《정신병리학총론》과 《세계관의 심리학》이 베버의 영향 아래서 쓴 것이라고 밝혔다. 나아가, 베버의 사상을 빼놓고는 자신의 철학 어느 것도 논할 수 없다고 고백하였다. 소재와 방법론에서도 그 영향을 확인할 수 있다. 반마르크스주의적 입장에서 정치, 종교, 문화를 연관짓는 태도나, 기술시대와 관료적 합리화에 대한 비관적인 태도에서도 유사성을 찾을 수 있다. 한 마디로, 하이델베르크 문화관념론Kulturidealismus의 특성이라고 볼 수 있다.

제1차 세계대전 후 베버가 뮌헨대학으로 떠난 후 재회했을 때 야스퍼

스가 《세계관의 심리학》을 건네주자, 베버는 야스퍼스의 학문적 장래에 관해 덕담을 해 주었다.[7]

19세기 후반부터 20세기 초반, 특히 바이마르공화국 초기에는 신칸트학파가 독일 강단철학을 지배하였다. 이때 신칸트학파를 비판하고 경험적·역사적·사회학적 요소들을 철학적 담론으로 통합하려는 흐름으로 현상학과 실존철학이 새롭게 등장하였다. 야스퍼스는 이러한 흐름 속에서 베버를 철학자로 규정하고 자신의 롤모델로 수용하였다.[8] 이에 신칸트학파 철학자 리케르트Heinrich Rickert가 반박하고 나서 두 사람 간에 설전이 오갔다. 급기야 야스퍼스는, 리케르트는 장차 베버가 논문 주에 적은 사사 표시[9]로 후대에 기억될 것이라는 극언을 던졌다.[10]

리케르트뿐 아니라 현상학자 후설Edmund Husserl도 야스퍼스의 《세계관의 심리학》이 인간학적 경험적 문제들을 철학으로 끌어들여 철학을

---

[7] Jaspers, *Philosophische Autobiographie*, Piper, 1977, p. 34.

[8] 야스퍼스, 《철학적 사유의 작은 학교》, 201쪽.

[9] 이 논문이 바로 유명한 베버의 객관성 글이다. Weber, Max, "Die 'Objektivität' sozialwissen -schaftlicher und sozialpolitischer Erkenntnis". *Archiv für Sozialwissenschaft und Sozialpolitik* Vol. 19(1904), pp. 22~87. 이 논문의 각주 1)에서 베버는 근대학문 방법론과 관련하여 신칸트학파의 빈델반트와 리케르트를 거명하였다.

[10] Jaspers, *Philosophische Autobiographie*, Piper, 1977, p. 38.

다른 학문 분과로 오염시켰다고 몰아세웠다. 베버뿐만 아니라 야스퍼스 까지 철학자로 인정하지 않으려 한 셈이다.

1920년 베버가 사망했을 때 하이델베르크대학이 장례식을 주관하지 않자 학생회가 추도식을 거행하였는데, 야스퍼스는 이 행사에서 추모강 연을 했다. 여기서 야스퍼스는 베르사유조약 체결 과정에 독일대표단 으로 참여하고, 각종 정치적 현안에 적극 발언한 베버를 진정한 철학자 라고 선언했다.

야스퍼스는 인간형을 '우연의 인간der chaotische Mensch', '체계의 인간 der konsequente Mensch', '다이몬의 인간der dämonische Mensch'[11]으로 구분 했는데, 이에 따르면 베버는 다이몬의 인간이었다. 다이몬의 인간은 소 크라테스나 키르케고르처럼 어떻게 살아야 하는지를 끝도 없이 캐묻고 다이몬의 응답에 따라 행동하는 사람이다. 이러한 인간이 바로 실존철 학이 말하는 철학자이다. 철학자란 철학의 지식을 보유한 자가 아니라 철학자로 사는 사람이기 때문이다.

베버가 객관성 논문에서 말했던 투로, 야스퍼스는 《세계관의 심리 학》 서문에서 이렇게 말한다.

"스스로 어떻게 살아야 하는지에 대한 답을 이 책에서 구하려는 것은

---

[11] Jaspers, *Psychologie der Weltanschauungen*, Springer, 1971, p. 354 이하.

헛것이다."

그리고 베버에 관해 자신이 발표한 글들을 한 권의 책으로 엮었다.[12] 베버는 사후에도 야스퍼스의 정신적 멘토였던 것이다.

야스퍼스는 베버 서클 속에서 이미 정치적 태도를 정했던 것으로 보인다. 1910~20년대의 독일 지식인들을 사회주의자, 자유주의자, 보수주의자로 분류한다면 베버나 야스퍼스는 자유주의자에 해당한다.[13] 야스퍼스는 바이마르공화국 초기에 잠시 독일민주당(DDP) 당적을 보유했던 사실에서 알 수 있듯이, 베버의 정치적 입장을 대체로 추종하였다. 베버의 입장은 영웅적인 자유주의, 책임 있는 민족주의, 엘리트 민주주의로 요약할 수 있다.[14]

사실 베버는 빈번히 권위주의적 독재를 정당화한 인물로 규정받는다. 아마도 베버가 대통령의 비상대권에 대한 구상을 바이마르 헌법(제48조)에 관철시켰다고 평가하기 때문일 것이다. 그러나 베버의 구상을 나치즘의 '트로이 목마'라는 식으로 규정한다면 그것은 과잉귀책일 것이다. 야스퍼스도 《베버론Max Weber. Politiker, Mensch, Philosoph》(1958)에서 그런

---

[12] Jaspers, *Max Weber. Politiker, Mensch, Philosoph*, Storm, 1946.

[13] Schürgers, Norbert J., *Politische Philosophie in der Weimarer Republik*, J.B. Metzler, 1989.

[14] Thornhill, Chris, *Karl Jaspers ; politics and Metaphysics*, Routledge, 2002, p. 55 이하.

식의 비판들을 나름대로 반박하였다.

야스퍼스는 바이마르공화국 말기에 쓴 《현대의 정신적 상황》(1931)에서 바이마르 의회민주주의를 비판하면서, 정치 질서를 유지하려면 강력한 리더십이 필요하다고 주장하였다. 많은 좌파 지식인들이 다가올 나치즘 시대에 대한 끔찍한 전망을 내놓고 있을 때에도, 야스퍼스는 나치즘 문제는 언급조차 않을 정도로 정치적으로는 맹탕이었다. 야스퍼스가 1933년까지 정치적으로 비참여적인 인물이었다고 보기보다는, 독일의 부르주아 자유주의자들의 정치적 노선과 그 속물성이 나치 체제의 등장과 양립할 수 있었다는 평가가 더 정확하지 않을까 생각한다.

《죄의 문제》에 나타난 베버의 흔적은 무엇보다 '책임' 또는 '정치적 책임'에 관한 것이다. 이 주제에서 야스퍼스가 나름의 창조적 변형을 이루었다고 본다. 1903년 신경쇠약으로 하이델베르크대학 교수 직을 사임했던 베버는, 제1차 세계대전 후인 1919년 뮌헨대학 사회학 교수로 복귀하였다. 이때 그는 '직업으로서 정치'라는 유명한 강연에서 심정윤리Gesinnungsethik와 책임윤리Verantwortungsethik를 대비시켰다. 내면의 원칙에 따라 행동하는 것이 심정윤리적 행동이라면, 뒤따라오는 결과를 고려하여 상황을 통제하려는 것이 책임윤리적 행동이다. 베버는 정치인에게 심정의 불꽃대로 행동할 것이 아니라 책임윤리적으로 행동하라고 주문하였다. 이는 마키아벨리가 말한 지도자의 '비르투virtù'에 견줄 만

한 것이다.[15]

야스퍼스는 책임을 정치 공동체의 지도자에 한정하지 않고, 정치지도자나 국가의 행위에 대한 시민 전체의 집단적 책임을 인정하였다. 야스퍼스는 여기에 인간은 자신이 통치당하는 방식에 대해서도 책임을 진다는 공화주의적 발상을 도입하였다. 야스퍼스의 시민책임론은 국가폭력의 청산에서 제기되는 공공적 시민문화의 재구성에 새로운 실마리를 제공하게 되었다. 야스퍼스는 1960년대에 독일의 현실정치를 급진적인 관점에서 비판했지만, 반공산주의·자유시장 논리·엘리트 민주주의의 틀에서 벗어나지 않았다는 점에서 1910년대 베버 서클에서 내면화한 정치적 입장을 대체로 지속시켰다 평가할 수 있다.

야스퍼스와 하이데거 야스퍼스는 1920년대 초 어느 학술 행사장에서 처음 하이데거Martin Heidegger(1889~1976)를 만났다. 야스퍼스와 하이데거는 본인들의 희망과 관계없이 독일 실존철학의 대표자로 간주된다. 하이데거는 자신이 실존철학자로 규정받는 것을 탐탁지 않아 했고, 야

---

[15] 베버의 정치사상을 고전적 공화주의 맥락에서 이해하려는 시도들에 대해서는 Baer, Peter, "An ancient sense of politics? Weber, Caesarism and the Republican Tradition", *European Journal of Sociology*, vol. 40(1999), pp. 333-350.

스퍼스는 최소한 1933년 이후에는 하이데거와 동일항으로 엮이는 것을 좋아하지 않았다. 그러나 본인들의 호불호에 상관없이 같은 시대에 신칸트학파 형식주의를 극복하려고 했다는 공통점이 존재한다.

야스퍼스가 하이델베르크대학의 신칸트학파 거장 빈델반트 아래서 교수 자격 논문을 작성하고 실존철학으로 방향을 전환했다면, 하이데거는 프라이부르크대학의 신칸트학파 거장 리케르트 아래서 박사학위 논문을 쓰고 차츰 후설의 영향을 받아 현상학으로 이행하였다.

두 사람이 처음에 서로의 철학을 어떻게 생각했는지는 알 수 없다. 파국이 오기 훨씬 전부터 하이데거는 야스퍼스의 철학에 비판적이었다. 하이데거는 《세계관의 심리학》을 논평하면서 야스퍼스의 방법론이 주관주의 형이상학과 데카르트적 존재론의 오류에 빠져 있으며, 부당하게 베버의 사회학적 범주를 철학적 분석에 혼합하였다고 지적하였다.[16] 이러한 논조를 하이데거는 《휴머니즘에 대한 서한》에서도 반복하였다. 야스퍼스 역시 하이데거를 비판했는데, 하이데거에 대한 논평들만으로도 두꺼운 단행본이 되었다.[17] 야스퍼스는 하이데거의 근본존재론을 휴

---

[16] Heidegger, Martin, "Anmerkungen zu Karl Jaspers 〈Psychologie der Weltanschauungen〉", Friedrich-Wilhelm von Herrmann(hg.), Wegmarken, *Martin Heidegger Gesamtausgabe* Bd. 9, 3. Aufl., Klostermann, 2004, pp. 1-44.

[17] Jaspers, Karl, *Notizen zu Martin Heidegger*, Piper, 2013.

머니즘에 입각해서 비판하였다.

　두 사람의 인간관계에 파국을 가져온 것은 시대의 정치였다. 하이데거는 1932년 나치당을 지지하였고, 1933년 프라이부르크대학 총장에 취임하면서 동시에 나치당에 입당하였다.[18] 그는 '대학의 쇄신'이라는 총장 취임연설에서 나치 이데올로기를 반영한 대학의 사명을 주장했다. 비록 1년 만에 총장 직에서 물러났지만 이에 관한 변명은 구구하다. 총장 직에서 물러난 후에는 대학 교원들의 정신교육 아카데미를 활성화하는 일에 뛰어들었다. 일각에서는 하이데거가 대외 활동이나 학술 활동에 매우 소극적이었고 반나치적 태도를 유지하였다고 평한다. 다른 연구자들은 공적이고 대외적인 활동과 무관하게 세미나에서나 사적인 편지에서 나치적 세계관을 그대로 드러냈다고 지적한다.

　하이데거가 밀고자로서 학문적 동료를 찍어 내려 했다는 사실도 쉽게 확인할 수 있다. 1933년 막스 베버의 조카 에두아르트 바움가르텐 Eduard Baumgarten이 괴팅겐대학에서 강사 자리를 구하고 나치 방계조직 돌격대(SA)에 입회를 신청하자, 하이데거는 그에 대한 부정적인 내용의 감정서를 강사인사위원회 지도자(Führer)에게 보냈다. 바움가르텐이 한때 하이데거의 제자였다는 사정은 둘째치고, 하이데거는 '막스 베버 주변

---

[18] 박찬국,《하이데거와 나치즘》, 문예출판사, 2001.

에 있던 하이델베르크대학의 자유주의–민주주의 지향적인 지식인 서클'
(베버 서클)을 나치즘과 함께 갈 수 없는 세력으로 규정했던 것이다.

그러나 사태는 하이데거의 뜻대로 돌아가지 않았고, 야스퍼스는 1934
년에 마리안느 베버에게 이 감정서 사건을 전해 들었다.[19] 야스퍼스는
베버 서클의 자유주의 지식인들을 상대로 하이데거가 칼을 갈고 있음
을 알게 되었다. 이 사건은 뒤끝을 남겼다.

제2차 세계대전 후 프라이부르크대학 당국이 하이데거의 교수 직 유
지와 관련하여 야스퍼스에게 감정 의견을 구하자, 이번에는 야스퍼스
가 바움가르텐 밀고 사건을 언급하며 하이데기의 전력을 문제 삼아 하
이데거의 대학 강의를 금지해야 한다고 썼다. 특히 야스퍼스는 하이
데거가 카를 슈미트Carl Schmitt(1888~1985)[20], 알프레트 보이믈러Alfred
Bäumler(1887~1968)[21]와 함께 학문적으로 뛰어난 능력을 갖추고 있지만
그 능력을 남용하여 독일 철학의 명성을 실추시켰다고 비난하였다.[22]

---

[19] Jaspers, *Notizen zu Martin Heidegger*, p. 14 이하.

[20] 나치 집권 후 베를린대학의 헌법학 교수로 취임하여 나치 독일의 계관 법률가가 되었다.

[21] 베를린대학의 정치학 교수로 나치즘을 옹호하는 역할을 수행하였다.

[22] Jaspers, "Letter to the Freiburg University Denazification Committee", Richard Wolin(ed.),
The Heidegger Controversy, A Critical Reader, Columbia U.P., 1991, pp. 148-151.

그 덕에 하이데거는 1951년까지 대학에서 강의하지 못하게 되었다.

《죄의 문제》에서 야스퍼스는 나치 인텔리들의 이름은 거론하지 않고 그들의 변명을 다단계로 검토하고 있는데, 아마도 하이데거 유형의 변명도 포함하였으리라 짐작된다. 야스퍼스는 《죄의 문제》를 하이데거에게 보내면서 나치 시대의 행적에 대한 입장 표명을 촉구했지만, 하이데거는 분명하게 답하지 않았다. 다만, 1950년 3월 야스퍼스에게 보낸 편지에서 "선생 댁을 1933년 이래로 가지 못한 것은 거기에 유대인 부인이 있어서가 아니라 부끄러웠기 때문"[23]이라고 썼다.

한번은 야스퍼스가 나치 시대에 경박하게 처신했다며 힐난하면서 하이데거를 '꿈꾸는 소년'이라 표현했는데, 하이데거는 문맥을 거두절미하고 이 표현을 자신의 방패막이로 활용하였다.[24] 그 후 하이데거는 본인의 나치 행적에 관한 인터뷰도 하고, 마르쿠제의 편지에 대한 입장도 표명했지만, 야스퍼스에게는 최후까지 입을 봉했다. 1963년 이후에는 두 사람 사이의 서신 왕래도 완전히 끊겼다.

---

[23] Wiemel, Walter & Saner, Hans(hg.), *Martin Heidegger-Karl Jaspers Briefwechsel 1920-1963*, Klostermann, 1990, p. 196.

[24] 앞의 서한집, 198, 200쪽. 편지 속 야스퍼스의 표현은 "천지 분간을 못 하고 꿈꾸는 소년처럼 wie ein Knabe, der träumt, nicht weiß, was er tut"이었다. 영화 〈한나 아렌트〉에서도 하이데거는 아렌트에게 과거의 자신을 '꿈꾸는 소년'이라 표현한다.

루카치György Lukács는 실존철학자 야스퍼스와 하이데거를 《이성의 파괴Die Zerstörung der Vernunft》에서 전면적으로 비판했다. 이 두 사람이 개인주의적이고 속물적이며 귀족주의적인 상대주의와 비합리주의를 극단까지 밀고가 독일 지식인 계급과 중간계급을 절망과 무력감 속에 빠뜨리고 궁극적으로 파시즘이 집권하는 데 기여하였다고 성토하였다.[25]

야스퍼스로서는 하이데거와 함께 묶여 매도당하는 것이 억울했을지 몰라도, 《시대의 정신적 상황》에서 보듯이 어리숙한 정치적 사고로 나치의 위험성을 예감조차 못 하고 나치가 권력을 장악하는 과정에서도 이렇다 할 저항도 하지 못했다는 점에서 비난을 면하기 어렵다. 그래서인지 루카치의 질타는 야스퍼스의 마음에 오래 남았던 것 같다. 1966년 〈독일은 어디로 가는가〉에서 야스퍼스는 뒤늦은 결사항전 의지를 견결하게 토로하였다. 그의 '내면적 전향'은 내전內戰으로 귀결된다.

> 다수결 원칙이 없다면 민주주의는 작동하지 않는다. 그러나 표결에서 국민 다수가 민주주의를, 다수결 원칙 자체를 폐기한다면, 국민 다수가 소위 전위 세력, 엘리트, 당이라고 자칭하는 소수에게 무제한의 통치 권력을 양도한다면, 헌법상 개정 불가능한 기본권마저 폐지

---

[25] 루카치, 한기상 (외) 옮김, 《이성의 파괴 2》, 심설당, 1997, 564쪽.

한다면, 표결의 자유를 통해서 자유 자체가 끝장난다면, 우리는 어찌할 것인가? 사람들이 서로 더 이상 대화할 수도 없다면, 자기확신과 사태의 발전이라는 공화주의적 길이 합법적인 방식으로 투쟁하는 세력들의 대화를 통해 폐지된다면, 고유한 정치가 절단난다면, 1933년 수권법과 같은 자포자기, 아니면 내전이 남는다.

절대적인 지배에 권력을 양도하는 것 앞에 보호를 제공할 수 있는 것은 권력뿐이다. 다수자가 소수자에 대해 불가역적인 권력을 구축하고 소수자를 말살하려고 한다면 소수자는 자포자기해야 하는가? 이러한 상황에서 내전을 각오하지 않고 부자유를 택하는 인민은 자유 인민이 아니다. 그러한 상황에서는 내전만이 합당한 결정이다.[26]

야스퍼스와 아렌트   아렌트Hannah Arendt(1906~1975)는 마르부르크대학에서 하이데거를 스승으로 철학 공부를 시작하였다. 하이데거와 아렌트의 관계가 파탄에 이르자, 아렌트는 1929년 하이델베르크대학에서 야스퍼스의 지도 아래《어거스틴에게서 사랑의 개념Der Liebesbegriff bei Augustin》으로 박사 학위를 취득하였다.

---

[26] Jaspers, "Wohin Treibt Die Bundesrepublik?", *Spiegel* Nr.17(1966), p. 64.

서한집은 아렌트와 야스퍼스 두 사람의 관계가 1926년부터 야스퍼스가 사망하는 시점까지 40년 이상 지속되고, 그 관계도 의례적인 사제 관계를 넘어 학문과 정치에서 동지적 관계로 발전한 정황을 보여 준다.[27] 야스퍼스에 대한 아렌트의 평가는 《어두운 시대의 사람들》에서 볼 수 있다.[28] 야스퍼스는 아렌트의 정치적 사유에 대해 저술할 계획을 가졌으나 완성하지 못했다.[29] 어쨌든 아렌트에 대한 야스퍼스의 우호적인 평가는 여러 글에서 확인할 수 있다.

야스퍼스는 1945년 이후 정신적 자유에서 정치적 자유로 중심을 이동시켰다. 야스퍼스는 지속적으로 시민의 정치적 자유, 독일과 세계의 정치적 재탄생에 집중하였다. 야스퍼스는 《죄의 문제》에서 경건주의적인 실존철학자로서 내면의 혁신을 여전히 역설하면서도 이 책에 '독일의 정치적 책임에 관하여'라는 부제를 달았다. 이 책은 정치적 책임을 상세하게 전개하지는 않았기 때문에 부제가 명실상부하다고 보기는 어

---

[27] Köhler, Lotte & Saner, Hans, *Hannah Arendt-Karl Jaspers Briefwechsel 1926—1969*, Piper, 1985 ; 홍원표, 〈칼 야스퍼스와 한나 아렌트의 대화 : 정치철학적 주요논제를 중심으로〉, 《한국정치학회보》, 제44집 제3호.(2010), 76~95쪽.

[28] 아렌트, 홍원표 옮김, 《어두운 시대의 사람들》, 인간사랑, 2010.

[29] 야스퍼스 연구자인 자녀Saner가 야스퍼스의 초고 전시회를 열었다고 한다. Karl Jaspers : Das Buch Hannah, http://www.uni-heidelberg.de/presse/news07/2702jasp.html.

렵다. 오히려 방향성에 대한 포석으로 이해할 수 있다. 《죄의 문제》에
등장한 정치적 책임은 이후 아렌트를 위시하여 여러 학자들이 펼친 책
임론의 준거가 되었다.[30]

아렌트는 야스퍼스의 정치적 책임이 죄책罪責(잘못을 저지른 책임)의 차
원에 소극적으로 머물렀다고 지적하고, 남편 블뤼허Heinrich Blücher와 같
이 야스퍼스의 형이상학적 죄 개념이 반정치적anti-political이라고 평했다.
바로 이 지점에서 정치이론가로서 아렌트와 윤리적 철학자로서 야스퍼
스 간의 차이가 두드러진다.

그러나 야스퍼스가 1945년 말문을 트고 이후 《독일은 어디로 가는
가》나 《원자폭탄과 인류의 미래》에서 정치적 책임과 세계시민적 책임을
지속적으로 구체화하였기 때문에, 《죄의 문제》의 약점도 정치적 행위의
측면에서 어느 정도 만회했다고 평가할 수 있다.

1958년 독일서적상협회가 《원자폭탄과 인류의 미래》로 야스퍼스에게
평화상을 수여하자, 아렌트는 시상식에 참석해 야스퍼스에 대한 헌사를
한다. 〈야스퍼스 : 찬사〉에서 아렌트는 '대개 철학자들이 대중에 대한 편
견 때문에 공적인 영역을 깔보고 자신의 내면으로 도피하는 데 비해, 야
스퍼스는 세계사랑 때문에 공적 영역에 뛰어들어 발언하는 독보적인 존

---

[30] Moynagh, Patricia, "A Politics of Enlarged Mentality : Hannah Arendt, Citizenship
Responsibility, and Feminism," *Hypatia*, Vol. 12, No. 4(Autumn, 1997), pp. 27-53.

재가 되었다'는 취지로 평했다.[31] 이 평가는 하이데거와 야스퍼스의 대비로도 읽힌다. 아렌트는 야스퍼스의 태도를 휴머니즘으로 부르고, 그가 공적인 세계에서 휴머니즘에 입각한 정치를 추구했다고 평했다.

그 이념적 스펙트럼에는 현저한 차이가 존재하지만, 실존주의를 휴머니즘으로 이해한 점에서 야스퍼스는 사르트르에 가깝다. 일각에서는 아렌트의 정치철학을 정치적 실존주의로 부르며 야스퍼스 철학에 빚지고 있다고 지적한다.[32]

1945년 이후 야스퍼스의 대표적인 슬로건은 "오직 정치적 자유만이 우리를 완전한 인간이 되게 할 수 있다"[33]이다. 야스퍼스는 《죄의 문제》에서 1933년부터 나치 패망 시점까지 죽었어야 마땅한 순간들을 비장한 마음으로 낱낱이 열거하였다. 이는 공화국을 전복하려는 시저의 책동에 항거하다 끝내 패배하여 공화국의 시민으로서 자진自盡한 카토를 연상시킨다. 물론 야스퍼스는 나치의 등장과 패망 과정에서 한순간도 카토처

---

[31] 영-브루엘, 서유경 옮김, 《아렌트 읽기》, 산책자, 2011, 25쪽 이하.

[32] Hinchman, Lewis P. & Hinchman, Sandra K., "Existentialism Politicized : Arendt's Debt to Jaspers", *The Review of Politics*, Vol. 53(1991), pp. 435-468. ; Jay, Martin, "Hannah Arendt", *Partisan Review*, Vol. 45(1978), pp. 348-68. ; 서유경, 〈아렌트 정치적 실존주의의 이론적 연원을 찾아서〉, 《한국정치학회보》, 제36권 4호, 2002, 71~89쪽.

[33] 《철학적 사유의 작은 학교》, 86쪽.

럼 살지 않았다. 그는 레지스탕스 영웅도 아니었고, 죽음의 수용소에서 증언의 의무를 지고 귀환한 프랑클이나 레비도 아니었다.

비록 야스퍼스가 어떤 완결된 정치이론이나 정치철학을 제시하지 않았지만, 아렌트는 야스퍼스에게서 정치에 관해 모든 것을 배웠다고 했다. 아렌트는 '실존철학'이라는 글에서 야스퍼스를 칸트의 정치철학을 제대로 이해한 학자라고 평가했다. 이에 답하기라도 하듯, 야스퍼스는 《나의 저작 '독일은 어디로 가는가'에 대한 비판Zur Kritik meiner Schrift : Wohim treibt die Bundesrepublik》(1967)에서 아렌트를 폐허 속에서 일어선 근본적인 정치사상가로 평했다.

두 사람 간의 협력과 상호참조는 무수하지만, 그 영향 관계를 정확하게 판정하기는 쉽지 않다. 아마도 정치적 사유에서 베버가 야스퍼스의 배경이 되었듯이, 야스퍼스는 아렌트의 배경이 되었을 것이다. 특히 1933년 이전까지 정치에 관한 야스퍼스의 관념이 아렌트에게 주요한 사고 기반을 제공했을 것으로 추정된다. 그리고 1945년 이후에는 정치이론가 또는 정치사상가로 성장한 아렌트가 야스퍼스에게 더 큰 자극을 줌으로써 영향 관계가 역전되지 않았을까. 야스퍼스는 《철학적 자서전 Philosophische Autobiographie》(1977)에서 아렌트의 저작을 통해서 자신의 정치적 사유가 심화되고 배운 바가 많다는 점을 흔쾌히 인정하였다.

야스퍼스와 아렌트는 공히 사적 영역을 중시하는 근대인의 자유가 아니라 본질적으로 고대인의 정치적 자유를 중심으로 정치를 사유했다.[34] 야스퍼스는 정치를 논하면서 권력에의 의지Machtwille가 아니라 자유에의 의지Freiheitswille를, 폭력이 아니라 소통을 역설하였다. 야스퍼스는 정치적 자유를 위해 폭력을 배제하고 함께 사유하고 함께 말하고 함께 결정하는 것이 정치라고 규정하였다. 야스퍼스는 실존적 소통이 친밀한 관계에 머무는 한계를 극복하고자, 철학의 대중화 작업에서 보듯이 공적 소통의 가능성을 모색하였다. 이러한 측면에서 야스퍼스, 아렌트 그리고 하버마스는 어느 정도 공통성을 보인다.[35]

'악의 평범성banality of evil' 개념은 《예루살렘의 아이히만》(1962)을 통해서 아렌트의 대표 개념이 되었지만, 책을 출간하기 15년 전에 이미 야스퍼스의 편지에 확립되어 있다. 아렌트는 1946년 야스퍼스의 《죄의 문제》를 읽고서 야스퍼스가 나치의 정책을 단지 '하나의 범죄'로 취급하는 것에 불만을 느껴, '다른 모든 범죄와 달리' 나치 범죄는 '법의 한계를

---

[34] 야스퍼스와 아렌트의 관계에 대해서는 박혁, 〈정치, 철학, 자유 : 아렌트와 야스퍼스의 자유의 개념〉, 한국야스퍼스학회 엮음, 《야스퍼스와 사유의 거인들》, 지만지, 2010, 134~186쪽.

[35] Habermas, Jürgen, "Hannah Arendt's Communications Concept of Power", *Social Research* Vol. 44(1977), pp. 3-24. ; Fahrenbach, Helmut, "Kommunikative Vernunft—ein zentraler Bezugspunkt zwischen Karl Jaspers und Jürgen Habermas", Kurt Salamun (hg.), *Karl Jaspers, Zur Aktualität seines Denkens, München*, Piper, 1991, pp. 110-127. ; 박은미, 〈의사소통과 실존적 상호소통 : 하버마스와 야스퍼스의 소통 개념에 관해〉, 한국야스퍼스학회 엮음, 《야스퍼스와 사유의 거인들》, 지만지, 2010, 201쪽 이하.

파괴하는' '괴물성'을 보인다고 지적하였다.[36] 이에 야스퍼스는 다음과
같이 대답하였다.

　"나치가 자행한 일을 범죄로 파악할 수 없다는 당신의 견해를 나는
미심쩍게 여깁니다. 〔나치의 범죄가〕 모든 형사적인 죄를 능가하는 죄라
는 말은 불가피하게 위대성, 곧 악마적 위대성을 획득한다는 것인데, 이
러한 위대성은 나치와 관련해 볼 때 히틀러의 악마성 이야기와 마찬가
지로 동떨어진 것이라고 생각하기 때문입니다. 우리는 그들의 전적인 평
범성 속에서, 그들의 무미건조한 사소함 속에서 그러한 범죄를 보아야
만 할 것 같습니다. 그것이 그들의 진정한 특징이기 때문입니다."[37]

　근본악 관념이 아렌트의 《전체주의의 기원》(1951)을 지배했다면, '악의
평범성'은 10여 년 후에 완전히 발화하였다.[38] 이러한 사유의 뿌리를 현

---

[36] Köhler, Lotte & Saner, Hans, *Hannah Arendt-Karl Jaspers Briefwechsel 1926-1969*, Piper, 1993, p. 90.

[37] 앞의 책, 98쪽 이하.

[38] 나는 악의 평범성 개념을 아렌트가 야스퍼스의 편지를 받을 때까지 상상하지 못했다고 말하
려는 것이 아니다. 이미 야스퍼스는 《죄의 문제》에서 《전환》에 실린 아렌트의 논문 일부를 길
게 인용하고 있다. 그 내용은 이런 것이다.
"공포정치는 지도층의 범죄에 독일 국민이 동참하게 되는 놀라운 현상을 초래하였다. 국민은
복종하는 자에서 공범자로 변모하였다. 물론 제한된 범위에서만 그랬지만, 우리가 도저히 그러
한 짓을 하리라고 상상할 수 없는 사람들, 가령 가정적인 아버지들이나 의무에 따라 자신의 과
업을 수행하는 성실한 시민들이 마찬가지로 의무에 따라 타인을 살해하고 강제수용소에서 명
령에 따라 잔혹 행위를 완수하였다."(Hannah Arendt, "Organisierte Schuld", *Wandlung*, Erster

대사회와 관료제의 병리를 해부한 베버에게서도 찾을 수 있겠다. 어쨌든 야스퍼스와 아렌트는 공히 '악의 평범성' 개념을 통해 악을 신화화하거나 신비화하는 것을 거부하였다. 어떠한 악도 인간적인 것이고 개선과 극복의 대상이라고 보기 때문이다.

1945년 이후 야스퍼스가 참여적 지식인으로 거듭나는 또 다른 공간은 《전환Die Wandlung》[39]이다. 세계대전 후 피폐한 시대 분위기를 타파하고자 야스퍼스는 이 잡지를 창간하였고, 아렌트도 저명한 지식인들과 더불어 이 잡지에 기고하였다. 야스퍼스는 서독 사회에 만연한 정치적·지적인 복구 경향을 비판하고, 민주주의와 인권, 정치적 자유를 강조하면서 새로운 사회에 대한 열망을 표현하였다. 야스퍼스의 정치적 구상은 독일식 공

Jahrgang, Heft 4, April 1946).

아렌트의 글은 원래 이보다 1년 앞서 *Jewish Frontier* No. 9(Jan. 1945)에 '독일인의 죄German Guilt'라는 제목으로 게재되었다. 물론 죄에 대해서는 야스퍼스가 1919년에 이미 《세계관의 심리학》에서 한계상황으로 논의하였다.

[39] 《전환》은 전후 독일의 정신적 쇄신을 목표로 하이델베르크에서 창간된 월간지다. 1945년 11월부터 1949년 가을까지 발행되었다. 야스퍼스, 돌프 슈테른베르거Dolf Sternberger, 베르너 크라우스Werner Krauss, 알프레드 베버Alfred Weber 등이 함께 이 잡지를 창간하였으며, 발행인은 슈테른베르거였다. 아렌트, 엘리엇T. S. Eliot, 마리-루이제 카슈니츠Marie-Luise Kaschnitz, 게르하르트 슈토르츠Gerhard Storz, 빌헬름 쥐스킨트Wilhelm E. Süskind, 빅토르 폰 바이체커Viktor von Weizsäcker, 베르톨트 브레히트Bertolt Brecht, 마르틴 부버Martin Buber, 알베르 카뮈Albert Camus, 토마스 만Thomas Mann, 장—폴 사르트르Jean-Paul Sartre, 카를 추크마이어Carl Zuckmayer 등이 이 잡지에 기고하였다. 이 잡지의 주요 개념은 정신적 쇄신, 책임, 자유와 인문주의였다.

화주의라 일컬어지는 헌법애국주의[40]에 영향을 주었다고 할 수 있다.

시대사

공소시효

야스퍼스는 《죄의 문제》 1962년판 후기에서 뉘른베르크 재판이 배태한 새로운 세계 질서에 대한 여명이 가짜였다고 지적했다. 뉘른베르크 재판으로 시작된 나치 청산도 후퇴하였고, 미국이나 소련이 자행한 전쟁범죄는 영영 심판받지 않게 되었기 때문이다. 야스퍼스는 나치 전범의 처벌에 대한 논쟁에서 단호한 입장을 견지하였다. 그는 아우슈비츠 재판(1963~65)[41]을 참관하면서 공소시효를 폐지해야 하며, 심지

---

[40] '헌법애국주의Verfassungspatriotismus'는 《전환》의 공동편집인이자 현대 독일정치학의 대부인 슈테른베르거가 독일 헌법 탄생 30주년 기념 강연(1979)에서 처음으로 사용한 표현이다. 헌법애국주의는 윤리적 국가관에 대한 대안으로서 시민권적 국가관이다. 이에 따르면 국가귀속성은 혈통이나 언어의 공동체가 아니라 민주주의나 사상의 자유와 같은 입헌주의적인 가치에 근거한다. 나치 제국의 민족공동체라는 악몽을 떨치기 위한 독일적 정치의 소산이었다. Sternberger, Dolf, *Verfassungspatriotismus*, Insel, 1990. ; Habermas, Jürgen, *Staatsbürgerschaft und nationale Identität : Überlegungen zur europäischen Zukunft*, Erker, 1991.

[41] 프랑크푸르트 아우슈비츠 재판은 '제2차 아우슈비츠 재판The second Auschwitz trial'으로 불린다. 아우슈비츠 재판은 폴란드 아우슈비츠 수용소를 관리하던 나치에 대한 재판을 의미한다. 제2차 세계대전 후 아우슈비츠 수용소를 접수한 폴란드 당국이 유대인 학살에 관여한 수용소 관리를 처벌하고자 했으나, 다수가 독일로 탈출하여 처벌할 수 없었다. 이와 같이 잠적한 전쟁범죄자 22인이 나중에 검거되어 1963년 12월 20일부터 1965년 8월 19일까지 프랑크푸르트에서

어 소급입법을 제정해서라도 전범을 처벌해야 한다고 주장하였다.

아우슈비츠 재판과 아이히만 재판 과정에서 잠적한 나치 전범들을 향후에 어떻게 처벌할 것인지가 중요한 정치 문제로 부상하였다. 당시 독일 형법은 살인죄의 공소시효를 20년으로 정하고 있었기 때문에 1945년을 기준으로 20년 후에는 전범을 처벌할 수가 없었다. 야스퍼스는 시사주간지 《슈피겔》의 발행인 루돌프 아욱스타인과의 대담에서 '집단살해는 시효가 없다'(1965)는 원칙을 피력하였다.

이 문제가 법적으로 해결되는 데에는 상당한 우여곡절이 있었다. 당시 집권당인 기민당-기사당(CDU-CSU)의 일부 세력은 시효를 20년에서 30년으로 연장하자는 방안을 제시하였고, 연립정권의 한 축인 자민당(FDP)은 공소시효를 변경하는 것에 반대하였다. 야당인 사민당(SPD)은 살인죄와 집단살해죄의 공소시효를 아예 철폐하자고 제안하였다. 의회는 토론을 거쳐 공소시효 기산점을 1949년 12월 31일로 잡는 법률을 통과시켰다.

이 법은 연합국의 점령 기간을 시효 기간 계산에서 제외하였는데, 이

재판을 받게 되었다. 베른하르트 쉴링크의 《책 읽어주는 남자》는 이러한 추가 재판을 배경으로 하였다. 반나치 투사 프리츠 바우어가 헤센 주 검찰총장으로서 이 소송을 지휘하였다. 이에 대해서는 보야크·혼다 미노루, 박보석 옮김, 〈프리츠 바우어 그리고 1945년 이후의 나치범죄의 극복〉, 《민주법학》, 제48호(2012), 391~422쪽.

는 실제로 시효를 5년 연장했지만 여전히 미봉책에 불과하였다. 국제사
회도 잠적한 나치 전범들에 대한 대책으로서 1968년에 '전쟁범죄와 인
도에 반한 범죄의 공소시효부적용조약'을 채택하였다. 뉘른베르크 원칙
을 지속시키려는 국제적인 조치였다. 독일 의회는 1969년에 다시 살인죄
에 대한 공소시효를 20년에서 30년으로 연장하였고, 1979년에는 살인죄
와 집단살해죄의 공소시효를 폐지하는 획기적 조치를 단행하였다.

이렇게 공소시효가 철폐되었기 때문에 프랑크푸르트 법정은 유대인
수용소에서 전쟁범죄를 자행한 뎀잔주크[42]에게 범행 후 66년이 지난
2011년에 징역형을 선고할 수 있었다. 국제사회는 몇 차례 국제군사재판
소를 설치한 후에 2001년에 국제형사재판소(ICC)를 상설화하기에 이르렀
다. 그러나 이 재판소가 야스퍼스의 예리한 비판을 누그러뜨릴 수 있을
만큼 뉘른베르크 정신을 제대로 구현하지는 못했다. 여전히 미국과 소련
의 침략범죄와 전쟁범죄는 처벌할 수 없는 반쪽짜리 법원이기 때문이다.

---

[42] 존 뎀잔주크John Demjanjuk(1920~2012)는 우크라이나 출신의 붉은 군대 일원이었으나 독일군
포로로 붙잡힌 이후 나치에 협력하여 수용소에서 간수로서 유대인 학살 등 전쟁범죄에 관여하
였다. 제2차 세계대전 후 미국으로 잠적했다가 발각되어 전범으로 이스라엘, 미국, 독일로 번갈
아 가며 이송되었다. 2011년 최종적으로 독일 법원은 그에게 살인방조죄로 5년형을 선고하였
다. 뎀잔주크는 2012년 항소 중에 사망하였다. 영화 〈뮤직박스〉(1989)는 이 인물을 모델로 한
것이다.

독일의 미래

나치당원이었던 키징어가 1966년에 연방총리로 선출되고, 1967년에 긴급사태 법률들이 통과되었다. 과거 나치 시대에 수권법이나 여타 긴급법제들의 폐해를 톡톡히 경험했던 야스퍼스는 긴급사태법의 통과를 독재의 징후로 받아들였다. 그는 1966년 《슈피겔》에 기고한 〈독일은 어디로 가는가〉라는 글에서 독일의 현실정치를 통렬하게 비판하였다.[43]

야스퍼스는 현행 헌법이 나치 체제의 어두운 그림자와 민중에 대한 공포로 인해 국민의 정치적 힘을 사소하게 만들었다고 평가하였다. 그는 독일의 정치를 정당과두제의 갈채투표로 규정하고, 점차 과두제에서 독재로 이행하는 중이라고 진단하였다. 야스퍼스는 헌법이 안전만을 중시하고 국민의 영향력을 차단하려 한다며 다음과 같이 비판하였다.

"인간의 일이란 결코 절대적 안전을 제공할 수 없다. 자유는 언제나 위험을 무릅쓴 자유Freiheit im Risiko를 통해서만 주장할 수 있다. 절대적 안전을 원하는 사람은 결국 부자유와 정치적 죽음을 원하는 사람이다."

그는 여러 곳에서 기층민주주의나 공화주의적 정치사상을 피력하였다.

야스퍼스는 1950년대에 콘라트 아데나워가 이끄는 자유주의적 보수적 정부(1949~1963)의 주요 정책을 지지하였고, 서유럽연합(WED)의 결성에 적극적이었다. 서유럽연합이 소련의 식민화로부터 서유럽의 문화적

---

[43] 이 글을 포함하여 야스퍼스가 쓴 시사적인 글들이 같은 제목의 단행본으로 출간되었다.

자산을 보호하는 방책이라고 보았다.

그는 1960년대의 뉴레프트 운동과 관련해서도 혁명적 정치를 주장하는 마르쿠제와 달리 엘리트 민주주의 시각에서 학생운동을 조심스럽게 옹호하였다. 그는 대의제 민주주의가 총통제로 타락했던 과거의 경험에 입각하여, 독일연방공화국의 대의제 민주주의 역시 정당과두제로 규정하고 비관적으로 보았다. 이러한 정세 판단이 당시 독일의 정치적 상황에 비추어 적절했는지에 대해서는 의문을 제기하는 사람들이 적지 않다.

야스퍼스는 1945년 이후 정치적 쟁점에 대해 활발하게 입장을 표명하였다.[44] 그의 정치적 근본 태도는 공산주의와 전체주의를 일관되게 반대하는 것이었다. 아마도 북독일의 경건주의 신앙을 가진 사람에게 어울리는 정치적 행로가 아닐까 생각한다. 그러나 이것만으로 야스퍼스를 냉전시대의 반공투사라고 부르기는 어려울 것 같다.

그는 반공산주의와 반파시즘 가운데서 정치의 공간을 넓히고자 했다. 그래서 나치 체제를 피해 미국으로 망명했던 독일 지식인들을 반미활동위원회로 소환하며 이데올로기적으로 공격하던 미국의 매카시즘을 비판하였다. 미국의 냉전 광풍은 독일에서도 후폭풍을 야기하였다. 독일헌법재판소는 1956년에 공산당을 금지하는 판결을 내리고 정치적

---

[44] 전후 정치적 태도에 대한 문제에 대해서는 Grund, Johann Jakob, "Karl Jaspers. Seine Entwicklung zwischen 1945 und 1950", *Widerspruch* Nr. 18(1990), pp. 69-73.

급진파들을 억압하였다. 야스퍼스는 과거 나치당이 집권 후 제1단계 조치로 공산당을 금지한 사실에 입각해 공산당 금지 판결을 전체주의적 통제사회의 징후로 이해하였다. 야스퍼스는 사상 면에서 시민들의 정치적 경쟁을 강조하고, 어떤 정치집단이 폭력을 행사하거나 준비하는 경우에만 금지시킬 수 있다고 주장하였다. 그는 정치적 자유와 표현의 자유의 옹호자가 되었다.

그는 《자유와 통일Freiheit und Wiedervereinigung》(1960)에서도 동독인의 자유를 위한 민주적 개혁을 지지하는 한편으로, 독일의 통일 요구가 독일 정지를 영토 확장과 침략의 역사 속으로 끌고 가서 독일 정치의 근본적 개혁을 가로막을 것이라고 우려하였다. 현재의 국경을 존중하고 각각의 체제에서 민주적 개혁을 하라는 것이 그의 주문이었다.

이러한 견해는 실제로 독일 통일이 이루어지는 시점까지 독일 진보파의 입장에 깊은 흔적을 남겼다. 이제는 흘러가 버린 이야기에 지나지 않지만, 여기서도 유럽의 평화와 독일의 근본적 개혁을 추구했던 그의 정치의식을 엿볼 수 있다.

철학자가 쓴 '신곡神曲'

해제를 쓰느라 악전고투를 벌이던 어느 날, 문득 야스퍼스는 어떤 심정으로 《죄의 문제》를 집필했을까 상상해 보았다. 파리아 족속과 구약의 예언자 예레미야가 내면 여행을 재촉하였다. 정치적 책임, 정치적 자유, 형이상학적 죄, 정죄淨罪와 정화라는 단어 속으로 빨려 들어갔다. 단테의 《신곡》을 읽으며 연옥산(정죄산)에 이르렀다. 연옥은 7층으로 이루어진 산이다. 지옥과 연옥의 안내자 베르질리오, 그가 노래한 아이네아스, 연옥의 수문장 카토를 만났다. 살아서 정치적 자유를 지키고자 했던 카토는 죽어서 정신적 정화의 담당자가 되었다.

아마도 야스퍼스는 카토, 베르질리오, 아이네아스, 단테, 예레미야가 되어 보았을 것이다. 패전 이후에 각기 독일혼의 부활을 역설했던 피히테나 베버도 되어 보지 않았을까!

《죄의 문제》는 철학자 야스퍼스가 쓴 '신곡'이다. 제2차 세계대전과 홀로코스트가 지옥inferno이라면, 패전 후의 역경은 필시 야스퍼스에게 감내해야 할 연옥purgatorio이었을 것이다. 단테는 연옥이 여전히 희망을 품고 있다고 말한다.

> 그리고 그 다음엔 언제고 한 번 행복스런
>
> 시민이 되리란 희망 때문에
>
> 불꽃 속에서 흡족해 하는 이들을 보리라   ―〈지옥〉, 제1곡, 28[45]

---

[45] 최민순 신부가 번역한 《신곡》(을유문화사, 1960)을 따랐다.

야스퍼스는 예레미야나 단테가 되어 패전의 비참을 겪는 독일인에게 밑도 끝도 없이 죄와 정죄를 설교하였다. 그는 하이데거에게 보낸 편지에서 죄의 문제를 강연하던 당시 학생들이 강당을 가득 채웠지만 일반 대중과 마찬가지로 죄와 책임에 대해 관심이 없다고 말했다. 야스퍼스는 이집트로 끌려가서도 동포들에게 구박당한 예레미야나 피렌체로 영원히 돌아오지 못한 정치인 단테와 별반 다르지 않았다.[46]

연합국의 나치 청산 과정도 야스퍼스의 기대를 배반하였다. 나치의 지옥에서 빠져나온 독일은 청산과 정죄를 통해 자유의 나라로 재탄생하지 못했고, 세상은 인도적인 세계로 정립되지 못했다. 야스퍼스는 독일에서, 세계에서 정치의 천국paradiso을 보지 못했다. 도리어 그는 세상과의 불화로 1967년 독일 국적을 버렸다. 토마스 만이 '비독일적'이라는 이유로 독일에 대한 발언을 거부당한 것처럼, 독일의 시민으로서의 야스퍼스의 공적인 삶도 이로써 막을 내렸다.

여기서 수용소 생환자로서 끝내 죽음을 택한 장 아메리Jean Améry와 프리모 레비Primo Levi가 다시 떠오른다. 만일 세상에 자유의 나라가 건설되었다면, 생지옥에서 인간성을 박탈당했던 그들도 삶을 끝까지 지속시킬 수 있었을까? 프리모 레비는 살아남은 자의 죄의식survivor guilt과

---

[46] Clark, Mark W., "A Prophet without Honour : Karl Jaspers in Germany, 1945-48", *Journal of Contemporary History*, Vol. 37(2002), pp. 197-222.

싸우면서 지옥의 끝을 피하지 못했던 것이다. 레비의 시 〈살아남은 자〉
는 단테의 〈지옥〉편 제33곡에 대한 대답이다.

(전략)

여기서 사라지게, 익사한 사람들이여

어서 가게. 나는 어느 누구의 자리도 빼앗은 적이 없네.

어느 누구의 빵도 훔친 적이 없네.

어느 누구도 나를 대신해 죽지 않았네. 어느 누구도.

그대의 안개 속으로 떠나게.

내 죄는 아닐세! 내가 살아 숨 쉬는 것도

먹고 마시고 잠자고 옷을 입는 것도.[47]

---

[47] 아감벤은 레비의 〈살아남은 자〉 마지막 2행과 단테 《신곡》의 〈지옥〉편 제33곡 140-1행을 관련시킨
다. 아감벤, 정문영 옮김, 《아우슈비츠의 남은 자들》, 새물결, 2012, 136쪽 이하. 이 시는 '남이 대신
죽고 내가 살아 있다'는 죄책감에 몸부림치는 생존자의 절규이다. 시의 놀라운 발상은, 이미 죽은
자(브랑카 도리아)가 스스로 살아 있는 자인 양 생각하며 항변하도록 한 점이다. 《신곡》에 등장
하는 브랑카 도리아는 권력을 얻고자 장인을 죽였다가 기아飢餓의 환環에 떨어진 인물이다. 단테
는 《신곡》에서 배신자를 가장 중대한 죄인으로 취급한다. 해당 시구를 비교하면 다음과 같다.

Non è mia colpa se vivo e respiro
e mangio e bevo e dormo e vesto panni,
내 죄는 아닐세! 내가 살아 숨 쉬는 것도
먹고 마시고 잠자고 옷을 입는 것도.
- 레비, 〈살아남은 자〉

"'Io creodo', 'diss'io lui', 'che tu m'inganni ;
che' Branca Doria non mori' unquanche,
e mangia e bee e dorme e veste panni'".
내 그에게 말했네 "그대 날 속였구나,
브랑카 도리아가 아직도 죽지 않고,
먹고 마시고 잠자고 옷을 입고 있으니."
— 단테, 《신곡》, 〈지옥〉 제33곡 139~41행

번역에 대하여

이 번역본의 제목을 놓고 고민하다가 '죄의 문제–시민의 정치적 책임'으로 하였다. 원제가 Die Schuldfrage-Von der politischen Haftung Deutschlands이므로 어느 정도 부합성을 유지했다고 생각한다. 영역본은 《독일인의 죄의 문제Ashton, the question of german guilt》(Dial Press, 1947), 일역본은 《책죄론責罪論》(理想社, 1965)으로 출판되었다.

야스퍼스는 1945~6년 겨울 학기에 하이델베르크대학에서 일련의 강연을 수행했는데, 슈나이너 출판사가 죄의 문제에 관한 강의 부분만을 따로 엮어서 출판하였다. 이 단행본은 시대 상황의 변화에 따라 형태가 몇 차례 바뀌었다. 1962년 피퍼 사가 이 책을 재출간할 때 저자의 뜻에 따라 원래 책에서 10여 쪽에 해당하는 분량을 삭제하고, 대신에 뉘른베르크 법정에 대한 소회를 담은 저자 후기를 추가하였다.

피퍼 사의 1977년판은 야스퍼스가 《슈피겔》지와 벌인 대담뿐만 아니라, 공소시효 문제를 둘러싼 독일 의회의 토론도 추가하여 부록으로 실었다.

피퍼 사의 2012년판은 다시 부록을 빼고 1962년판과 동일한 형태가 되었다. 영역본은 야스퍼스의 1946년판을 번역하였고, 일역본은 1946년판 원래의 것을 번역하고 거기에 1962년판 후기를 추가하였다. 피퍼 사의 2012년판이 이 책의 변천사를 전혀 설명해 주지 않아서 여기에 이러한 사정을 적는다. 몇 달 전에 1946년판을 구입해 보고서야 이러한 구구한 사정을 확인할 수 있다.

야스퍼스는 1962년 재출간 시 변화된 상황을 고려하여 일부분을 삭제하였지만, 한국의 독자들이라면 1945년 전후 상황에서 야스퍼스가 어떤 심정이었는지에 더 많은 관심을 가질 것이라고 판단하여 1946년판을 완역하였다. 거기에 1962년판의 저자 후기를 더했다. 어쨌든 1946년 독일어판과 2012년 독일어판을 기준으로 번역 작업을 마무리하였다.

1946년판에 있으나 2012년판에는 없는 문장이나 구절은 글자에 별도의 색을 입혀 표시하였다. 야스퍼스가 달아 놓은 주(원주) 세 개를 제외하고는 역자가 임의로 독자의 편의를 위해 상세한 주들을 덧붙였다. 읽는 데 방해가 되지 않을까 염려된다.

이 작은 작품을 번역하는 데도 사의를 표해야 할 분들이 있다. 민족문제연구소의 김민철 박사가 대학원 수업에서 야스퍼스의 일역본을 이용하면서 생산한 자료를 건네주어 적시에 참고할 수 있었다. 김 박사님께 특별히 고마움을 표시한다. 번역하는 과정에서 건국대 통일인문학 이병수 교수님과 실존철학에 관해 나눈 대화는 참으로 유익했다. 그 대화는 한두 권의 책을 더 읽는 것으로는 무지를 해결할 수 없다는 사실을 깨닫게 했다. 또 해제를 읽고 문제점을 지적해 준 장지욱 박사와 이계수 교수, 교정 작업을 기꺼이 맡아 준 건국대 통일인문학 김종곤 연구교수와 김지혜 연구원께 감사드린다. '역사적 트라우마' 연구로 철학자의 길에 막 들어선 김종곤 박사와 문학의 세계에서 차분히 길을 닦는 김지혜 선생이 학문적인 열망을 펼치기를 기대한다. 마지막으로 이 번역을 마무리하여 세상에 나오게 해 준 앨피출판사 관계자들께 감사를 표한다.

2014년 가을

이재승

카를 야스퍼스
죄의 문제

서언

1945~1946년 겨울 학기에 진행된 독일의 정신적 상황에 대한 연속강의 중에서 죄의 문제를 다루었던 강의를 이렇게 출판하게 되었다.

내가 어떤 마음가짐으로 죄의 문제를 논의했는지는 겨울 학기를 시작하면서 했던 강의 입문에서 분명하게 드러날 것이다. 강의 형식에서도 나타나지만, 이 점을 앞질러 밝혀 둔다.

이 모든 해명을 통해 나는 독일인의 한 사람으로서 명석함과 일치를 촉진하고, 인류의 구성원으로서 진실을 향한 우리의 노력에 동참하고자 한다.

1946년 4월

하이델베르크

독일이 처한 정신적 상황

대학이 처한 학문적 상황[1]

여러분! 최근 수년 사이에 대학생으로서 이 강의실에 앉았던 여러분은 지금 아마도 다음과 같이 생각할 것입니다.

'천지가 개벽했네, 배역이 바뀌었네, 정치적 상황이 변하니까 이제는 다른 인물이 꼭두각시처럼 춤을 추는군, 권력기관이 된 교수들이 권력의 시시껄렁한 노래나 부르고 있군, 교수라는 작자들이 무슨 말을 지껄이더라도 신뢰할 수 없어, 밥값 내 준 사람을 노래한다더니wes Brot ich eß, des Lied ich sing 이 말이 교수들에게도 딱 들어맞는군' 등등.

---

[1] 초판인 1946년판에는 있으나 2012년판에선 빠진 부분이다. 해당 부분은 흐린 글씨로 처리.

나는 나치가 집권한 지난 12년 동안(1933~1945) 이러한 환경 속에서 정신적으로 성숙해진 모든 젊은이들 사이에 퍼져 있는 이와 같은 불신을 이해할 수 있습니다. 그러나 나는 아직 배우는 과정에 있는 여러분에게 어쩌면 지금은 사정이 다를지도 모른다는 가능성, 지금은 정말로 진리만이 관건일지도 모른다는 가능성을 열어 놓고 허심탄회한 태도를 가져 달라고 부탁드립니다. 진리가 명백하게 드러나도록 여러분이 각자의 자리에서 서로 협력해 주시기를 당부드립니다. 그래서 우선 현재 대학이 처한 학문적 상황에 대한 내 견해를 경청하고, 아울러 검토해 주시길 바랍니다. 내 견해는 이렇습니다.

여러분은 지난 세월 많은 학문 분야에서 들었던 내용과 별반 다르지 않은 것을 앞으로도 듣게 될 것입니다. 자기 자신에게 충직했던 학자들은 자신의 학문 분야에서 시종일관 진리를 가르쳐 왔습니다. 여러분은 강의 내용과 그 근본적인 견해뿐만 아니라 목소리까지도 과거에 해 왔던 바와 다름 없는 교수들을 많이 만나게 될 것입니다.

그러나 다른 학문 분야, 특히 철학이나 정치학 분야에서는 이상하다는 인상을 받을지도 모르겠습니다. 이런 영역에서는 정말로 천지가 개벽했으니까요. 1933년 이전에 또는 히틀러 정권 초반에 여기서 공부했던 분들이 지금 다시 여기에 있다면, 그분들은 우리들 사이에 일치하는 근본적인 태도를 발견할 것입니다. 그러나 이 경우에도 최근 10여 년간의 대격변이 초래한 변화를 감지할 수 있을 것입니다. 실제로 배역이 바뀌었습니다. 여러분께 나치적 언동을 일삼던 교수들은 자취를 감추었습니다. 지금까지 가면을 쓰고 살아야 했던 교수들이 이제 과거의 시간 속에서 노인네가 되어 돌아오거나 젊은 교수로서 자유와 솔직함으로 변화하는 과정에 참여하고 있습니다.

여러분께 다시 부탁드립니다. 나는 여러분이, 교수란 작자들이 최근까지도 타당하다고 알려진 바를 뒤집어서 가르치며 전에 했던 주장과 정반대로 말하고, 전에 찬양하던 대상을 지금 공격하고, 전에 공격하던 대상을 지금 찬양할 뿐이라는 성급한 결론을 내리지 않기를 바랍니다. 옛날이나 지금이나 학문은 어차피 정치적 강요의 결과물일 뿐, 진짜 진리는 아니라고 단정하지 않기를 바랍니다. 그것은 사실이 아닙니다. 전적으로 사실이 아닙니다. 설령 그것이 사실이라고 할지라도, 그렇게 되면 변한 것은 사고방식이 아니라 공격의 방향이나 기만적인 찬양의 방향일 뿐 본질적으로 달라진 것이 없게 됩니다.

우리 교수들은 근본적인 차이는 특정한 사유 내용뿐 아니라, 결정적으로는 사유 방식에 있다는 점을 학문 방식을 통해서 보여 주지 않으면 안 될 것입니다. 종전의 학문이 과학이나 철학이 아니라 선전이었다면, 이제 우리는 다른 관점을 도입할 것이 아니라 무엇이 참다운 인식인지를 탐구하는 비판적인 운동으로 우리의 사유 방식을 돌려놓아야 합니다. 그 과정에서 참다운 인식을 억압할 수도 있습니다. 그러나 이는 틈만 생기면 인간 존재의 본질에서 자라나는 인식입니다.

분명히 모든 사상과 연구는 정치적 상황에 의존합니다. 다만, 정치권력이 자신의 목적을 위해서 사상과 연구를 강요하고 동원하는지 아니면 정치권력의 직접적인 영향을 받지 않는 영역을 원해서 자유로운 연구와 사상을 허용하는지에 따라 차이가 날 따름입니다.

1933년 이전에는 자유롭게 생각하고 말하는 것이 허용되었고, 현재 우리는 다시 그러한 자유를 얻었습니다. 현재 우리의 정치적 상태는 군정軍政과 그 권위로 설치된 정부입니다. 이 정부는 민주적 정부가 아니라 권위주의적 정부입니다. 그러나 군정과 그 정부는 둘 다 사상과 연구의 자유를 제한하지 않고 있습니다. 양쪽 모두 우리가 진리에 자유로이 접근하도록 허용합니다.

그러나 이것이 현재 우리가 마음대로 판단을 내릴 정도로 자유롭다는 것을 의미하지는 않습니다.

전체적인 상황으로 말하자면, 현재 강대국들 간의 정치적 투쟁에서 쟁점이 되는 세계정치적으로 결정적인 모든 문제들에 대해 우리가 완전히 유보 없이 공개적으로 발언하는 것은 허용되지 않습니다. 이것은 당연한 일입니다. 세계 도처에서 정치적 책략은 가장 유리한 해결책을 얻고자 어떤 문제와 사실들에 대해 침묵을 요구할 수도 있습니다. 이는 물론 이상적이지 않고 고통스러운 상태입니다. 그러나 솔직히 말해서, 우리는 이러한 사정을 시인하지 않을 수 없습니다. 어느 누구도 이에 대해 불평할 권리가 없습니다. 모든 문제에 대해 제멋대로 말하는 것은 어쨌든 방종입니다.

사람이 말하는 것만은 무조건 진실한 것이어야 합니다.

우리 자신이 정치에 관여하고 있기 때문에 현재의 정치적 상황은 대학 강의의 주제가 못 됩니다. 강의의 대상이 될 수 있는 것은, 정부의 행동에 대한 비판이나 찬양이 아니라 정부의 현실적인 구조에 대한 과학적 해명입니다. 현재 우리가 군정 아래 살고 있다는 사실은 특별히 언급할 필요도 없는 일이지만, 우리에게는 군정을 비판할 권리가 없다는 의미입니다.

그러나 이 모든 것이 우리의 연구를 제한한다는 것을 뜻하지는 않으며, 다만 우리의 본분이 아닌 바를 행하지 말라는 것, 달리 말하면 현재의 정치적인 행동과 결정들에 간섭하지 말라는 강력한 제동을 의미할 뿐입니다. 이것을 진리 탐구에 대한 제약으로 간주한다면, 이는 의도적인 곡해라고 생각합니다.

오히려 우리가 지닌 모든 수단을 이용해서, 모든 방향에서 방법적으로 탐구할 만한 것을 발견해 보라고 재촉합니다. 우리는 토론과 다양한 견해들을 밝힐 기회들을 확보하고 있지만, 이 기회들을 가지고 합당한 입장을 수립하는 대신에 산만하고 근거 없는 견해에 도달할 위험도 있습니다.

하지만 이것이 우리에게 다시 선전의 자유가 생겼음을 의미하진 않습니다. 선전은 당면한 정치적 목표와 일치하는 한에서만 용인될 것이고, 그렇더라도 대학에서는 재앙이 될 수 있습니다. 성급한 진술을 통해 진리를 파악해서는 안 됩니다. 우리는 우리의 주장을 검증하고, 비교하고, 성찰하고, 찬반양론으로 다각도로 토론하고, 의문시해야 합니다. 진리는 배송을 위해 준비된 상품이 아닙니다. 진리는 방법적 운동 속에만, 이성적 숙고 속에만 존재할 수 있습니다.

내가 지금까지 말한 것은 일반적으로 대학 자체에, 대학의 원리와 연구에 적용됩니다. 앞서 시사했던 심각한 문제들이 이 강의를 통해서 실제로 첨예하게 드러날 것입니다.

나는 여러분에게 우리가 처한 상황에 대해 말하고 싶습니다. 따라서 강의 주제가 아니거나 강의 주제로 적합하지 않은 구체적이고 직접적인 정치 현실에 대해서는 계속 우회할 것입니다. 그러나 우리가 성찰하고

자 하는 바는 우리의 정치적 판단에도 필요한 선행조건입니다.

나는 철학적 동기에 입각해 우리 자신을 계몽하고 분발시키고 싶습니다. 진리는 우리로 하여금 어떻게든 길을 헤쳐 나가도록 돕습니다.

이러한 고려 위에서, 먼저 현재의 상황에서 독일인이 반드시 의식해야 할 두 가지 필수적인 사항을 확인해 보고자 합니다. 우리는 서로 대화하는 법을 배우지 않으면 안 되며, 서로 간에 존재하는 엄청난 차이들을 상호적으로 이해하고 인정하지 않으면 안 됩니다. 이러한 차이들은 너무나 커서, 극단적인 경우에는 우리가 마치 다른 나라 사람들처럼 보이기도 합니다.

대화와 소통의 원리

우리는 서로 정신적으로 소통하지 않으면 안 됩니다. 아직 공통의 기반을 확보하지 못했습니다만, 우리는 서로 만나려고 시도는 합니다.

연단에서 말하는 것은 필연적으로 일방적인 활동일 수밖에 없습니다. 여기서 서로 이야기를 나눌 수는 없습니다. 그러나 내가 여러분에게 강연하는 것도 우리가 각자 속한 집단에서 나누던 대화에서 비롯되었습니다. 온갖 공간에서 이러한 대화를 펼칠 수 있다는 것이 우리가 살고 있는 사회의 에토스입니다.

누구든지 자신이 전달하고자 하는 사상을 나름의 방식대로 소화하지 않으면 안 됩니다. 그러면 전달받은 사람은 이를 타당하다고 간단히 수용하지 말고 숙고해야 합니다. 아니라고 무턱대고 반박할 것이 아니라 음미하고 확인하고 검증해야 합니다.

우리는 서로 대화하는 법을 배우고 싶어 합니다. 이는 내 의견만을 반복해서 개진하는 것이 아니라 다른 사람이 무슨 생각을 하는지를 듣고자 한다는 뜻입니다. 그저 주장하는 데 그치지 않고 그것을 전체적인 맥락 속에서 숙고하고, 논거에 귀를 기울이고, 기꺼이 새로운 통찰에 이르려는 것입니다. 타자를 인정하고 내적으로 타자의 입장에 한번 서 보려는 것입니다. 실제로 우리는 내 의견에 맞서는 입장을 찾으려 합니다. 진리의 발견에서는 반대자가 동조자보다 중요하니까요. 의견의 불일치 속에서 공통점을 찾아내는 것이 섣불리 배타적인 입장을 고수하는 것보다 중요합니다. 배타적인 입장은 우리의 대화를 전망 없이 끝장냅니다.

결정적인 판단을 감정적으로 주장하기는 쉬워도, 이를 차분하게 되새기며 온갖 대상에 대한 지식을 가지고 참된 것을 통찰하기는 어렵습니다. 완고한 주장을 내세워 소통을 중단하기는 쉬워도, 주장을 넘어서쉼 없이 진리의 근저에 들어가기는 어렵습니다. 어떤 의견을 취하고 고수하여 성찰을 거부하기는 쉬워도, 한 발 한 발 전진하며 새로운 의문점과 맞서기는 어렵습니다.

우리는 만사를 이른바 슬로건으로 파악하려는 경향에 맞서 심사숙고하려는 자세를 회복하지 않으면 안 됩니다. 그러기 위해서는 자부심, 의심, 분노, 반항, 복수, 경멸 따위의 감정에 취하지 말고, 이러한 감정들을 얼음 위에 내려놓고 무엇이 진실인지를 파악해야 합니다. 진실을 통찰하기 위해, 사랑의 마음으로 세상을 살아가기 위해, 그러한 감정을 억제하지 않으면 안 됩니다.

서로 소통하고 대화하는 데 필요한 원리는 이렇습니다. 모든 것을 초연한 마음으로 생각하고 전혀 결단을 내리지 않기는 쉬워도, 모든 면에서 개방적으로 옳게 사유하면서 참된 결단을 내리기란 어렵습니다. 교묘한 말로 책임을 회피하기는 쉬워도, 아집에 빠지지 않으면서 결단을 고수하기란 어렵습니다. 상황마다 아주 평탄한 길을 가는 것은 쉬워도, 유동적이고 유연한 사고 속에서 무조건적인 결단의 지도를 받으며 이미 결정된 길을 고수하기란 어렵습니다.

이러한 어려움들로 인해 우리는 상반된 방향에서 미로에 빠집니다. 한쪽 방향에서의 탈선을 다른 쪽 방향에서의 탈선으로 상쇄한다면, 우리는 앞으로 나아갈 수 없습니다. 중간 길은 존재하지 않습니다. 오히려 진리를 향한 인간의 길은 그러한 탈선이 발생하는 근원들의 영역에 있습니다. 우리가 서로 진실된 대화를 할 수 있다면 우리는 거기에 이를 것입니다. 이를 위해서는 타인을 신뢰하고 우리 자신을 신뢰하게 만드는 어떤 것이 우리 안에 영속적으로 존재해야 합니다. 그러면 서로의 이야기를 경청하고 진실이 무엇인지를 함께 들을 수 있는, 그러한 평온함이 우리가 대화하는 도중에도 생겨날 것입니다.

그래서 서로에게 화를 내기보다는 상호협력을 통해 길을 발견하려고 할 것입니다. 감정의 표출은 말하는 자의 진실성을 훼손합니다. 우리는 광신적인 의지를 드러내거나 분에 넘치는 행동을 하고 싶지 않습니다. 우리는 타인을 모욕하기 위해 격정적으로 가슴을 치고 싶지 않으며, 오로지 타인에게 상처를 줄 목적으로 자기 생각을 자기만족 속에서 떠들고 싶지 않습니다. 우리는 자신의 견해를 타인에게 강요하고 싶지 않습니다. 진리를 공동으로 탐구하는 데에는 자비로운 봐주기와 같은 제약도, 침묵의 관용도, 기만적인 위안도 필요하지 않습니다. 제기할 수 없는 문제도, 기꺼이 수용해야 할 자명한 사항도, 보호받아야 할 감정이나 거짓말도 존재하지 않습니다. 도발적이고 근거 없는 경솔한 판단으로 파렴치하게 서로의 면상을 갈기는 행동은 더욱 허용되지 않습니다. 우리는 공통점이 있습니다. 서로 대화한다면 그 공통점을 느끼지 않을 수 없습니다.

서로 큰 소리로 말하는 것은, 각자가 마음속으로 자신에게 말하는 내용과 말하는 방식을 지속시킬 뿐입니다. 그런 식의 발언으로는 어느 누구도 타인을 심판하는 법관이 될 수 없습니다. 누구든지 피고인이자 동시에 법관입니다. 우리의 모든 발언을 탄핵, 즉 도덕적 비난의 그림자가 뒤덮고 있으며, 이러한 비난은 그것이 무엇을 겨냥하든지 간에 오랫동안 수많은 대화들과 뒤섞이고, 마치 독처럼 우리의 상처에 지속적으로 스며듭니다. 우리가 이 그림자를 제거할 순 없지만, 지속적으로 점차 환하게 만들 수는 있습니다. 우리는 올바른 충동을 가질 수 있습니다. 객관적으로 확정 가능하고 처벌해야 할 범죄를 제외하고는 고발하고 싶지 않습니다. 요 몇 년 사이에 다른 인간을 경멸하는 소리를 얼마나 많이 들어 왔습니까? 우리는 이러한 상황을 지속시키고 싶지 않습니다.

그렇지만 항상 성공은 부분적일 수밖에 없습니다. 우리는 모두 자신을 정당화하고, 적대적이라고 느끼는 세력을 가치판단이나 도덕적 고발을 통해 공격하려는 성향을 보입니다. 오늘날 우리는 그 어느 때보다 더 날카롭게 우리 자신을 성찰하지 않으면 안 됩니다. 우리는 다음과 같은 사실을 확인했습니다. 즉, 세상사의 이치상 살아남은 자가 항상 옳은 것처럼 보입니다. 성공이 모든 것을 정당화하는 것처럼 보입니다. 시류에 편승하여 잘나가는 사람은 진리가 자기편이라고 생각합니다. 좌절한 사람들, 무력한 사람들, 여러 사건으로 난파된 사람들은 바로 이 점을 눈먼 운명이 가져다주는 심각한 부정의不正義로 여깁니다.

어느 시대나 마찬가지입니다. 니체를 놀라게 했던 보오전쟁(1866)[2]과 보불전쟁(1870)[3] 이후 프로이센 독일에서 일어난 소란도 그랬습니다. 이보다 더 격렬했던 1933년 이후 나치즘의 소란도 그랬습니다.

그래서 우리는 지금 우리가 또 다른 혼란으로 빠져들지 않았는지, 독선적으로 변하지 않았는지, 생존했다는 사실과 수난을 당했다는 단순한 사실에서 정당성을 찾고 있지는 않은지 자문해야 합니다.

이 점을 확실히 해 둡시다. 즉, 우리가 살아 있고 살아남은 것은 우리의 공이 아니며, 우리가 끔찍한 폐허 속에서도 새로운 기회 새로운 상황을 맞이한 것은 우리의 힘으로 얻은 것이 아니며, 우리는 우리에게 정당성을 부여할 수 없으며, 이는 본디 우리의 몫이 아닙니다.

오늘날 모든 독일 정부[4]가 연합국이 설치한 권위주의적인 정부이듯

---

[2] 보오普墺전쟁은 소독일주의로 통일을 추구하던 프로이센과 대독일주의를 지향하던 오스트리아 간에 독일 연방 내의 주도권을 둘러싸고 벌인 전쟁이다. 프로이센이 승리하고 프라하조약이 체결되었다. 프로이센은 승리 이후 하노버·슐레스비히홀슈타인 주·헤센·카셀·프랑크푸르트·나사우를 합병하고, 헤센-다름슈타트의 일부 지역을 흡수하였다. 또한 1866년 21개 연방 국가와 3개 자유시를 포함하는 북독일연방을 결성하고, 연방국의 수장국이 되었다. 이는 후일 독일제국의 시초가 된다.

[3] 보불普佛전쟁은 보오전쟁에서 오스트리아를 무찌른 비스마르크가 독일 통일의 마지막 걸림돌이던 프랑스를 제거하여 통일을 마무리하고자 일으킨 프랑스와 프로이센 간의 전쟁이다. 이 전쟁에서 승리한 프로이센은 1871년 1월, 파리 시 교외에 위치한 베르사유 궁전의 거울방에서 제국의 성립을 선포하고, 당시 프로이센 국왕이던 빌헬름 1세가 초대 독일제국 황제로 추대하였다. 이때 프랑스는 알자스 및 로렌 지방과 많은 전쟁배상금까지 독일제국에 지불해야 했다. 이 전쟁의 여파로 독일-프랑스는 제2차 세계대전 종전 직후까지 적대적인 관계를 유지했다.

[4] 미·영·불·소의 연합국 네 나라가 각자 독일에서 점령한 구역에 군사정부를 수립한 상황을 가리킨다.

이, 우리 독일인의 모든 활동은 연합국의 의사와 허가에 의존하고 있습니다. 이것은 끔찍한 현실입니다. 그러나 우리의 성실성은 우리로 하여금 이 현실을 하루도 잊지 않도록 강제합니다. 성실성은 우리가 오만에 빠지는 것을 막고, 우리에게 겸손을 가르쳐 줍니다.

늘 그랬듯이 오늘날에도 살아남은 자들, 시류에 영합하는 자들 중에는 자신이 전적으로 옳다고 믿으며 다른 사람들이 이룬 공도 제 것이라고 목청 높여 주장하는 감정적인 사람들이 있습니다. 나름의 청중을 확보한 사람은 그나마 다행인데, 그들은 그로써 이미 자신이 옳다고 믿습니다.

어느 누구도 이러한 상황을 완전히 피할 수는 없습니다. 다만, 일순간이라도 다시 이러한 길로 떨어졌을 때 자기교육을 통해 자신에게로 되돌아오려는 진지한 노력을 기울이면 되는 것입니다. 우리 자신부터가 격앙되어 있지 않습니까? 격앙은 조용히 해소되어야 합니다. 격앙은 격앙에 대항하는 격앙으로, 도덕에 대항하는 도덕으로 머물러야 합니다. 극복할 수 없는 것에 맞서 투쟁하면서 영혼의 순수를 위해 싸워야 합니다.

이는 지금 이 강의에서 우리가 함께 달성하려는 바에도 적용됩니다. 우리가 개인으로서 생각하고 이런저런 대화 속에서 들었던 바들은 그것과 연관된 사유를 거쳐 부분적으로 객관화할 수 있습니다. 여러분은 이러한 성찰이나 질의, 또 질의에 대한 답변에 참여하기를 원합니다. 거기에서 여러분은 마음속에 준비했거나 이미 명확한 것을 인정하게 될 것입니다. 나는 함께 숙고하자고 말하면서 실제로는 일방적으로 강의하고 있습니다. 그렇지만 내 강의의 핵심은 견해를 독단적으로 전달하는 것이 아니라 탐구하는 것이며, 여러분의 심사에 응하는 것입니다.

그러기 위해서는 오성悟性의 작용뿐 아니라 오성을 통해 촉발된 감정의 작용도 필요합니다. 내면적인 행동[5]의 이러한 작용은 오성 작용이 감당하지만 오성 작용을 통해 다시 동요합니다. 여러분은 나의 강의를 듣고 내게 공명하거나 반감을 갖게 되겠지만, 나는 내 사고의 근저에서 일어나는 동요 없이는 움직이지 않을 것입니다. 사실상 대화를 나누기 어려운 일방적인 강의라서 혹여 강의를 듣고 충격을 받더라도 양해해 주시길 바랍니다. 내가 여러분의 마음을 상하게 하더라도 용서해 주시길 미리 부탁드립니다. 일부러 마음을 상하게 하려는 것은 아닙니다. 나는 다만 매우 신중한 자세로 철저한 사유를 감행하겠노라 결심했습니다.

우리가 서로 대화하는 법만 터득한다면, 우리는 독일인의 결합 그 이상의 것을 얻을 수 있습니다. 그러면 다른 민족과 대화하는 데에 필수적인 기초를 확보하게 됩니다.

강의의 말미에 해당하는 바를 앞질러 말씀드리자면, 폭력의 길은 희망이 없고 계략의 길은 품위 없고 부질없습니다. 완전한 개방성과 정직성에는 우리의 존엄(존엄은 완전한 무력함 속에서도 가능하다)뿐 아니라 우리의 기회도 존재합니다. 온갖 환멸의 위험 속에서도, 연합국이 추가적으로 부담을 지우고 멋대로 우리를 박해할 위험도 있지만, 우리가 개방성과 정직성의 길을 가야 하지 않을까요? 나는 그것만이 우리의 영혼이

---

[5] 내면적 행동Inneres Handeln은 야스퍼스 철학에서 중요한 개념이다. 인간의 행위는 대체로 생명 보존, 권력 확장, 이윤 추구 등 목적지향적인 행위다. 이에 반해 내면적 행동은 그러한 목적에 제약받지 않는 행위로서, 한계상황Grenzsituation에서 초월자와의 관계에서 행해지는 무제약적인 행위다. 궁극에 있어서 절대적인 내적 행위로서의 철학적 사유와 그것으로 규정되는 외적인 행위로서 세계 안의 행위를 통해서 실존은 비로소 현실적 실존이 된다. 죄에 대한 속죄나 정화도 철학적 사유로서 내면적 행동뿐만 아니라 세계에 대한 행위라는 측면에서 이해되어야 한다.

천민Pariadasein으로 전락하는 것을 막는 유일한 길이라고 답합니다. 우리는 이 길을 통해 우리가 무엇에 도달할지 주시해야 합니다. 이것은 심연으로 향하는 정신적·정치적 모험입니다. 이 모험이 성공하는 데에는 오랜 시간이 걸립니다. 그러나 그때가 되어도 세상 사람들은 여전히 우리를 믿지 못할 것입니다.

마지막으로, 우리의 습성이자 우리에게 커다란 위협이 되는 침묵의 행태를 언급해 보겠습니다. 나로서는 이 침묵의 행태를 고발하지 않을 수 없으며, 특히 공격 행위의 심정이 내포된 침묵에 대해 정신적 공세를 가하지 않을 수 없습니다.

자부심 속에서 침묵하는 태도는 사람들로 하여금 일단 숨을 고르고 사태를 파악할 수 있게 하는 그럴듯한 가면입니다. 그렇지만 그러한 태도가 자신을 자기 안에 완고하게 은둔케 하거나 명료한 통찰을 방해하거나 현실의 감동마저 회피하게 한다면, 이는 자기기만을 넘어 타인까지 계략에 빠뜨립니다. 회피하는 태도는 반드시 경계해야 합니다. 회피적인 태도에서 자라난 마음은 은밀하고 무해한 욕설로 해소되고, 냉혹한 불감증, 광적인 격앙, 표현의 왜곡을 통해 무익한 자기소모에 이릅니다. 이러한 자부심은 그릇되게 그런 태도를 남성적이라고 여기지만, 실제로는 자신과의 대면을 회피하고 침묵을 투쟁 행위로, 즉 무력감 속에 머무는 최후의 투쟁 행위로 간주합니다.

대화는 은밀한, 더 이상 말하려 하지 않는 발언으로도 중단됩니다. 전혀 답변을 들으려 하지 않고 상대를 모욕하며 따귀를 한 대 갈길 순간만을 기다리는 발언, 현실에서 무엇이 완력과 학살과 기관총과 폭격기인지를 은밀히 시사하는 발언이 그것입니다. 격분은 생사가 걸린 투쟁에서 친구와 적만을 구별하고, 어느 누구와도 솔직하게 대화하지 않으며, 인간을 자기교정 의지를 지닌 소통하려는 존재로 이해하지 않습니다. 가장 양심적인 태도를 유지해야만 인간관계에서 일어나는 이러한 갈등과 단절을 해명할 수 있습니다.

우리 안의 현저한 입장 차이

우리 독일인 사이에도 서로 과거에 체험하고 느끼고 희망하고 중시하고 행한 바에 엄청난 차이가 존재하기 때문에 현재 독일에서 대화한다는 것은 난망한 일이나, 바로 그렇기 때문에 마땅히 해야 할 과제입니다. 외적으로 강요된 공동체의 지붕 아래는 가능성으로 충만하고, 이제 피어날 수 있는 어떤 것들이 잠복해 있습니다.

상호 간에 존재하는 비상한 차이를 종착점이 아닌 출발점으로 인정하는 경우에만 우리의 대화는 의미를 갖게 됩니다. 따라서 우리는 우리 자신들과 완전히 동떨어진 상황과 태도에서도 그 나름의 어려움을 통찰하고 느끼는 법을 익혀야만 합니다. 현재 나타나는 여러 태도들의 다양한 기원을 통찰하는 데에는 교육과 특수한 경험, 생활 체험이 필요합니다.

아마도 현재 우리 독일인들에게는 부정적인 것만 기본적으로 공통적인지도 모릅니다. 즉, 승전국의 자비에 내맡겨진 패전국의 국민이라는 점, 우리 모두를 구속하는 공통적인 지반이 없다는 점, 독일이 분열 상태에 있다는 점, 각자가 대체로 자신에 의지하고 있지만 개인으로서는 절망적이라는 점 등입니다. 공통점이 없다는 것이 공통적입니다.

지난 12년간 대중을 획일화시키는 공공연한 선전과 연설 아래 침묵하면서 우리는 매우 다른 내적인 태도를 취했습니다. 우리의 영혼, 우리의 가치 평가, 우리의 희망에 대한 통일된 입장이 우리에게는 없습니다. 우리가 지난 수년간 믿어 온 것, 우리가 진리라고 생각해 온 것, 삶의 의미라고 여겨 온 것이 서로 너무 다르기 때문에 이를 변화시킬 방식도 각자 다를 수밖에 없습니다. 우리는 모두 자신을 변화시키는 중입니다. 그러나 우리가 추구했고 우리를 다시 묶어 줄 공통의 진리라는 새로운 토대에 이르는 길은 각자 다릅니다. 이 같은 파국에서는 어떠한 치욕도 염려할 필요 없습니다. 그저 스스로를 녹이고 새롭게 형성하여 다시 태어나면 됩니다. 우리가 고통스럽게 포기해야 하는 대상도 똑같을 수 없겠지요. 어떤 사람의 포기가 다른 사람에게는 득이 될 정도로 이질적일 것입니다. 실망하는 방식도 사람마다 다릅니다.

그럼 이제야 이 차이점들이 분출하게 된 원인은 무엇일까요? 바로 지난 12년간의 나치 시대에 공개적으로 토론하지 못하고, 사적으로 매우 친밀한 관계에서나 반대 입장을 밝히고, 심지어 친구들 앞에서조차 매우 유보적인 자세를 취했기 때문입니다. 나치적 사유와 대화 방식만이 공개적이고 일반적이고 시사적示唆的이고, 나치 체제에서 성장한 청년들에겐 자명한 것이었습니다.

오늘날 다시 자유롭게 말할 수 있게 되니 마치 전혀 다른 세계에 온 것 같습니다. 그러나 우리는 모두 독일어를 말하고, 이 나라에서 태어났으며, 이곳에 고향을 두고 있습니다. 이러한 차이, 낯선 세상에 있는 듯한 느낌을 불쾌하게 여겨서는 안 됩니다. 우리는 서로 타협하고, 대화하고, 설득하고자 할 뿐입니다. 몇 가지 전형적인 차이들을 제시해 보겠습니다.

지난 10여 년간 벌어진 일련의 사건들에 대한 우리의 견해는 양립 불가능할 정도로 상이합니다. 일부 사람들은 나치가 집권한 1933년에 이미 국민적 치욕을 느끼며 붕괴를 경험했습니다. 어떤 사람들은 공직자 숙청이 이루어진 1934년 6월 이후에 붕괴를 체험했고, 어떤 사람들은 유대인 박해가 있었던 1938년에 이를 느꼈습니다. 대부분의 사람들은 전황이 나빠진 1942년 이후, 혹은 패배가 확실해진 1943년 이후 또는 패배가 확정된 1945년에야 붕괴를 체험했습니다. 1933년에 붕괴를 체험했던 이들에게 1945년은 새로운 삶을 재촉하는 해방이었지만, 다른 이들에게는 이른바 민족적 제국이 종말을 맞이한 힘든 시절이었습니다.

일부 사람들은 근본적으로 재난의 근원을 통찰하고 결론을 이끌어 냈습니다. 그들은 1933년에 이미 서구 강대국의 군사적 개입과 진주를 희망했습니다. 독일이라는 감옥의 문이 닫혀 버렸기 때문에 해방은 오로지 외부에서만 올 수 있다고 보았습니다. 그들은 독일혼deutsche Seele 의 미래는 이 해방과 결부되어 있다고 보았습니다. 독일적 본질이 파괴되어서는 안 된다고 생각했다면 서유럽의 형제국가들이 유럽 공동의 이익에 근거해 더 일찍 독일을 해방시킬 수밖에 없었을 것입니다. 그러나 이 해방은 조기에 이루어지지 않았고, 역사는 물심양면에서 우리의 모든 현실이 가장 끔찍하게 파괴된 시점인 1945년까지 치달아 왔습니다.

물론 이렇게 생각하지 않는 사람들도 있습니다. 나치 시기를 황금시대로 여겼거나 지금도 그런 식으로 생각하는 사람들 말고도, 히틀러 제국의 승리가 독일적인 본질을 파괴하지 못할 것이라고 확신한 나치즘 반대자들도 있었습니다. 오히려 그들은 독일이 승리하면 그 즉시 혹은 히틀러의 사망 이후 독일이 나치당에서 해방될 것이라고 보고, 독일의 승리가 위대한 미래의 기초가 된다고 믿었지요. 그들은 모든 국가권력은 국가를 수립한 세력들에 의해서만 유지된다는 옛말을 신뢰하지 않았습니다. 그들은 독일이 승리하게 되면 사물의 본성상 더욱 공포정치를 근절하기 어렵게 될 것임을, 다시 말해 승리 후나 군인들의 전역 후 삭막하고 파괴적이며 억압적인 세계 통치를 위해서 독일은 친위대에 의해 일사분란하게 유지되는 노예국민Sklavenvolk이 될 것이며, 거기에서 모든 독일적인 것이 질식해 버릴 것이라는 점을 망각했던 겁니다.

　오늘날 고난은 모든 사람에게 공통된 것이지만, 그 특수한 발현 양상을 보면 실로 엄청난 차이가 있습니다. 가까운 친척들과 친구들은 사망하거나 실종되었습니다. 집은 폐허가 되고 재산은 파괴되었습니다. 모든 사람이 근심 걱정과 심각한 피해, 신체적 고통을 겪은 것은 맞지만, 집과 가재도구가 멀쩡히 남은 사람과 폭탄을 맞아 몽땅 잃어버린 사람이 겪는 고난의 양태는 전적으로 다릅니다. 고통과 상실을 겪은 장소가 전선인지, 집인지, 강제수용소인지에 따라서도 차이가 있겠지요. 또, 비밀경찰에게 직접적으로 박해받은 사람과 비록 번민에 휩싸였을지라도 체제 이익의 수혜자였던 사람은 다를 수밖에 없습니다. 어찌되었든지 간에 거의 모든 사람이 친구나 친척을 잃었습니다. 그러나 이 경우에도 친지를 전선에서 잃었는지, 폭격에 잃었는지, 강제수용소에서 잃었는지, 나치 정권의 집단살해로 잃었는지에 따라 그 내면적 태도가 달라질 수밖에 없습니다. 수백만 명의 부상자들은 살길을 찾고 있습니다. 수십만 명의 수용자들은 강제수용소에서 구출되었습니다. 수백만 명의 사람들은 강제로 소개疏開되어 유랑하고 있습니다. 남자들은 대부분 포로수용소 생활을 거치며 이질적인 경험을 했습니다. 많은 사람들이 인간성의 한계를 체험했고, 그 잊지 못할 기억을 안고 돌아왔습니다. 나치 청산은 수많은 사람들을 과거의 직업에서 내쫓았습니다. 고난의 유형은 다양합니다. 그리고 대부분의 인간은 자신의 고난에 대해서만 현실적인 이해를 가질 뿐입니다. 누구나 큰 손실과 고통을 희생으로 해석하려는 경향이 있지만, 그러한 희생이 무엇을 위한 것인지에 대한 생각은 어마어마하게 달라서 인간을 분열시킬 정도입니다.

신앙의 상실이 가져온 차이도 엄청납니다. 우리 독일인은 어떤 형태로든 발을 딛고 설 지반을 잃었습니다. 초월적으로 정초된 종교적 혹은 철학적 신앙만이 이 모든 파국을 견딜 수 있습니다. 세상에서 타당성을 가졌던 모든 것이 깨지기 쉬운 것이 되어 버렸습니다. 나치즘 신봉자들은 자신들이 권력을 장악했던 시대보다 더욱 불합리해 보이는 사상을 통해서만 허망한 꿈을 붙잡을 수 있습니다. 민족주의자들은 그들이 목격했던 나치즘의 부패와 독일의 현실적 상황 사이에서 길을 잃었습니다.

죄의 종류와 정도에서 드러나는 차이 역시 큽니다. 죄 없는 자는 없습니다. 이 문제는 나중에 논의하겠습니다.

단, 자기 죄값을 치렀다고 해서 인간의 규율에서 벗어나게 되는 것은 아닙니다. 현실적으로 자신의 과거 전력에 따라 자리에서 물러나고 포기하는 것이 이치에 맞습니다. 그러나 일정 시간의 자숙이라는 원칙은 보통 사람들이 아닌 특정 개인들에게 해당합니다.

독일에는 독일적 운명에 입각한 고유한 태도들 간의 차이뿐 아니라, 서방 세계에 공통된 정당의 분열상, 사회주의적 경향과 부르주아적-자본주의적 경향, 정치화된 종파들, 자유를 향한 민주적 의사, 독재적 성향 등도 존재합니다. 이뿐만이 아닙니다. 이러한 대립의 영향은 연합국에서 우리에게로 오고, 이제 정치적으로 무력하고 저항할 수 없는 시험

재료가 된 우리 내부에서도 작동할 수 있습니다.

이 모든 차이들이 우리 사이에 지속적인 분열을 야기하고, 우리 현실 생활에 공통의 윤리적·정치적 기초가 결여되어 있다는 사실로 인해 더욱 분열적으로 작동합니다. 참된 공통의 정치적 지반을 확보했다면 격렬한 투쟁에서도 연대성을 유지할 수 있겠지만, 우리는 그저 그러한 지반의 허상만을 안고 있습니다. 서로 대화하고 그것을 경청해 주는 태도, 그것이 우리에겐 너무나 부족합니다. 유연성과 비판, 자기비판이 필요합니다. 교조주의로 빠지는 경향이 우리 안에 있습니다.

설상가상으로 너무나 많은 사람들이 진실로 성찰하려고 하지 않습니다. 단지 슬로건과 복종만을 찾고 있지요. 사람들은 체득한 문장을 반복할 뿐 질문하지 않고 대답도 하지 않습니다. 검토하거나 통찰하지 않고 그저 주장하고 복종할 수 있을 뿐이며, 따라서 확신에 이를 수 없습니다. 검토와 성찰에 이르는 길, 통찰과 확신에 입각해 독자성을 추구하는 길에 동참하기를 거부하는 사람들과 대체 무슨 대화를 할 수 있겠습니까!

여기서 성격 차이가 두드러져 나타납니다. 어떤 사람은 항상 반대만 하려 하고, 어떤 사람은 부화뇌동하려는 성향을 보입니다.

서로 소통하는 길을 찾아야만 우리는 제자리를 회복할 수 있습니다. 전반적인 상황은 우리를 부정적인 측면에서만 연결시키고 있습니다. 우리 사이에 존재하는 거대한 차이를 인식한 연후에야 진실로 대화하는 법을 터득할 수 있습니다.

강압적인 통일은 아무짝에도 쓸모가 없습니다. 파국에 이르면 허깨비처럼 사라져 버릴 통일입니다. 대화와 이해를 통한 마음의 일치, 이것만이 지속 가능한 공동체를 낳습니다.

어떤 책임감에서 이를 자신의 문제와 연관지어 논의하고 싶은 사람은 그렇게 해도 좋으나, 이어지는 해명 부분에서 전형적인 사례를 제시하고 상세히 논의할 것이기 때문에 여러분이 직접 자신을 분류할 필요는 없습니다.

강의 계획과 목표

지금 우리가 어디에 서 있는지 알고자 합니다. 무엇이 이러한 상황을 초래했는가라는 질문에 답하고자 하며, 다음으로 우리는 지금 무엇이고 또한 무엇이 되어야 하는지, 실제로 무엇이 독일적인지를 알고자 하며, 마지막으로 우리는 여전히 무엇을 의욕하는지를 묻고자 합니다.

1 바로 지금에 이르러서야 역사는 마침내 세계사, 인류의 지구사가 되었습니다. 그 때문에 우리 독일이 처한 상황도 세계사적인 상황과 동시에 파악해야만 제대로 이해할 수 있습니다. 오늘날 발생한 사태는 인류의 일반적 사건들과 조건들에 뿌리를 두고 있습니다. 여기서 국가 내부의 특수한 관계나 개별 인간 집단들의 결정은 부차적인 이유로만 언급할 수 있습니다.

현재 일어나고 있는 사건은 인류의 위기입니다. 개별 민족과 국가의 기여는, 그것이 위기를 심화시키는 역할을 했든지 완화시키는 역할을 했든지 간에, 오로지 전체의 틀 안에서만 파악할 수 있습니다. 실제로 전쟁을 가져온 맥락뿐 아니라, 인간이 어떻게 변할 수 있는지를 전쟁 속에서 새롭고 참담한 방식으로 드러냈던 현상들도 전체의 틀 안에서만 고찰할 수 있습니다. 이 같은 전체적 맥락에서만 죄의 문제 역시 정의롭게 가감 없이 검토할 수 있습니다. 따라서 도입부에서는 독일을 전혀 언급할 필요가 없는 일반적 논제를 설정하려고 합니다. 바로 시대의 일반적 특성에 관한 것입니다. 시대의 일반적 특성이 기술적인 시대에, 거대한 세계정치를 통해서, 모든 믿음이 상실되고 변질된 시대에 어떻게 나타나는지를 논의하겠습니다.

이 일반적 특성을 구체적으로 파악하는 경우에만 비로소 우리는 모든 인간에 속하는 것과 특수 집단에만 속하는 것을 구별할 수 있으며, 더 나아가 사물의 본성 혹은 인과 과정에 해당하는 것과 인간의 자유로운 결정에 속하는 것을 구별할 수 있습니다.

2 이 일반성의 배경 속에서 우리는 독일적인 문제로 향하는 길을 찾을 것입니다. 우리가 실제로 처한 상황을 우리의 정신적 상황의 원천으로 파악하고, 다음으로 나치즘을 설명하고 어떻게 국가사회주의가 가능했고 어떻게 등장했는지를 탐구하고, 마지막으로 죄의 문제를 해명하겠습니다.[6]

3 우리가 맞이한 재앙이 무엇인지를 구체적으로 인식한 후에 독일적

---

[6] (원주) 죄의 문제에 대한 이 마지막 절은 강의 방식과 달리 내용상 가필하여 출판하였다.

인 것이 무엇인지를 탐구하겠습니다. 독일의 역사와 독일의 정신, 독일의 민족의식에 일어난 변화, 위대한 인물들을 살펴보겠습니다.

독일적인 것에 대한 역사적 성찰은 동시에 윤리적인 자기점검이기도 합니다. 역사의 거울 안에서 우리의 목적과 과업을 통찰하는 것입니다. 위대한 선조들의 부름에서 우리의 목적과 과업을 듣고, 우리를 그릇된 길로 빠지게 했던 역사적 우상偶像들을 조명함으로써 이 목적과 과업을 파악합니다.

우리가 독일적 특성이라고 간주하는 것은 한낱 인식이 아니라 윤리적 결단이며, 독일적 특성을 성장시키는 하나의 요인입니다. 한 민족의 성격은 고대 헬레니즘처럼 역사가 완결되었을 때, 즉 모든 것이 과거가 되고 미래는 존재하지 않게 되었을 때 비로소 최종적으로 확정됩니다.

4 우리가 여전히 살아 있고, 여전히 역사의 일부이고, 아직 절대적인 종말에 이르지 않았다는 사실은 우리에게 어떤 가능성들이 남아 있는지 묻게 합니다. 정치적으로 붕괴하고 경제적·정치적 불능 상태에 빠진 독일인에게 도대체 어떤 힘이 남아 있는지, 아니면 실제로 종말이 왔는지 묻습니다.

답변은 우리에게 남아 있는 에토스를 어떻게 기초起草하는지에 달렸습니다. 그 에토스가 현재 세상 사람들이 천민족속Pariavolk[7]으

---

[7] 천민족속Pariavolk은 저주나 재앙을 받은 민족을 의미한다. 본래는 외세에 정복당하여 바빌론으로 끌려가는 유대민족을 가리키는 데 사용되었다. 야스퍼스는 제2차 세계대전 후 독일인이

로 간주하는 민족의 에토스이고 보면 더욱 그렇습니다.

<hr>

처한 상황을 국가도 없이 끌려가는 유대민족에 비유하였다. 이 글의 막바지에 등장하는 구약의
예언자 예레미야는 야스퍼스 사유의 알파와 오메가이다. 천민족속이 저주와 재앙에서 벗어나
는 길은 진정한 신앙을 회복하는 것이다. 야스퍼스는 독일인의 내면적 정화만이 원래의 자유를
회복하는 길이라고 강조한다. 물론 유대인들은 전후 독일인의 처지를 유대인에게 사용되었던
파리아Pariah 민족에 비유하려 한 야스퍼스의 시도를 마땅치 않게 여길 것이다.

죄의 문제
Die Schuldfrage

죄의 문제에 대해 우리가 어떻게 답변하는지가
현재 우리의 존재의식과 자의식을 결정한다.

서론

감정은 우리가 사유하는 만큼 심화되고 해명된다.

거의 모든 세상 사람들이 독일과 독일인을 규탄한다. 격분, 공포, 증오, 경멸의 감정에 휩싸여 우리 독일인의 죄를 토론한다. 사람들은 처벌과 복수를 원한다. 승전국뿐만 아니라 상당수의 독일인 망명자들과 심지어 중립국 사람들까지도 이러한 대열에 동참한다. 독일에는 자신을 포함하여 죄를 고백하는 사람들도 있지만, 자신은 무죄이고 죄는 타인에게만 있다고 주장하는 사람들이 많다.

죄의 문제에서 도망치려는 경향이 두드러진다. 우리는 곤궁 속에 살고 있기 때문에, 달리 말하면 국민 대다수가 너무나 심각하고 직접적인 곤궁 속에 살고 있기 때문에 이러한 토론에 무감각한 것처럼 보인다. 우리의 관심을 사로잡고 있는 것은 곤궁을 극복하는 것, 즉 일자리와 빵, 주택과 따뜻한 잠자리를 확보하는 것이다. 시야는 옹색해졌다. 사람들은 죄나 과거에 대해 듣고 싶어 하지 않으며, 세계가 어떻게 돌아가는지

관심이 없다. 그저 고통의 시간이 어서 끝나기만을 바랄 뿐이며, 이러한 비참에서 탈출하고 싶어 한다. 아무것도 성찰하지 않고 그저 살아지기만을 바란다. 오히려 이런 끔찍한 고통을 겪은 자신은 칭찬받지는 못하더라도 최소한 위로받아야 하며, 결코 죄를 추궁당해서는 안 된다는 분위기가 지배적이다.

그러나 극한상황에 내몰려 어쩔 수 없었다고 생각하는 사람들도 어느 순간, 고요한 진리를 향한 충동을 느끼게 된다. 더욱이 이러한 곤궁에 세상의 분노까지 더해진 사정은 우리와 무관하지 않으며, 그저 불쾌하기만 한 일도 아니다. 우리는 다만 우리에게 쏟아지는 비난이 옳은지 그른지, 그리고 어떠한 의미에서 그러한지를 분명하게 밝히면 된다. 고난에 처해야만 우리에게 가장 필요한 바가 무엇인지를 한층 더 확실히 느낄 수 있기 때문이다. 그것은 무Nichts(無) 앞에서 생을 바로 근원에서부터 파악할 수 있도록 우리의 영혼을 정화시키고, 옳은 것을 사유하고 실천하는 것이다.

사실 우리 독일인에게는 누구나 예외 없이 우리의 죄를 냉철히 통찰하고 거기서 결론을 이끌어 낸 의무가 있다. 인간으로서의 존엄성이 우리에게 이 의무를 지운다. 세계가 우리 독일인을 어떻게 생각하는지에 대해 이제는 무관심한 태도를 취할 수 없다. 우리는 우리가 인류에 속한다는 점을 알고 있으며, 독일인이기 이전에 우선 인간이기 때문이다. 그러나 우리에게 더욱 중요한 사실은, 고난과 부자유 상태에 처한 우리의 고유한 삶이 우리 자신에 대한 진실성Wahrhaftigkeit을 통하지 않고서는 인간으로서의 존엄을 획득할 수 없다는 점이다. 죄의 문제는 타인이 우리에게 제기한 문제라기보다는 우리가 우리 자신에게 제기한 문제인 것이다. 죄의 문제에 대해 우리가 가장 깊은 내면에서 어떻게 답변하는지가 현재 우리의 존재 의식과 자의식을 결정한다. 그것은 독일혼Deutsche Seele과 관련된 매우 중대한 문제이다. 이러한 문제 제기와 변화가 있어야만 존재의 근저에서부터 우리를 쇄신으로 이끄는 전향Umkehrung이 일어날 수 있다. 승전국이 내리는 유죄선고는 우리 독일인의 실생활에 지대한 영향을 미치는 결과를 포함하지만, 그 성격은 여전히 정치적일 뿐이다. 그러한 유죄선고는 내면에서의 전향innere Umkehrung이라는 결정적 과제를 수행하는 데에 어떠한 기여도 하지 못한다. 여기에서 우리는 오롯이 우리 자신과 대면하지 않으면 안 된다. 철학과 신학의 소명은 바로 죄의 문제를 심층적으로 해명하는 것이다.

죄의 문제에 대한 토론에서 우리는 상이한 개념들과 관점들의 혼동을 보여 주곤 한다. 진실에 이르기 위해서는 구별이 필요하다. 나는 먼저 이 구별 양태를 도식적으로 제시하고, 이를 이용해 현재 우리 독일의 상태를 해명해 보겠다. 물론 그 구별이 절대적으로 타당한 것은 아니다. 종국적으로는 우리가 '죄'라고 부르는 것의 근원은 유일한 포괄자einem einzigen Umfassenden[1]에 있다. 그러나 포괄자는 구별로 획득한 바

---

[1] 야스퍼스는 '포괄자'로 das Umgreifende라는 표현을 사용하지만 여기서는 das Umfassende가 등장한다. 역자는 양 개념이 교환되는 것으로 이해하고 포괄자로 번역하였다. 학자에 따라 '포월자'로 번역하기도 한다. 아렌트는 아우구스티누스의 '사랑' 개념에서 전체를 설명하면서 Das Ganze als das Umfassende und Umgreifende라는 표현을 사용했다.

포괄자包括者 또는 포월자包越者는 야스퍼스의 고유한 용어이다. 인간은 대상을 항상 지평 안에서 인식할 뿐이며 진리 자체를 파악하지 못한다. 존재에 대한 물음을 지속하게 되면 지평은 또 다른 새로운 지평을 지시한다. 그 지평을 무한히 확장하면 극한에서는 모든 지평을 자신 안에 포괄하는 전체를 느끼게 된다. 그 전체는 그때그때마다 스스로 지평이 되지는 않지만 도달한 지평을 포함하고 있으며 지평 저편의 어떤 더 넓은 것으로 자신을 제시한다. 이것이 포괄자

를 통해서만 해명될 수 있다.

우리의 불분명한 감정에 간단히 신뢰를 부여할 수는 없다. 직접성은 고유한 현실이자 우리 영혼의 현재성이다. 하지만 감정은 생명체처럼 단지 주어져 있는 것이 아니다. 감정은 우리의 내면적 행동, 우리의 사유, 우리의 지식으로 매개된다. 감정은 우리가 사유하는 만큼 심화되고 해명된다. 감정 그 자체에 대한 신뢰는 불가하다. 감정에 호소하는 행위는 인식과 사유의 객관성을 회피하는 소박한 태도이다. 감정의 자극, 유인, 방해를 지속적으로 받으면서 사태에 대한 전면적인 숙고와 의식에 이른 후에야 비로소 그때그때 신뢰하며 살아갈 수 있는 참된 감정에 도달한다.

이다. 그것은 주체도 아니고 객체도 아니다. 존재에 대한 물음을 계속하면 포괄자는 포괄자의 방식들로 분열된다. 존재 자체인 포괄자는 세계, 초월자로 나타나고, 우리들 자신인 포괄자는 현존재, 의식 일반, 정신으로 나타난다.

구별의 도식

죄의 문제는 타인이 우리에게 제기한 문제라기보다는
우리가 우리 자신에게 제기한 문제이다.

1_ 네 가지 죄罪 개념

인간은 자신이 지배받는 방식에 대해서도 책임을 진다.

다음 네 가지 죄 개념을 구별해야 한다.

범죄

형사범죄는 명확한 법률을 위반한 객관적으로 증명 가능한 행위다. 그 심급Instanz은 형식적인 절차를 통해 범죄 사실을 신빙성 있게 확정하고 범죄 사실에 법률을 적용하는 법원이다.

정치적 죄

정치적 죄는 정치인의 행위와 국민 지위에 존재한다. 내가 국민이라는 이유로 국가 행위의 결과를 감당해야 하고, 내가 국가권력에 복종하고 국가 질서를 통해 나의 생존을 유지하고 있다면 정치적 죄는 바로 국민이라는 지위에 있다.(죄라기보다는 정치적 책임Haftung이다.) 우리가 어떻게 통치를 받고 있는지도 공동의 책임이다. 정치적 죄의 심급은 국내 정치뿐 아니라 국제정치에서도 승리자의 권력과 의지에 달렸다. 승리가 결정권을 가진다. 승리자의 자의와 권력은 여타 결과를 감안한 정치적 지혜, 혹은 자연법과 국제법의 이름으로 효력을 지닌 규범들에 대한 승인을 통해 제한된다.

도덕적 죄

이유를 불문하고, 내가 개인으로서 이행한 모든 행위에 대해, 정치적 행위와 군사적 행위를 포함한 모든 행위에 대해 도덕적인 책임을 진다. '명령은 명령이다'라는 말은 결코 타당하지 않다. 명령에 따른 행위라 할지라도 범죄는 어디까지나 범죄이듯이(위험, 협박, 공포의 정도에 따라 참작 사유가 될 수 있지만), 모든 행위는 도덕적 평가를 피할 수 없다. 도덕적 죄의 심급은 자신의 양심이고, 친구, 진한 이웃, 내 영혼에 관심을 가진 애정 어린 동료 인간과의 소통Kommunikation[1]이다.

---

[1] 소통, 사귐으로 옮긴다. 야스퍼스의 '소통'은 오늘날 일상적으로 쓰이는 소통 개념과는 질적으로 다른, 실존에 기초한 두터운 개념이다. 야스퍼스가 다른 책에서 '실존적 소통existentielle Kommunikation' '실존적 사귐existentieller Umgang'이라는 개념을 주로 사용하기 때문에, 여기서의 소통도 실존에 기초한 소통이라는 의미에서 '실존적 소통'이라고 이해해야 한다.

형이상학적 죄

인간 상호 간에는 연대가 존재한다. 세계의 모든 불법과 불의에 대해, 특히 자신의 면전에서 또는 자신이 알고 있는 가운데 발생한 범죄에 대한 인간 각자의 공동책임을 인정하는 근거가 바로 이 연대이다. 내가 범죄를 방지하기 위해 할 수 있는 바를 행하지 않았다면, 나도 그 범죄에 대해 공동의 책임을 진다. 내가 타인의 살해를 막기 위해 생명을 바치지 않고 수수방관하였다면, 나는 법적·정치적·도덕적 죄 개념으로는 적절하게 파악할 수 없는 방식으로 유죄임을 느낀다. 그러한 범죄가 자행되었는데도 내가 아직 살아 있다는 사실은 씻을 수 없는 죄가 되어 내게 돌아온다.

어떤 행운이 이러한 상황에서 우리를 구제해 주지 않는 한, 우리는 인간으로서 어떠한 목적도 없이, 즉 성공 가능성이 없는데도 무조건적으로 생명을 바칠 것인지, 아니면 성공이 불가능하기 때문에 생명을 보존할 것인지 사이에서 선택하지 않으면 안 되는 한계에 직면한다. 이웃 사람에게 범죄가 자행되는 경우, 물질적인 생활 조건을 나눠 가져야 하는 경우, 어디서든지 인간은 함께 살거나 함께 죽어야 한다는 원칙이 무조건적으로 타당하다는 것이 형이상학적 죄의 본질이다. 그러나 이 같은 연대가 모든 인간 사이에도, 같은 국민 사이에도, 심지어 소규모 집단 사이에도 존재하지 않고 오로지 매우 긴밀한 인간관계에서만 나타난다는 것이 우리 모두의 형이상학적 죄를 구성한다. 형이상학적 죄를 판단할 자는 오직 신神뿐이다.

네 가지 죄 개념의 구별은 그에 따른 비난의 의미도 명확하게 한다. 예를 들어 정치적 죄는 국가 행위로 발생한 결과에 대해 모든 국민 Staatsbürger이 책임Haftung을 진다는 의미지, 국가의 이름으로 행해진 형사범죄에 대해 국민 개개인이 그 형법상의 죄와 도덕적 죄까지 같이 진다는 의미는 아니다. 형사범죄는 법관이 결정하고, 정치적 책임은 승리자가 결정한다. 도덕적 죄는 연대 관계를 이룬 인간들의 사랑하면서의 투쟁[2]에 근거해서만 진지하게 논의할 수 있다. 형이상학적인 죄에 관해서는 구체적인 상황에서 문학이나 철학의 노작을 통해 계시할 수 있을지는 몰라도, 이에 관해 개인적으로 소통하기란 거의 불가능하다. 일단 무제약성Unbedingtheit의 경지에 도달했던 사람 중에 이러한 경지를 모든 사람에게 증거할 수 없다는 데에 무력감을 체험한 사람들이 형이상학적 죄를 가장 심각하게 의식한다.[3] 여기에 항상 현재적인 것, 구체적으로 발견할 수 없는 것, 기껏해야 일반적으로 해명할 수밖에 없는 어떤 것에 대한 수치Sham가 남는다.

모든 것을 두서없이 단일한 차원으로 끌어들여 눈대중으로 판단하

---

[2] '사랑하면서의 투쟁liebender Kampf', '사랑에 기초한 투쟁'으로 옮길 수 있다. 타자와 적대적으로 투쟁하는 것struggle against others이 아니라 더 높은 목표를 향해 타자와 함께 벌이는 투쟁struggle with others이다. 사랑하면서의 투쟁은 타자와의 실존적 공명 속에서 상호상승을 지향하는 태도이다. 이것이 야스퍼스의 실존적 소통이기도 하다. Constancio Rodriges, Communication Theory and Problem of Communication according to Karl Jaspers, http://snphilosophers2005.tripod.com/constancio.pdf.

[3] 브레히트의 시 〈살아남은 자〉나 프리모 레비의 시 〈살아남은 자〉 참조. 야스퍼스는 《비극론 Über das Tragische》에서 형이상학적 죄를 논한다. 형이상학적 죄는 책임과 인간 운명에 대한 슬픈 공명이다.

는 나쁜 판사에게서 볼 수 있는 천박한 죄 논쟁을 피하려면, 먼저 죄 개념을 구별해야 한다. 그러나 이러한 구별은 결국 우리의 죄라고 말할 수 없는 하나의 근원으로 우리를 인도할 것이다. 따라서 상이한 차원들 간에 긴밀한 관계가 있다는 점을 인식하지 못하면 이 모든 구별도 오류가 된다. 각각의 죄 개념은 다른 죄 개념의 영역에 일정한 영향을 미치는 현실을 안고 있다.

인간이 그러한 형이상학적인 죄에서 벗어날 수 있다면, 인간은 천사가 될 것이고 다른 죄 개념들도 그 기반을 잃게 될 것이다.

도덕적 과오는 정치적 죄와 법적 죄의 온상이다. 무수한 자잘한 태만의 행태와 안이한 순응, 부정의不正義를 유치하게 두둔하거나 부지불식간에 촉진하는 행태, 불투명성을 확산시키고 그 자체로 악이 가능하도록 하는 공저인 분위기 조성에 관여하는 행태 등 이 모든 것이 결과적으로 사회적 상태 및 사건에 대한 정치적 죄를 함께 발생시킨다.

인간의 공동생활에서 권력의 의미에 대한 불투명성(을 유지하는 것)도 도덕적인 문제이다. 이러한 근본적인 사실을 은폐하는 행태뿐 아니라 권력을 사태의 유일한 결정 요인으로 부당하게 절대화하는 행태도 죄에 해당한다. 물론 권력관계로 착종되어 그 안에서 살아가는 것은 인간의 숙명이다. 이 숙명은 만인의 피할 수 없는 죄이고, 인간 존재 자체가 범하는 죄이다. 이 숙명에 맞서는 길은, 정의das Recht와 인권을 실현하는 권력을 지지하는 것이다. 따라서 이러한 권력관계를 구축하는, 정의에 봉사하는 의미에서의 권력투쟁에 함께 나서지 않는 것도 정치적인 근본죄Grundschlud이자 도덕적 죄이다. 예컨대, 정의의 실현, 민족적 에토스, 민족의 순수성 등과 같은 권력의 존재 의미가 권력을 통해서 파괴되는 곳에서는 정치적 죄가 도덕적 죄로 변한다. 힘이 통제되지 않는 곳에서는 폭력과 공포가 판을 치고, 그 끝은 존재와 영혼의 파괴이기 때문이다.

대부분의 개인, 폭넓은 국민 대중의 도덕적인 생활 방식에서, 즉 우리의 일상 행동에서 당대의 특정한 정치적 행태 및 정치적 상태도 발생한다. 이제 개인은 역사적으로 출현한 이 정치적 상태를 전제하고 살게 되며, 이러한 정치적 상태는 선조들의 에토스와 정치로 현실화되고, 세계가 처한 상황은 이를 가능하게 한다. 여기에 도식상 대립하는 두 가지 가능성이 있다.

정치의 에토스는 모든 국민이 고유의 의식과 인식, 사유와 의욕을 가지고 참여하는 국가 생활의 원리다. 이는 몰락과 상승의 부단한 운동이자 정치적 자유의 삶이다. 이러한 삶은 모든 국민이 짊어진 공동책임의 과제와 기회를 통해 가능해진다.

다른 한편, 대다수의 사람들은 정치에서 소외된다. 그들은 국가권력을 자기 삶과 연관지어 인식하지 못한다. 각자에게 공동의 책임이 있다는 것을 의식하지 못하고, 정치적으로 아무것도 하지 않고 방관하며, 무조건적인 복종 자세로 일하고 행동한다. 이런 사람들은 권력자의 결정과 조치에 복종할 뿐만 아니라 그러한 과정에 참여하지 않는 것에도 양심의 가책을 느끼지 않는다. 그저 정치적 현실을 이물질로 감내하거나, 자기 이익을 위해 정치 현실과 타협하거나 자기희생이라는 맹목적인 감격 속에서 살아갈 따름이다.

바로 이것이 정치적 자유[4]와 정치적 독재의 차이, 즉 헤로도투스[5] 이래로 동양과 서양의 차이(그리스적 자유와 페르시아적 독재)로 여겨지는 바이다. 그러나 대부분의 경우, 자유와 독재 중 어떤 상태를 결정할지는 개인의 선택 사항이 아니다. 개인은 행운 혹은 불운으로 어떤 정치적 상태에 태어나고, 그저 그 현실을 수용할 뿐이다. 그리고 어떠한 개인이나 집단도 인간 전체의 삶의 조건을 일거에 바꿀 수 없다.

---

[4] (원주) 나의 글, Thesen über politische Freiheit, *Wandlung*, 제6호(1946), 460쪽 이하.

[5] 헤로도투스(기원전 484~425)는 페르시아전쟁을 다룬 저작 《역사Ἱστορία》를 남겼다. 키케로가 《법률론》에서 그를 '역사(학)'의 아버지'로 불렀다.

2 _ 죄의 결과

죄는 내가 나의 죄를 통찰하는 경우에만
나의 자의식에 영향을 미친다.

외부적으로 죄는 관련자가 인정하든 부인하든 관계없이 현실 생활에
영향을 미치며, 내부적으로는 내가 나의 죄를 통찰하는 경우에만 나의
자의식에 영향을 미친다.

1 범죄의 대가는 형벌이다. 형벌의 전제는 처벌 받는 자가 처벌의 정
   당성을 승인하는 것이 아니라, 법관이 자유로운 판단을 통해 피고
   인의 유죄를 인정하는 것이다.

2 정치적 죄에 대해서는 책임Haftung이 존재하며, 그 대가는 원상회복

Wiedergutmachung[6] 그리고 정치적 권력[7]과 정치적 권리[8]의 상실이나 제한이다. 정치적인 죄가 전쟁으로 결정되는 사건들과 관계있다면, 그 패배자들에게는 파괴와 강제이주, 절멸이라는 결과가 기다린다.[9] 다만, 승리자가 원하는 경우 이 결과들의 도출을 법과 기준에 맡길 수 있다.

3 도덕적 죄에서는 통찰이 발생하고, 이 통찰에 따라 속죄Buße와 쇄신Erneuerung이 생긴다. 이것은 내면적인 과정이지만 이윽고 세상에서 현실적 결과를 발생시킨다.

4 형이상학적 죄의 대가는, 신 앞에서 생겨나는 인간적 자의식의 대전환Verwandlung이다. 자부심은 무너진다. 내면적인 행동을 통한 자아 혁신은 능동적인 삶의 새로운 원천이 될 수 있다. 그러나 이 자아 혁신은 오만함을 용인하지 않는 분위기에서 지난날의 모든 행적을 침잠시키고, 신 앞에서 작동하는 겸허함 속에서만 나타나는 씻을 수 없는 죄책감과 연결되어 있다.

---

[6] 독일어 '비더굿마쿵Wiedergutmachung'은 맥락에 따라서 원상회복, 배상, 속죄, 화해 등으로 옮길 수 있다. 실제로 비더굿마쿵은 정신적 측면과 물질적인 측면을 포괄하고, 법적인 관점에서도 민사적 책임과 형사적 책임을 아우른다.

[7] 독일의 주권 상실을 의미한다.

[8] 나치 협력자들의 공민권 상실이나 제한.

[9] 파괴, 강제이주, 절멸은 현대 국제법에서 용인되지 않는 재제 수단이다.

3 _ 폭력, 법, 은사恩赦

은사는 법과 폭력을 제한한다.

　인간 상호 간의 합의 없는 결정권 행사는 폭력이라는 점, 모든 국가 질서는 이러한 폭력의 방지책이라는 점, 그럼에도 불구하고 내적으로는 법의 강제를 통해서 외적으로는 전쟁을 통해서 폭력이 국가의 독점물이 되었다는 점을 평온한 시대에는 대개 망각한다.

　전쟁으로 폭력 상황이 도래하면 법은 정지한다. 우리 유럽인은 최근에 헤이그협정과 제네바협정으로 표현된바 전쟁 중에도 적용되는 국제 법규를 통해 여타 법과 법률을 유지하려고 노력하였다. 하지만 이는 부질없었던 것 같다.

　폭력이 사용된 곳에서는 폭력이 폭력을 일깨운다. 패배자에게 어떤 일이 일어날지는 승리자의 결정 사항이다. 그러나 대부분의 경우 '패배자에게 화가 미칠지어다vae victis'가 적용된다. 패배자는 죽을 것인지 아니면 승리자가 원하는 바를 감내하고 이행할 것인지를 선택할 수 있을 뿐이다. 패배자들은 예로부터 대체로 살아남는 쪽을 선호하였다.(여기에 헤겔이 심오하게 해명한 주인과 노예의 근본적인 관계가 자리한다.)

폭력으로 확보되지만 폭력으로 결정되지 않는 하나의 근원을 토대로 자신의 현존을 정립하는 인간들의 고차원적인 관념이 바로 법이다. 자신이 인간임을 의식하고 타인을 인간으로 인정하는 경우에 한해, 인간은 통찰하고 승자나 패자가 모두 호소할 수 있는 자연법 위에 자신을 정립시킬 수 있다.

법 관념이 등장한 이후에야 비로소 우리는 토론과 방법적 절차를 통해 참된 법을 찾아내는 노력을 기울일 수 있게 되었다.

완전한 승리의 상황에서 승자와 패자 사이에 무엇이 합법적인가에 대한 관념은, 그것이 현재까지 늘 정치적인 결단으로 결정되는 사태에서는 매우 제한된 작용을 할 뿐이다. 정치적인 결단은 실정적이고 사실적인 법의 기초가 되지만, 그 자체가 법으로 정당화되지는 않는다.

법은 형사범죄 또는 정치적 책임 면에서나 죄와 관련될 뿐, 도덕적 죄나 형이상학적 죄와는 무관하다. 그러나 처벌을 받거나 책임을 부담하는 자는 그 처벌과 책임으로써 법의 인정認定을 완성할 수 있다. 범죄자는 자신에게 내려진 처벌을 명예와 지위 회복으로 체험할 수 있다.[10] 정치적 책임을 감당하는 자는 그 책임을 자신의 존재 조건으로, 운명의 결정에 따라 주어진 것으로 인정할 수 있다.

---

[10] 형벌은 부정(범죄)에 대한 부정으로서 범죄자를 고양시켜 주는 것이므로 범죄자가 처벌받는다는 것은 그가 다시 온전한 인간으로 회복된다는 것을 의미하므로 심지어 속죄와 형벌은 범죄자의 의무이자 권리가 된다. 헤겔, 임석진 옮김, 《법철학》, 한길사, 2008, §100.

은사恩赦(Gnade)란 순수한 법과 파괴적인 폭력의 작용을 동시에 제한하는 조치다. 은사는 법이나 폭력의 직선적인 관철 속에 드러난 진리보다 인도성이라는 고차적인 진리를 따른다.

1 법이 존재함에도 불구하고 법률로부터 자유로운 정의正義의 영역을 열고자 자비가 작용한다. 모든 인간적인 법 규정은 그 작용 결과에서 결함과 부정의를 피할 수 없기 때문이다.

2 폭력의 가능성에도 불구하고 승전국은 은사를 베푼다. 패전국이 승전국에게 봉사할 수 있기 때문에, 즉 합목적성의 고려에서 은사를 베풀 수도 있고, 아니면 패전국이 존속한다는 사실은 승전국에게 제 나라의 힘과 척도에 관한 고양된 감정을 제공하기 때문에, 또는 모든 범죄자에 대한 태도와 마찬가지로 승전국이 패전국에 대해서도 그 모든 권리를 거의 박탈하지 않는 보편적·인간적 자연법의 요청에 양심적으로 복종하기 때문에, 즉 관대함의 의도에서 은사를 베풀 수도 있다.

4 _ 누가 심판하고, 누가 심판받는가?

도덕적 죄와 형이상학적 죄에 대해서는
이 세상의 어느 누구도 심판자 자리에 앉을 수 없다.

고발의 폭풍 속에서 사람들은 누가 누구를 고발하는지 묻는다. 고발은 그 관점과 대상으로 규정되고 제약되는 경우에만 의미를 가지며, 누가 고발하는 자이고 누가 고발당하는 자인지를 아는 경우에만 명료해진다.

1 우선 네 가지 죄의 단서에 따라 고발의 의미를 분류해 보자. 고발당한 자는 세상에서 쏟아지는 외부적 비난 또는 자신의 영혼에서 나오는 내부적 비난을 듣는다.

외부적 비난은 형사범죄, 정치적 죄와 관련해서만 의미가 있다. 외부적 비난은 형벌을 실현시키고 책임을 추궁하려는 의도로 표명된다. 외부적 비난은 법적인 죄와 정치적 죄에 대해서는 유효하지만, 도덕적인 죄나 형이상학적 죄에는 유효하지 않다.

그러나 고발당한 자는 도덕적 불능이나 형이상학적 취약성과 관련하여 내면적 비난을 듣게 된다. 즉, 정치적 혹은 범죄적인 작위나 부작위[11]의 원인이 자신에게 있다고 느끼는 것이다.

도덕적인 견지에서 볼 때 인간이 그 죄에 대한 책임을 지울 수 있는 대상은 오직 자신뿐이며, 혹 타인에게 죄에 대한 책임을 묻더라도 그것은 어디까지나 사랑하면서의 투쟁의 연대 안에서 이루어져야 한다. 마치 타인이 나 자신인 것처럼 내적인 구속성을 느끼며 심판하는 경우가 아니라면, 어느 누구도 타인을 도덕적으로 심판할 수 없다. 타인을 나 자신과 동일시할 때, 오로지 그때에만 각자가 고독 속에서 최종적으로 결정해야 할 바를 자유로운 소통을 통해 공통의 사안으로 전환시킬 수 있는 친밀성이 생겨나기 때문이다.

이때에도 타인의 죄에 대한 주장은 오로지 일정한 외적인 행위와 행태들을 겨냥할 뿐, 내적인 심정을 겨냥할 수 없다. 물론 각자의 개별적인 판단에서 그 심정과 동기를 고려하려고 하겠지만, 이러한 시도는 어디까지나 행위와 태도 같은 객관적인 징표들로 확인 가능한 선에서만 수행되어야 진실에 부합할 수 있다.

2 그렇다면 **집단**은, 그리고 **개인**은 어떠한 의미에서 심판을 받을 수 있는가? 국가 행위로 발생한 결과에 대해 그 국가의 국민 전체가 책임을 지는 것은 의문의 여지없이 타당하다. 여기에서 문제되는

---

[11] 작위作爲는 법적·규범적으로 금지되어 있는 일을 의식적으로 하는 '적극 행위'를, 부작위不作爲는 마땅히 하여야 할 일을 일부러 하지 않는 '소극 행위'를 가리키는 법률 용어이다.

것은 집단이다. 이 책임은 개인에 대한 도덕적 고발이나 형이상학적 고발 없이도 일정하게 규정할 수 있다. 그래서 과거 나치 정권과 문제 있는 조치들에 반대했던 사람들에게도 집단적 책임이 존재한다. 조직이나 정당, 단체에 소속되었다는 이유만으로도 마찬가지의 책임이 발생한다.

반면에 형사범죄는 집단이 아닌 오직 개인 자격으로만 처벌받을 수 있다. 물론 단독범행이거나 다수의 공범이 있을 수 있다. 이 경우 공범자는 해당 범죄에 관여한 정도에 따라 처벌받지만, 범죄단체의 일원이었다는 사실만으로도 처벌받는다. 일반적으로 범죄단체로 규정할 수 있는 강도 및 모반 조직 등이 이에 해당한다. 이러한 조직의 구성원이면 그 조직에 속했다는 이유만으로 처벌받을 수 있다.

그러나 민족 전체에게 형사책임을 지우는 것은 불합리하다. 형사책임은 개인에게만 해당하는 책임이다. **또, 민족 전체를 도덕적으로 고발하는 것도 불합리하다.** 어떤 민족에 속하는 개인이라면 누구나 갖게 되는 그러한 민족성은 존재하지 않는다. 물론 언어나 도덕, 관습의 공통성은 존재한다. 하지만 동일한 언어를 사용하는 사람들조차 서로를 타 민족인 양 이질적으로 느끼게 하는 강력한 차이들이 동시에 존재할 수 있다.

도덕적인 심판도 그 대상은 항상 집단이 아닌 개인이다. 그런데 우리 사회에는 인간을 개인이 아닌 집단으로 규정하고 판단하는 사고방식이 얼마나 만연해 있는가. 독일인이나 러시아인, 영국인과 같은 성격 규정은 개개의 인간을 포섭할 수 있는 일반개념

Gattungsbegriffe이 아니라, 각 인간 간의 차이를 허용하는 유형개념 Typenbegriffe에 해당한다. 이 일반개념과 유형개념의 혼동이 집단적 사고의 징표이다.

사람들은 흔히 독일인은 어떻고 영국인은 어떻고 노르웨이인은 어떻고 유대인은 어떻다고 말하고, 프리지아 사람은 어떻고 바이에른 사람은 어떻다고, 또는 남자는 어떻고 여자는 어떻고, 어린 사람은 어떻고 노인은 어떻다고 말한다. 어떤 대상을 유형개념으로 파악하는 것은, 그 대상을 일반적 특성으로 규정하고 나아가 모든 개체를 파악하는 식으로 오도되어서는 안 된다. 바로 이것이 수세기 동안 민족과 인간 집단들 간의 증오로 이어진 사고방식이었다. 유감스럽게도 대다수 사람들에게 자연스럽고 자명하게 받아들여지는 이러한 사고방식을 나치즘이 가장 악랄하게 이용하였고, 선전을 통해 사람들의 머리에 새겨 넣었다. 그들은 인간이라고 하는 것은 더 이상 존재하지 않고, 오로지 집단만이 존재하는 것처럼 사람들을 선동하였다.

그러나 전체로서의 민족은 존재하지 않는다. 아무리 전체로서의 민족을 규정할 온갖 경계선을 그려 보아도 실제 사실들은 그 경계선을 뛰어넘는다. 언어, 민족성원성, 문화, 공통의 운명 등은 서로 일치하기는커녕 교차할 뿐이다. 민족과 국가는 일치하지 않고, 언어, 공통의 운명, 문화도 그 범위상 일치하지 않는다.

민족을 하나의 개체로 취급하는 것은 어불성설이다. 민족은 영웅적으로 죽을 수도, 범죄자가 될 수도, 도덕적으로 행위할 수도, 비도덕적으로 행위할 수도 없으며, 오로지 개인만이 그러한 행위를 할 수 있다. 전체로서의 민족을 형사범죄의 의미나 정치적인 의미 혹은 도덕적인 의미에서 유죄나 무죄라는 식으로 말할 수는 없다.(정치적 의미에서의 책임은 국가에 속한 공민公民으로서 져야 하는 책임뿐이다.)

기타 민족에 대한 범주적인 판단은 어떠한 경우에도 불공정하다. 그것은 그릇된 실체화를 전제하고, 결과적으로 개인들에게서 인간으로서의 존엄성을 박탈한다.

그런데 현재 한 민족에게 집단적 죄Kollektivschuld를 묻는 세계 여론은 예수의 십자가형을 놓고 수천 년간 유대인 전체를 죄인이라고 말하는 것과 똑같은 양상이다.[12] 그 유대인이 누구인가? 로마 점령군과 협력하여 예수를 죽음으로 몰아넣은 유대인은 당시 유대인 중에서도 일정한 실력을 지닌 정치적·종교적 열혈 당원이었다.

지각 있는 사람들조차 집단적 죄를 자명한 것으로 수용하게 하는 여론의 압도적인 힘은 그 견해의 오류가 너무나 단순하고 명료하다는 점에서 참으로 놀라운 현상이 아닐 수 없다. 마치 벽을 보고 말하는 것 같다. 어떠한 논거나 사실도 들으려 하지 않는 것 같고, 설혹 들었다 하더라도 정당하게 수용하지 않고 즉각 다시 망각해 버리는 것 같다.

한 민족의 집단적 죄나 여러 민족들 가운데 특정 집단의 **집단적**

---

[12] 이 강연을 할 즈음인 1945년 10월 25일, 노르웨이 소설가 시그리 운세트Sigrid Undset는 《노이에 차이퉁》에 기고한 '독일인의 재교육Die Umerziehung der Deutschen'이란 글에서 나치가 저지른 잔혹 행위에 대해 독일인 전체가 집단적으로 유죄라고 주장하였다. 야스퍼스는 11월 4일 같은 신문에 〈시그리 운세트에 대한 답변〉을 기고하였다.

죄 같은 것은 정치적 책임을 제외하고는 **존재하지 않는다.** 형사적 집단적 죄도, 도덕적 집단적 죄도, 형이상학적 집단적 죄도 존재하지 않는다.

3 고발하고 비난하려면 권리가 존재해야만 한다. **누구에게 심판할 권리가 있는가?** 심판자는 '자신에게 어떠한 권한이 있는가, 어떠한 목적과 동기에서 심판을 행하는가, 어떠한 상황에서 자신과 심판받는 자가 서로 대결하고 있는가'라는 질문에 답해야만 한다.

그런데 도덕적 죄와 형이상학적 죄에 대해서는 이 세상의 어느 누구도 심판자의 자리에 앉을 수 없다. 사랑에 기반한 친밀한 사람들의 구속적 관계에서나 가능한 것은 거리를 둔 가운데 냉정한 분석 대상이 될 수 없다. 이런 연유로 신 앞에서 타당한 것이라고 하더라도 인간 앞에서는 타당하지 않다. 그리고 신은 교회의 직책, 여러 국가의 외무 부서, 언론을 통해 드러나는 세계 공론 등 그 어느 것도 지상에서 자신을 대리하는 법정으로 세우지 않는다.

전쟁의 결정과 관련해서 뭔가 판단해야 한다면 그 정치적 책임에 대한 판단은 승리자에게 절대적인 우선권이 있다. 승리자는 자신의 생명을 걸었으므로 결정은 자기 몫이라고 주장한다. 그러나 사람들은 이렇게 물을 수 있다. "투쟁에서 몸을 빼고, 대의를 위해 자신의 생명과 양심을 걸지 않았던 중립적인 사람들이 공공연한 판단권을 갖는 것이 가당키나 한가?"(어떤 편지에서 인용)

오늘날 우리 운명의 동반자들, 즉 다른 독일인들이 개인의 도덕적 죄와 형이상학적 죄를 운운하는 것을 보면 그 사람의 태도에서 어떤 심판자가 되려 하는지를 감지할 수 있다. 그 사람이 자신도 함께 가담한 죄를 논의하는지 그렇지 않은지, 죄를 내면적 차원에서 논하는지 아니면 외부적 차원에서 논의하는지, 즉 자아 성찰자로서 말하는지 아니면 고발자로서 말하는지, 그리하여 타자의 자아 성찰을 유도하는 친밀한 연대자로서 말하는지 아니면 순전히 공격만을 의도한 타인으로서 말하는지, 친구로서 말하는지 아니면 적으로서 말하는지를 느낄 수 있다. 만약 전자의 입장이라면 의문의 여지없이 심판권이 있겠지만, 후자의 경우라면 매우 의문스럽지 않을 수 없다. 심판은 사랑의 기준으로 제약되어야 하기 때문이다.

도덕적 죄와 형이상학적 죄가 아닌 정치적 책임과 형사적 죄에 관해서는 동료 시민들 누구나 진실을 규명하고 명료한 개념에 입각하여 토론하고 판단할 권리가 있다. 정치적 책임은 현재 근본적으로 그 정당성을 부인당한 나치 체제에 가담한 정도에 따라 등급화되며,[13] 그 책임 내용은 승전국이 결정한다. 참화 속에서 살아남고자 했던 사람들은 누구든지 살아남았다는 이유로 승전국의 결정에 복종하지 않으면 안 된다.

---

[13] 각 개인의 가담 정도에 따른 개인적 정치적 책임은 국민이라는 지위에서 발생하는 논리적 책임으로서 집단적 정치적 책임과 구분된다. 전자는 개인의 자유와 재산에 대한 것으로, 후자는 국민전체의 정치적 자유와 주권에 대한 것으로 나타난다.

5 _ 변호(인)

자연법과 인권을 스스로 유린한 자는
자신에게 유리하게 이를 원용할 수 없다.

고발이 이루어지면 피고인은 자신의 견해를 진술할 기회를 허락받는
다. 법에 호소하는 어떤 곳에서든 변호가 존재한다. 폭력이 사용된다면
폭력의 피해자는 할 수 있는 한 스스로 방어할 수 있다.

완전한 패배자로서 스스로를 방어할 수 없다면, 그런데 여전히 살고
자 한다면 패배자에게는 결과를 감내하고 인수하고 인정하는 것 외에
는 할 수 있는 것이 아무것도 없다.

그렇지만 승리자가 죄의 근거를 밝히고 판단을 하고자 한다면, 폭력
은 결코 그 문제에 대한 답이 될 수 없다. 무력함 속에서도 오직 정신만
이 답할 수 있다. 이는 물론 정신에게 그럴 여지를 허용하는 경우에 가
능한 일이다. 인간이 발언할 수 있는 곳에서는 어디서든 변호가 가능하
다. 승리자가 자국의 행동을 법의 수준으로 격상시키는 순간부터 승리
자의 폭력은 제한된다. 이때부터 변호인 측에게는 다음의 몇 가지 가능

성이 생긴다.

1 변호인은 구별을 관철할 수 있다. 구별을 통해서 명료한 개념을 규정하고 부분적인 면책을 얻을 수도 있다. 구별은 전체적인 관점을 철폐하고, 책임에 한계를 설정한다.

　　혼동은 불명확성을 낳고, 불명확성은 실제적인 결과를 발생시킨다. 그 결과가 유익하든 유해하든지 간에, 그것은 정의롭지 않은 것임이 분명하다. 변호인은 구별을 통해서 정의를 촉진시킬 수 있다.

2 변호인은 사실을 제출하고, 강조하고, 비교할 수 있다.

3 변호인은 자연법에, 인권에, 국제법에 호소할 수 있다. 그러나 변호인에게는 다음과 같은 제약이 있다.

1〉 어떤 국가가 먼저 자기 나라에서 자연법과 인권을 원칙적으로 유린하고 그 다음에 대외적으로 전쟁을 통해 인권과 국제법을 파괴했다면, 그 국가는 애초에 스스로 인정하지 않았던 바를 뒤늦게 자국에 유리하게 인정해 달라고 요구할 수 없다.

2〉 권리를 위해 투쟁할 힘이 있는 자가 실제로 권리를 갖는다. 완전한 무력함이 지배하는 곳에서는 정신적으로 이상적인 법에 호소할 가능성만이 존재한다.

3) 자연법과 인권이 인정된다고 하더라도 그 인정은 오로지 강자, 즉 승전국의 자유로운 결정을 통해서만 가능하다. 이러한 결정은 승전국의 식견과 이상理想에서 발생하는 행위로, 권리의 부여라는 형식으로 패전국에게 베풀어진 은사이다.

4 승전국이 진실하게 고발을 수행하지 않고 자기 행위에 대한 동의를 구하고 동시에 양심의 가책을 덜고자 서로 다른 죄 개념들을 혼용하거나 그릇된 견해를 유발함으로써 정치적·경제적 목적을 달성할 무기로서 고발을 이용하는 상황을 변호인은 지적할 수 있다. 그러한 행위는 패전국에게 고난이 따르는 상황에서 단순한 승전국의 조치로 머물지 않고 법으로 정립되기 때문이다. 아무리 복수의 일환으로 행해지는 것이라 할지라도 나쁜 것이다.

　도덕적·형이상학적 질책을 정치적 목적을 이루는 수단으로 이용하는 것은 단연코 배격해야 한다.

5 재판관에게 편견이 있다고 볼 만한 사유가 있거나 사건의 성격상 세속적인 법관의 관할 사항이 아닌 경우에 변호인은 법관을 기피할 수 있다.

　형사처벌과 정치적 책임(원상회복)의 추궁은 공적으로 인정되어야 하지만, 후회와 재탄생에 대한 요구는 오로지 내면세계에서만 나타날 수 있다. 후회와 재탄생의 요구에 대해서는 침묵을 통한 거부만이 존재한다. 이때 관건은 외부에서 내면적 전향을 급부給付[14]로서 요구하는 것이 잘못이라고 하더라도, 내면적 전향의 실제 필연성을 망각하지 않아야 한다는 점이다.

죄의식을 품는 것과 세속적인 법원을 재판관으로 인정하는 것은 다른 문제이다. 승전국은 이중적인 의미에서 그 자체로 재판관이 아니다. 한편으로 승전국이 재판관이 되면 스스로 투쟁의 자세를 거두고, 특히 형사적인 죄나 정치적 책임과 관련하여 적나라한 힘 대신에 법을 획득하게 된다. 다른 한편으로 승전국이 재판관이 되면, 그 자체로 또다시 새로운 죄를 포함하는 행위들을 정당화하는 잘못을 범하게 된다.

6 변호인은 맞고발을 활용할 수 있다. 변호인은 상대방의 행동도 재난의 발생에 공동의 원인을 제공했다는 점, 패전국에게 범죄라고 규정한 것과 동일한 행동이 승전국에게도 있다는 점, 〔전쟁을 유발한〕 전반적인 세계정세는 패전국만이 아닌 공동의 죄라는 점을 지적할 수 있다.

---

[14] 채권의 목적이 되는, 채무자가 하여야 할 행위를 가리키는 법률 용어.

독일인의 문제

내가 있는 곳에서 불법과 범죄가 자행된다면…
'살아남았다는 사실이 나의 죄다.'

제 2 부

서론

너희가 감내한 체제가 벌인 행위에 책임을 지라.

죄의 문제는 승전국과 온 세계가 우리 독일인을 고발하면서 주복을 받았다. 1945년 여름, 벨젠[1]의 사진과 보도 및 '이것은 너희의 죄다'라는 단호한 문구를 담은 포스터가 방방곡곡에 내걸리자 동요가 양심을 엄습하였고, 그때까지 사태의 내막을 알지 못했던 사람들을 경악시켰다. 그러나 한편으로는 의구심이 고개를 쳐들었다. '누가 나를 고발하는 거지? 서명이나 관청의 표시도 없이 포스터가 마치 허공에서 떨어진 것 같네.' 고발이 정당하든지 부당하든지 간에 고발당한 자가 자신을 방어하고자 하는 것은 인간적으로 보편적인 것이다.

정치적 분쟁에서 죄의 문제는 오래된 것이다. 예를 들어, 나폴레옹과

---

[1] 유대인 수용소가 있었던 독일 하노퍼 근교의 지명으로, 《안네의 일기》의 저자인 안네 프랑크가 사망한 곳이다.

영국 간의 전쟁에서, 프로이센과 오스트리아 간의 전쟁에서도 죄의 문제는 중요한 역할을 하였다. 아마도 로마인들은 자국의 도덕적 정당성을 주장하고, 적국에 대한 도덕적 단죄에 입각한 정치를 전개한 최초의 사람들이었을 것이다. 한편으로는 객관성을 중시하는 그리스인들의 공평무사한 태도와, 다른 한편으로 신 앞에서 보여 준 고대 유대인의 자기고발 태도는 이러한 로마인들의 태도와 대조를 이룬다.

승전국의 유죄 선고가 정치적 수단으로 변질되고, 그 동기가 불순하다는 사실 자체가 역사를 관통하는 죄Schuld이다. 제1차 세계대전 후 체결된 베르사유조약²에서 전쟁 책임 문제는 전적으로 독일에 불리하게 결정되었다. 그러나 이후 세계 각국의 역사가들이 지적한 대로, 제1차 세계대전의 책임은 어느 일방에만 존재하지 않았다. 로이드 조지Lloyd Geroge³의 말처럼, 모든 측면에서 사람들이 전쟁 속으로 질질 끌려 들어갔을 뿐이다.

그러나 제2차 세계대전은 제1차 세계대전과 다르다. 현재의 책임 문제는 당시의 책임 문제와는 전적으로 다르게 들린다. 제2차 세계대전의 전쟁 책임 문제는 분명하나. 전쟁은 히틀러의 독일이 시작했다. 다른 나라들이 바라지 않는데도 나치 독일이 제멋대로 전쟁을 자행했기 때문

---

² 제1차 세계대전 종료 후인 1919년 6월, 독일제국과 연합국 사이에 맺어진 평화협정이다. 국제연맹의 탄생, 독일 주변국의 주권 보장, 독일의 전쟁배상금, 프랑스·폴란드·덴마크·벨기에 등에 대한 영토 반환, 독일의 식민지 상실, 독일의 군대 축소 등 독일 바이마르공화국의 발전에 지장을 초래할 정도의 내용을 담고 있었다.

³ 로이드 조지David Lloyd George(1863~1945)는 영국의 자유당 정치인으로, 1916년에서 1922년까지 영국의 수상으로서 전시 연립내각을 이끌었으며 베르사유조약을 성사시켰다.

에 그 책임은 전적으로 독일에 있다.

'이것은 너희의 죄다'라는 말은 단순한 전쟁 책임 이상의 의미를 담고 있다. 이 포스터는 이미 잊혀졌지만, 거기에서 우리가 배우게 된 것이 두 가지 있다. 첫째는 우리를 하나의 민족으로서 유죄판결하는 세계 공론의 현실, 둘째는 우리 자신의 관련성이다.

우리에게 세계 공론은 중요하다. 사람들이 우리를 어떻게 바라보고 있는지는 우리에게 아무래도 상관없는 일이 아니다. 더 나아가 죄는 정치의 수단이 되었다. 세계 공론은 우리를 죄인으로 규정하고, 따라서 현재 우리가 겪고 앞으로도 겪게 될 불행은 마땅한 것이라고 말한다. 바로 이것이 정치인들이 독일을 분단시키고 재건 가능성을 제한하고, 평화 없는 생사의 갈림길에 방치하려는 이유이다. 이러한 정치적인 문제는 우리가 결정할 수 없다. 우리가 아무리 나무랄 데 없는 행동을 한다 해도 이 결정에 어떠한 영향도 미칠 수 없다. 이는 한 민족을 일괄해 천민족속Pariavolk으로 전락시키고, 다른 민족의 수준 이하로 억압하고, 그 민족이 스스로 존엄을 포기한 후에도 여전히 그 존엄을 짓밟는 것이 정치적으로 어떤 의미가 있는지, 나아가 합목적적이며 무해하고 정의로운 것인지 묻는 것이다. 물론 여기서는 이 문제를 다루지 않겠으며, 아울러 죄를 고백하는 것이 과연 필요하고 합목적적인지, 그리고 어떠한 의미에서 필요하고 합목적적인지 하는 정치적 문제도 다루지 않겠다.

독일 민족에 대한 유죄 판결은 앞으로도 계속될지 모른다. 이는 우리에게 매우 끔찍한 결과를 가져올 수도 있다. 우리는 여전히 정치가들의 결의와 국제사회의 여론이 언젠가 바뀌기를 희망한다. 그렇지만 우리가 할 수 있는 일은 고발이 아니라 감수다. 이처럼 완전한 무력함의 상태에서는 감수할 수밖에 없다. 물론 우리를 이 같은 무력함의 상태로 이끈 것은 국가사회주의이며, 현재의 기술적으로 제약된 세계 상황에서는 이 상태에서 탈출할 방법을 발견하지 못했기 때문이다.

그러나 지금 우리에게 세계 여론보다 훨씬 중요한 것은, 우리 자신을 성찰하고 심판하고 정화하는 방법이다. 외부로부터의 고발은 이제 우리의 관심사가 아니다. 이에 반해 지난 12년간 〔수권법이 통과된 1933년 이래로〕 독일인의 영혼에서 최소한 찰나의 시간이라도 그냥 지나칠 수 없을 만큼 분명히 들려오는 내면의 고발이 우리 자신을 변화시킬 수 있다면, 그것은 우리에게 허락된 자의식의 근원이 될 것이다. 우리는 우리 손으로 독일인의 죄의 문제를 규명하지 않으면 안 된다. 이것은 우리 자신의 문제이다. 외부에서 쏟아지는 비난을 거울로 삼을 수는 있지만, 우리가 독일인의 죄의 문제를 규명하는 것은 외부의 비난과 무관한 일이다.

'이것은 너희의 죄다'라는 문구는 다음과 같은 세 가지 의미를 전달할 수 있다.

첫째로, 너희는 너희가 간내한 체제가 벌인 행위에 책임을 지라는 의미가 있다. 여기에서 문제가 되는 것이 우리의 정치적 죄이다.

둘째로, 너희가 체제를 단순히 감내하는 차원을 넘어 그것을 지지하고 그것에 협력한 것은 너희의 책임이라는 의미다. 바로 여기에 우리의 도덕적인 죄가 존재한다.

셋째로, 범죄가 자행될 때 너희는 그것을 방관했으니 너희에게 책임이 있다는 의미다. 이는 형이상학적 죄를 시사한다.

나는 이 세 가지 명제 모두 참이라고 생각한다. 정치적 책임에 관한 첫 번째 명제는 전적으로 타당하다. 반면에 도덕적 죄와 형이상학적 죄를 주장하는 두 번째와 세 번째 명제는 법적인 차원에서 냉정하게 분류하면 거짓이다.

'이것은 너희의 죄다'라는 문구는 이 밖에 더 많은 의미를 내포할 수 있다. 너희는 이러한 범죄의 공범자이며, 그러므로 너희도 범죄자이다. 그러나 이 의미는 분명 대다수 독일인에게 합당하지 않다.

마지막으로 이 문구는 '너희는 열등한 민족이고, 존엄성을 상실한 범죄자들이며, 지구상의 다른 민족들과는 다른 인간쓰레기다'라는 의미를 전달할 수도 있다. 그러나 이는 모든 개별자를 일반자로 포섭하는 집단적 사고방식으로서, 근본적으로 거짓이며 그 자체로 비인간적이다.

이제 예비적인 논술을 마치고 독일인의 죄에 대해 본격적으로 살펴보자.

1 _ 죄의 구별

정치적 자유는 도덕적 요소들을 내포하고 있다.

범죄

우선 제1차 세계대전을 돌이켜보자. 독일은 교전 당사국 어느 일방만이 자행했다고 볼 만한 특수한 범죄를 저질렀다고 인정할 필요가 없었다. 이 점과 관련해서는 당시 독일의 적국이었던 나라의 역시 연구도 동일한 결론을 보여 주었다. 그러나 제2차 세계대전은 다르다. 전쟁 전 나치 정권이 독일 국내에서 저지르고, 전쟁 중에는 세계 도처에서 자행한 범죄들에는 의문의 여지가 없다.

전쟁 책임 문제에 대해 역사가들이 어느 한쪽에 일방적으로 불리하게 평가하지 않았던 제1차 세계대전과 달리, 이 전쟁(제2차 세계대전)은 명백히 독일의 히틀러 정권이 개시했다. 그리고 제1차 세계대전과 달리, 이 전쟁은 결국 진짜 세계대전이 되었다. 이 전쟁은 세계의 상황과 인식을 완전히 바꾸어 놓았다. 이 전쟁의 의미는 이전에 일어난 전쟁들과는 차원이 다른 것이었다.

게다가 현재 우리는 세계사에서 전적으로 새로운 국면을 경험하고 있다. 승전국이 재판소를 설치한 것이다. 이 '뉘른베르크 재판'[4]은 크게 두 가지 면에서 명백한 경계를 설정했다.

1 이 법정에서 피고인은 독일 민족이 아닌 범죄자로 기소된 독일인 개인들이다. 나치 정권의 모든 지도자들이 여기에 해당한다. 미국 측 수석검사인 잭슨[5]은 모두진술冒頭陳述[6]에서 '우리는 독일 민족을 기소할 생각이 없다는 점을 밝히고자 한다'고 말해 처음부터 소송 의 경계를 설정하였다.

2 용의자들은 범죄 일반이 아닌 특정 범죄에 한해서만 기소된다. 국제 군사재판소 설치헌장[7]은 이러한 범죄를 명시적으로 규정하고 있다.

---

[4] 제2차 세계대전 후 연합국이 독일의 주요 전쟁범죄자를 처벌하고자 독일 뉘른베르크 지역에 설 치한 군사재판소 혹은 이 재판소에서 행한 재판. 1945년 11월부터 10개월간 진행된 이 재판에 서 24명이 기소되어 사형 12명을 포함해 19명이 유죄판결을 받았다.

[5] 잭슨Robert Houghwout Jackson(1892~1954)은 미국 법무장관(1940~1941)과 미연방대법원 판사 (1941~1954)를 역임하였다.

[6] 검사가 공소를 제기한 요지를 진술한 공소장을 읽는 절차이다.

[7] 뉘른베르크 법정의 법적 근거는, 1945년 8월 8일 미국·영국·소련·프랑스 임시정부의 대표가 조인한 런던협정이다. 유럽 추축국의 주요 전쟁범죄자들의 기소와 처벌에 관한 협정의 부속서 (Annex to the Agreement for the prosecution and punishment of the major war criminals of the European Axis)인 국제군사재판소의 설치헌장(The Charter of the International Military Tribunal)

1〉 평화에 반한 죄

　침략전쟁 또는 국제조약을 위반하는 전쟁의 계획, 준비, 개시, 수행.

2〉 전쟁범죄

　전쟁 법규의 위반행위. 예컨대, 점령지 비전투원의 살해·학대·
강제노동을 위한 이송, 포로의 살해·학대, 공공재산이나 사유재산
의 약탈, 도시 또는 촌락의 자의적인 파괴 또는 군사적 필요로 정
당화되지 않는 모든 파괴 조치.

3〉 인도에 반한 죄

　민간인에게 자행되는 살해, 절멸, 노예화, 이송, 국제군사재판소
가 관할하는 범죄의 수행과 관련하여 자행된 정치적·인종적 또는
종교적인 이유에 의한 박해.

　더 나아가 책임자의 범위도 규정했다. 앞서 예시한 범죄 중 어느 하
나를 수행힐 공동계획이나 회합에 관여했던 주모자, 단체, 교사범과 방
조범은 누가 범죄를 실행했는지와 상관없이 그 계획의 수행을 위해 자
행된 모든 행위에 책임을 진다. 따라서 공소는 개인뿐 아니라 그 자체로
범죄단체라고 판단할 만한 조직, 즉 내각, 나치당의 정치적 지도부, 친위
대(SS), 치안경찰대(SD), 비밀경찰(Gestapo), 돌격대(SA), 합동참모본부, 독일

은 흔히 '뉘른베르크 헌장'이라고 불린다.

군 최고사령부를 상대로 제기된다.

이 재판에서 우리 독일인은 방청객이다. 피고인들이 우리를 나락으로 빠뜨린 장본인들임에도 불구하고 우리는 이 재판을 시작하지도, 유지하지도 않았다. "실제로 독일인들도 독일 바깥 사람들과 마찬가지로 피고인들과 청산할 것이 있다."고 잭슨은 밝혔다.

그럼에도 불구하고, 많은 독일인들이 이 재판에 모욕감을 느끼고 있다. 그 기분은 이해할 만하다. 모욕감의 원인은, 연합국이 히틀러 정권과 그 행위를 놓고 독일인 전체를 상대로 유죄판결을 내리게 된 원인과 똑같다. 공민Staatsbürger이라면 누구나 자신의 국가가 행하거나 수인受認한 바에 대해 공동의 책임을 져야 한다. 범죄국가라는 오명은 국민 전체Volk의 부담으로 돌아간다. 따라서 국가 지도자가 범죄자이면 그를 상대로 한 소송을 접하는 시민은 자신도 함께 피고인이 된 기분을 느낀다. 그리고 소송에서 국민도 함께 유죄판결을 받는다. 따라서 국민은 국가 지도자가 겪는 굴욕과 치욕을 자신의 것인 양 느낀다. 그래서 재판을 본능적으로, 무턱대고 거부하는 것이다.

그리고 아무리 고통스럽더라도 우리는 우리가 짊어진 정치적 책임을 이행하지 않으면 안 된다. 정치적 책임이 치욕을 요구한다면 그 치욕을 피할 도리가 없다. 우리는 여기서 하나의 정치 세력으로서 우리 자신의 완전한 무력감과 배제를 체험한다.

중요한 것은, 이러한 본능적인 당혹감을 어떻게 파악하고 해석하며 습득하고 더 나아가 변화시키는가이다. 이러한 굴욕을 무조건 비난할 수도 있다. 그러나 재판 전체의 정당성과 진실성 또는 목적을 논박할 근거를 제시하는 것이 우선이다.

1 사람들은 일반적인 논평을 제시한다.

'전쟁은 역사 전체를 관통하고 있으며, 앞으로도 많은 전쟁이 발생할 것이다. 전쟁을 놓고 어느 한 국민Volk에게 죄가 있다는 주장은 당치 않다. 인간의 본성, 즉 인간의 보편적인 죄악성 Schuldhaftigkeit이 전쟁을 일으키는 것이다. 자신이 무죄라고 선언하는 것은 천박한 양심의 발로이다. 이처럼 독선적인 태도가 현재의 행태를 통해서 곧 일어날 전쟁을 재촉한다.'

이에 대해 나는 다음과 같이 반박한다.

'이번 전쟁에서 독일이 계획적으로 전쟁을 준비하고, 외부의 도발이 없는데도 전쟁의 도화선에 불을 댕겼다는 사실은 부정할 수 없다. 이 전쟁은 1914년의 전쟁과 전적으로 다르다. 나아가 독일에게 전쟁 일반에 대한 책임이 아니라 바로 이 전쟁에 대한 책임을 지우려는 것이다. 더구나 이번 전쟁은 세계사에서 전대미문의 새로운 종류의 전쟁이다.'

뉘른베르크 재판에 대한 비난은 다음과 같은 말로 표현된다.

'하늘에 대한 호소로 해결해야 할 사안이 항상 다시 폭력으로 결정된다는 사실이 인간 존재의 수수께끼다. 군인은 스스로 자신을 기사라고 느끼므로, 패배자로서 기사답게 처우받지 못한다면 굴욕을 느끼게 된다.'

이러한 주장은 다음과 같이 반박할 수 있다.

'독일인은 기사도를 벗어나 국제법을 위반하면서 다른 민족의 절멸과 여타 비인도적 행위들을 자행했다. 히틀러의 행위는 처음부터 화해 가능성을 완전히 배제하는 것을 목표로 삼았다. 승리

아니면 파멸만 있었다. 이제 우리는 파멸의 결과를 보고 있다. 개인으로서 수많은 군인과 소규모 단위부대들이 과오를 범하지 않고 나름대로 기사도적으로 행동했다고 하더라도, 히틀러의 조직으로서 독일 군대가 범죄적인 명령을 기꺼이 수행하였기 때문에 독일 군대에게 기사도에 입각한 처우를 해달라고 요구하는 것은 당치 않다. 먼저 기사도와 관용을 무너뜨린 쪽이 상대방에게 기사도와 관용을 요구할 수는 없다. 이 전쟁은 과거 기사들의 전투처럼 비슷한 사람들이 막다른 길목에서 싸움터로 나아간 것이 아니다. 이 전쟁은 그 원인과 수행 방식으로 볼 때 범죄적인 흉계이자 명백한 파괴 의지의 결과물이다.

교전 중에도 전투행위를 제약하는 사유들이 존재한다. 히틀러의 독일은 처음부터 '전쟁에서 교전국은 전후에 화해를 단적으로 불가능하게 하는 행위를 해서는 안 된다'는 칸트의 명제[8]를 원칙적으로 배척하였다. 그 결과 태곳적부터 본질상 동일하게 파괴의 정도에 있어 기술의 제약을 받았던 폭력이 이제 무제한적으로 나타나게 되었다. 오늘날과 같은 세계 상황에서 전쟁을 개시했다는 것은 참으로 끔찍한 일이다.'

---

[8] 일반적으로 전쟁법은 전쟁 사유에 관한 법jus ad bellum/전쟁 중의 법jus in bello/전후 처리법 jus post bellum으로 구별되는데, 전쟁 사유에 관한 법은 이른바 '정전론正戰論'으로 수렴되고, 전쟁 중의 법은 민간인 및 부상자 보호로 요약된다. 전후 처리법은 전쟁범죄자의 처벌과 배상 책임과 관련된다. 칸트는 《영구평화론》(예비 조항 6조)에서 전쟁 중의 법을 다음과 같이 제시하였다. "어떠한 국가도 다른 국가와 교전 중에 미래의 평화에서 상호신뢰를 불가능하게 만들 수밖에 없는 적대 행위를 해서는 안 된다. 암살, 독살, 항복조약의 위반, 교전 상대국에서의 반란 유도 행위 등이 그것이다."

2 사람들은 다음과 같이 말한다.

'재판은 모든 독일인에게 민족적인 치욕이다. 적어도 독일인이 법관석에 앉았더라면, 독일인이 독일인에게 재판받았을 것이다.'

이에 대해 다음과 같이 반박할 수 있다.

'재판 자체는 민족적 치욕이 아니며 재판을 설치하게 된 배경, 즉 이러한 체제의 존재 사실과 범죄 사실이 바로 민족적인 치욕이다. 독일인은 민족적 치욕감을 피할 수 없다. 그러니 치욕감이 재판의 원인이 아니라 재판 자체를 향한 것이라면 그 치욕감은 엉뚱한 방향으로 가는 것이다.

승전국이 독일 법원을 설치하거나 독일인을 배석판사로 임명하더라도 사태는 바뀌지 않는다. 독일인 판사가 임명되더라도 그 사람은 독일인 스스로 얻어 낸 해방이 아닌 승전국의 시혜로 법정에 있는 것이다. 어느 경우에나 민족적 치욕은 피할 수 없다. 재판은 우리가 범죄적인 체제에서 자력으로 해방되지 못하고 연합국의 힘으로 해방되었다는 사실에서 귀결된 것이다.'

3 다음과 같은 이견도 있다.

'정치적 주권의 영역에서 어떻게 범죄를 논할 수 있는가? 그러한 범죄를 인정하게 된다면, 승전국은 패전국을 범죄자라고 선언할 수 있게 된다. 그렇게 되면 신에게서 나오는 〔국가〕 권위의 의미와 비의秘意도 사라지고 말 것이다. 어쨌거나 국민의 복종을 향유하던

통치자들은, 특히 과거의 빌헬름 2세[9]나 현재의 총통은 신성불가침한 존재로 간주되지 않았는가.'

이는 다음과 같이 반박할 수 있다.

'신성한 권위 사상은 유럽의 국가 생활 전통에서 유래한 사유 습관으로, 특히 독일에서 가장 끈질기게 지속되었다. 그러나 현재 국가원수를 둘러싼 신성한 후광은 사라졌다. 국가원수도 인간이고, 자기 행위에 대한 책임을 진다. 유럽 여러 나라의 국민들이 자신의 군주를 재판정에 세우고 목을 자른 이래로 통치를 감시하는 것은 국민의 임무가 되었다. 국가의 행위는 동시에 인간의 행위다. 따라서 개인은 국가 행위에 책임을 져야 한다.'

4 법적으로는 다음과 같은 이견이 제기되고 있다.

'범죄는 법률의 기준 앞에서만 존재할 수 있다. 법률을 위반하는 행동이 범죄이다. 범죄는 명확하게 규정된 구성요건에 따라 명백하게 확인할 수 있는 경우에만 성립한다. 이것이 바로 죄형법정주의 nulla poena sine lege로서, 유죄의 판결은 범죄 행위 이전에 확립된 법률에 입각해서만 가능하다. 그런데 뉘른베르크에서는 승전국이 지금 막 제정한 법률에 따라 소급하여 판결하고 있다.'[10]

---

[9] 빌헬름 2세는 1888년에서 1918년까지 재위하였다. 독일 제2제국의 황제로서 비스마르크가 수상 직에서 물러난 후 무모한 팽창정책을 추진하다가 제1차 세계대전의 참화를 야기한 인물로, 제1차 세계대전의 종식과 더불어 황제에서 퇴위하고 1941년 사망하였다.

[10] 법학자 카를 슈미트, 헬무트 코잉, 한스 벨첼 등이 이러한 관점에서 비판하였다.

이에 대해서는 다음과 같은 반박이 가능하다.

'인도성Menschlichkeit · 인권 · 자연법의 의미에서, 서구의 자유와 민주주의 이념의 의미에서 관련 법률은 이미 존재하며, 이에 따라 무엇이 범죄인지를 규정할 수 있다.[11] 게다가 쌍방이 자유로이 조인한 조약도 있다. 그러한 조약은 조약을 위반하는 경우에 분쟁 해결의 기준으로 삼을 만한 상위법을 설정하고 있다. 이러한 분쟁을 가를 심급은 어디에 있는가? 평화 시에는 국가 차원의 재판소가 이러한 심급이고, 전쟁 후에는 승전국의 재판소만이 심급이 될 수 있다.'

5 이어서 다음과 같은 이견이 등장한다.

'승전국의 폭력은 법이 아니다. 전쟁의 승리는 법과 진리의 심급이 아니다. 전쟁 책임과 전쟁범죄를 객관적으로 조사하고 단죄할 수 있는 법정은 애초에 불가능하다. 이 같은 법정은 항상 어느 일방 당사자의 법정일 뿐이다. 중립국으로 구성된 법정도 다르지 않을 것이다. 중립국은 무기력하게 그리고 사실상 승전국을 추종할 것이기 때문이다. 서로 다투는 당사자들을 상대로 폭력으로라도 결정을 관철시킬 수 있는 힘을 지닌 법정이라면 불편부당하게 재판할 수도 있을 것이다.'

이에 더하여 법은 겉치레에 불과하다는 반론이 이어진다.

---

[11] 실증주의적 사고에 대하여 자연법적 전통을 강조하고 있다. 야스퍼스는 법적 책임의 근거를 독일의 실정법에 한정하려는 태도를 취하지 않았다. 야스퍼스는 그러한 만행을 처벌할 실정법이 없다면 소급입법으로도 처벌할 수 있다는 입장을 피력하였다.

'전쟁이 끝나면 죄는 항상 패전국에게 전가된다. 패전국은 자신의 죄를 인정하도록 강요받는다. 전쟁에 뒤따르는 경제적 약탈은 죄에 대한 배상으로 포장된다. 약탈이 법적인 행위로 둔갑한다. 자유로운 법이 아니라면 차라리 명백한 폭력이 더 낫다. 속임수가 없는 쪽이 참아 내기가 더 쉽다. 전후에는 승전국의 힘만이 존재한다. 범죄에 대한 비난은 쌍방이 퍼부을 수 있지만, 그 비난을 관철할 수 있는 것은 승전국뿐이다. 승전국은 자국의 이익만을 기준으로 삼고 그러한 행위를 할 뿐이다. 나머지는 실제로 그렇게 할 힘을 가진 자의 폭력과 자의를 위장하는 것에 지나지 않는다.'

'또한 범죄라고 규정된 행위들도 패전국이 범한 경우에만 기소되므로 법정이 사이비법정임을 알 수 있다. 같은 범죄라도 주권을 보유한 국가나 승전국의 범죄는 처벌은 고사하고 거론조차 되지 않고 침묵 속에 지나간다.'

이에 대해서는 다음과 같이 반박할 수 있다.

'힘과 폭력은 인간세계를 실제로 결정짓는 현실이다. 다만, 유일한 현실은 아니다. 이러한 현실의 절대화는 인간 상호 간의 신뢰관계를 완전히 파괴한다. 이러한 절대화가 유효하다면 약속 같은 것은 있을 수 없다. 사실 히틀러는, 약속은 자기 이익에 합치할 때에만 유효하다고 말했다. 히틀러는 이 방침에 따라 행동했다. 그렇지만 아무리 힘의 현실과 허무주의적인 견해의 실효성을 인정할지라도, 이러한 현실과 견해의 수용을 거부하고 총력을 기울여 이를 변화시키려는 의지가 현실에 맞서고 있다.'

'인간의 문제에서 현실이 그 자체로 진리인 것은 아니다. 오히려 이 현실에 맞서 다른 현실을 수립해야 한다. 다른 현실의 존재 여부는 인간의 의지에 달렸다. 인간 각자가 자유로운 입장에서 자신이 어디에 있는지, 자신이 무엇을 원하는지를 알아야 한다.'

이 같은 시야에서 다음과 같이 말할 수 있다.

'세계에 질서를 구현하려는 새로운 시도로서의 재판은, 설사 그 기반이 아직 법적인 의미의 세계 질서가 아닌 정치적 맥락에 머물러 있다고 하더라도 그 의의를 상실하지 않는다. 또한 그 재판은 구조적으로 완결된 국가 질서 안에서 진행되는 재판 절차와 아직은 같지 않다.'

따라서 미국 측 수석검사 잭슨은 솔직하게 말했다. "만일 기소장에 기재된 매우 한정된 범위의 공소사실에서 벗어나는 것이 변호인 측에 허용된다면, 재판은 지연될 것이며 법정은 풀기 어려운 정치적 쟁점으로 휘말려 들어갈 것이다."

이는, 이 재판의 변호인 측은 역사적 전제까지 포괄하는 전쟁의 책임 문제가 아니라 누가 이 전쟁을 시작했는가라는 문제만을 다루어야 한다는 것을 의미한다. 나아가, 유사한 범죄의 사례들을 원용하거나 평가할 권리가 변호인 측에 존재하지 않음을 의미한다. 결국 정치적 필연성이 이 논쟁에 한계를 설정한다. 그러나 이로부터 모든 것이 허위라는 결론이 나오지는 않는다. 오히려 잭슨의 발언에는 이 재판의 난점과 이견들이 간결하지만 솔직하게 표현되어 있다.

법률뿐 아니라 전쟁의 승리가 현재의 지배적인 출발점이라는 근본상황Grundsituation은 변경할 수 없다. 큰일이든 작은 일이든 군사범죄에서 사람들은 다음과 같이 반어적으로 말한다. '법 때문에 처벌되는 것이 아니라 붙잡혔기 때문에 처벌된다.' 실제로 승리한 쪽에서 자신의 폭력을 법의 형태로 전환시킬 가능성이 없지는 않다. 그러나 그러한 전환이 이루어진다고 하더라도, 즉 법이 제한된 범위와 정도로만 만들어진다고 하더라도 그것만으로도 우리는 이미 세계 질서로 가는 도정에서 많은 것을 성취한 것이다. 제한적인 조치만으로도 성찰과 검토의 영역을 만들고, 나아가 명료성의 영역을 만들고, 이를 통해 더 결정적으로 폭력의 본질적인 의미에 관한 의식 자체를 만들어 낸다.

이 재판이 우리 독일인에게 가져다주는 이점은, 지도자들의 특정한 범죄들을 구별하고, 나아가 독일 국민Volk을 곧장 집단적으로 단죄하지는 않는다는 것이다.

그러나 이 재판에는 그보다 더 중요한 의미가 있다. 이 재판이 사상 처음으로, 그리고 영구적으로 전쟁을 범죄라고 선언하고 동시에 여기서 중대한 결론을 이끌어 내려고 시도한 점이다. 켈로그-브리앙조약[12]으로 시작된 사상이 처음으로 결실을 거두는 것이다. 이 시도의 대담성은 물론이고, 이에 협력하는 많은 사람들의 선의

---

[12] 파리협정 혹은 부전不戰조약. 조약 체결 과정에서 주도적인 역할을 한 프랑스 외무장관 A. 브리앙과 미국 국무장관 F. B. 켈로그의 이름을 따서 '켈로그-브리앙조약Kellogg-Briand Pact'이라고 한다. 1928년 파리에서 체결된, 전문前文과 3개 조로 구성된 간단한 조약이다. 국가정책 수단으로서의 전쟁을 포기할 뿐만 아니라, 분쟁 해결을 위한 전쟁이 불법임을 선언했다. 특히 제1조에서 체약국 간의 일체의 분쟁은 평화적 수단으로만 해결할 것을 규정하고 있다. 미국·프랑스·영국·독일 등 15개국이 조약에 참여하였다.

지선意志[13]에는 의심의 여지가 없다. 어찌 보면 환상적인 시도라고 할 수 있다. 그렇지만 무엇이 문제인지 분명히 안다면 지금 진행되는 일에 대해 전율할 것이다. 이 차이는 허무주의적인 태도로 으스대며 현재의 재판을 그저 사이비재판이라고 치부할 것인지, 아니면 그 재판이 성공하기를 뜨겁게 열망할 것인지에 있다.

구체적으로 말해, 재판이 어떻게 수행될지, 재판이 어떤 내용으로 전개되고 어떤 결과를 내며 그 결과를 어떻게 논증할지, 이러한 조치가 역사적으로 회고할 때 전체적으로 어떤 모습을 갖게 될지가 관건이다. 세계가 지금 여기서 행한 재판을 진리이자 법으로 승인할 수 있을지, 패전국까지도 이에 동의할 것인지, 후대의 역사가 이 재판에서 도출한 정의와 진리를 과연 정의와 진리로 인정할지가 관건이다.

그러나 이는 단지 뉘른베르크 법정에서만 결정될 사항이 아니다. 비록 뉘른베르크 재판이 오류, 무지, 냉담, 증오로 인해 빈번히 좌절을 겪을지라도 이 재판이 일련의 중요한 건설적인 정치적 행위가 될지, 아니면 이 재판이 인류에게 제시한 잣대기 거꾸로 법정을 설치한 연합국들을 겨누게 될지가 관건이다. 뉘른베르크 법정을 설치한 연합국은 세계 질서에 복종함으로써 공동의 세계정부를 수립하려 함을 확언한다. 연합국은 승리의 결과로서 인류에 대한 책임을 인수하려는 것이지, 단지 자기 국가를 위해서 그런 것이 아님

---

[13] 칸트가 처음 사용한 용어로, 선을 행하고자 하는 순수한 동기에서 나온 의지. 경향성에 따르지 않는, 도덕법칙으로 규정된 의지.

을 확언한다. 이러한 확언이 허위가 되어서는 안 된다.

뉘른베르크 법정을 통해 법이 실현되고 그 토대가 마련되었다는 신뢰가 생겨나고, 정치적 재판이 법적인 재판으로 발전하고, 이제 새로 건설될 세계에 어울리는 법이 창조적으로 정립되고 실현될 가능성이 얼마든지 있다. 그러나 다른 한편으로는 불성실이 부추긴 환멸이 더 험악하게 새로운 전쟁을 재촉하는 세계 분위기를 일깨울 우려도 있고, 뉘른베르크 법정이 축복이 아니라 도리어 재앙의 싹이 될 우려도 있으며, 마침내 세상 사람들이 이 재판은 사이비재판이자 쇼였다고 판단할 우려도 있다. 그런 일이 있어서는 안 된다.

그래서 뉘른베르크 재판에 대한 모든 반대론에 다음과 같이 답변할 수 있다.

'뉘른베르크 재판에서는 정말로 새로운 것이 문제되고 있다. 반론에서 지적되는 모든 것이 현실에서 일어날 수 있는 위험이라는 사실을 부인할 수는 없다. 그러나 우선적으로 개별적인 결함과 오류, 장해 사유 등을 이유로 전체를 배격하자는 주장은 분명 잘못이다. 중요한 것은 연합국의 행동 방향, 즉 능동적인 책임에서 나오는 확고한 인내심이다. 혼란의 한복판에서 발생하는 개별적인 모순들은 세계 질서를 지향하는 행동을 통해 극복되어야 한다. 다음으로 무턱대고 아니라고 말하는 격한 공격성의 태도도 잘못이다.

현재 뉘른베르크에서 벌어지고 있는 일들에 대해 많은 반론이 제기되고 있지만, 그것은 오늘날 인류에게 필요한 세계 질서의 도래를 예고하는 불확실하고 모호한 전조이다. 이것은 완전히 새로운 상황이다. 즉, 세계 질서는 결코 직접적으로 전면에 존재하지 않으며, 오히려 그러한 질서가 실현되는 데에는 엄청난 갈등과 예측할 수 없는 전쟁 위험이 도사리고 있다. 그러나 오직 사려 깊은 인간들의 손에만 닿는 세계 질서는 거의 알아챌 수 없는 여명처럼 지평선에 떠오르고, 만일 그러한 질서를 성취하지 못한다면 인류는 파멸이라는 가공할 위협에 직면할 것이다.

전적으로 무력한 인간은 세계 전체를 존재의 유일한 거점으로 삼는다. 인간은 무無 앞에서 근원과 전포괄자All-umfassende[14]를 향해 손을 뻗는다. 그러므로 무력한 상황에 처한 우리 독일인이야말로 이러한 전조의 비범한 의미를 생생하게 파악할 수 있을지도 모른다.

세계에서 우리 자신의 구원은, 뉘른베르크에서 아직 확립되지 않았지만 뉘른베르크가 시사하는 세계 질서로 규정될 것이다.

정치적 죄

형사적 범죄자는 형벌을 빈는다. 뉘른베르크 재판은 비로 이러한 범죄자만을 대상으로 삼고 있기 때문에 독일 국민Volk의 책임을 면제해주는 결과를 낳는다. 그러나 이로써 독일 국민이 온갖 책임에서 벗어난다는 의미는 아니다. 오히려 그 반대이다. 우리의 고유한 책임은 본질적으로 더 분명해진다. 나치가 국가권력을 장악한 후 1943년까지 어떠한

---

[14] 포괄자das Umgreifende와 교환되는 개념으로 이해.

위협적인 반대운동도 없었기 때문에, 스스로 독일적이라 칭하고 독일국
임을 주장하던 (나치) 체제가 온갖 범죄를 자행했을 때 우리는 영락없는
독일국적자들Staatsangehörige일 수밖에 없었다.

다시 말해, 품위 있고 진정한 독일적인 국가가 파괴된 원인을 독일국
민Bevölkerung 다수의 행태에서도 찾지 않을 수 없는 것이다. 국민Volk이
라면 자신이 속한 국가에 책임을 진다.

독일이라는 나라의 이름으로 자행된 범죄에 대해 우리 독일인은 누
구나 공동의 책임을 져야 한다. 우리는 집단적으로 **책임을 진다**. 문제는
우리 각자가 어떠한 의미에서 공동의 책임을 느껴야 하는지다. 모든 시
민은 자신이 속한 국가가 자행한 범죄에 대해 연대책임Mithaftung이라는
정치적 의미에서 의문의 여지없이 공동의 책임을 진다. 그러나 그러한
범죄에 사실상 혹은 정신적으로 관여했다는 도덕적인 의미에서는 시민
각자에 대한 공동책임은 없다. 같은 독일인이 우리에게 가했던 잔혹, 기
적적으로 모면한 그 잔혹에 대하여 우리 독일인이 책임을 져야 하는가?
물론 그러한 정권이 우리 가운데서 탄생하는 것을 감내하였기 때문에
그러한 잔혹에 대해 책임을 지는 것은 맞다. 그러나 우리 다수는 마음
깊은 곳에서부터 이 모든 악에 대한 반대자였으며, 우리의 행위와 동기
상 도덕적인 공동책임을 인정할 만한 근거가 없다. 따라서 우리 각자는
그러한 잔혹에 대한 도덕적인 책임을 지지 않는다. **책임을 진다는 것이
도덕적인 유죄를 인정한다는 것은 아니다.**

집단적 죄Kollektivschuld는 필연적으로 그 국적자들의 정치적 책임으
로 존재하지만, 도덕적 죄와 형이상학적 죄는 물론이고 형사적 범죄에서
도 집단적 죄는 존재하지 않는다. 정치적 책임을 수용하는 것은 그 끔

찍한 결과로 볼 때 각 개인에게는 가혹하다. 정치적 책임은 우리에게 장기간의 기아와 추위, 혹은 그에 근접한 처지에서 생존을 위해 덧없는 분투를 강요하는 총체적인 정치적 무력감과 빈곤을 의미한다. 그러나 이러한 정치적 책임은 그 자체로는 영혼을 움직이지 못한다.

현대 국가에서는 적어도 선거에서 투표를 하거나 기권을 하는 식으로 누구든지 정치적으로 행동하고 있다. 정치적 책임의 의미는, 그 책임을 회피하는 것이 어느 누구에게도 허용되지 않는 데에 있다. 정치적 적극파들은 사태가 불리하게 돌아가면 자신을 정당화한다. 그러나 정치적 행동에서는 그러한 변호가 통하지 않는다.[15]

"사람들은 선의로 했으며, 선한 의도를 가졌다. 예컨대 힌덴부르크는 독일을 파괴하거나 히틀러의 수중에 독일을 넘기려고 하지 않았다."는 식으로 말한다.[16] 그러나 이러한 변호는 힌덴부르크에게 아무런 도움도 되지 않는다. 힌덴부르크는 히틀러의 손에 독일을 넘겨주었다. 정치 세계에서는 바로 이것만이 중요하다.

---

[15] 아렌트는 적극적으로 저항한 사람은 사악한 체제의 등장이나 체제에 정치적 책임이 없다고 주장하였는데, 아렌트는 정책적 책임을 개인적으로 사고한 것이다. 야스퍼스는 오히려 결과만을 놓고 판단하기 때문에 그러한 체제의 등장이나 유지에 대해서는 국민의 구성원으로서 저항자조차도 정치적 책임을 면하지 못한다고 주장한다.

[16] 힌덴부르크Paul Ludwig von Beneckendorf und von Hindenburg(1847~1934)는 독일의 군인이자 정치가이다. 제1차 세계대전 당시 독일군 총사령관을 역임하였고, 바이마르공화국 초대 대통령 프리드리히 에베르트 사후 1925년 제2대 대통령선거에서 대통령에 당선되었다. 보수적인 힌덴부르크는 사회민주당에 대립적인 태도를 유지하며 권위주의적인 통치 방식을 선호하였다. 대공황 이후에 실시된 1932년 제3대 대통령선거에서 히틀러를 상대로 승리한 그는 나치당과 히틀러를 견제하려고 애썼다. 보수 내각을 이끌던 중앙당의 브뤼닝Heinrich Brüning이 실각하자, 1932년 중앙당의 파펜Franz von Papen과 이어서 폰 쉴라이허Kurt von Schleicher 장군을 수상으로 지명하였다. 그러나 나치의 위세에 밀려 1933년 1월 30일 히틀러를 수상으로 지명하였다.

또 다르게는 "재난을 간파하고, 말하고, 경고했다."는 식으로 말한다. 그러나 그로부터 어떤 행동도 뒤따르지 않았다면, 그 행동이 성공하지 못했다면, 그런 말과 행태는 정치 세계에서 아무짝에도 쓸모가 없다.[17]

이런 식으로 생각할 수도 있다. '성직자, 은자, 학자나 과학자, 예술가처럼 전혀 비정치적으로 살아가고 국외자로서의 삶을 영위하는 인간들이 있을 수 있다. 그들은 정말로 비정치적이기 때문에 정치적 책임도 공동으로 지지 않는다.'

그러나 그들도 국가의 질서 속에서 삶을 유지했기 때문에 정치적 책임을 함께 져야 한다. 현대 국가에서 국외자를 위한 공간은 존재하지 않는다.

사람들은 이러한 초연함이 가능할 수 있기를 바랄 수는 있겠지만, 그것도 다음과 같은 제약 아래서만 그럴 수 있다. 비정치적 삶을 인정하고 좋아할 수는 있다. 그렇지만 정치적 참여의 중지를 통해 비정치적인 사람들이 일상의 구체적인 정치적 행동들을 평가하고, 나아가 스스로 무사태평한 정치를 추구할 권리를 획득할 수도 없다. 비정치적 지대는 온갖 종류의 정치적 작용에서 자기배제를 요구하지만, 어떠한 의미에서도 정치적 연대책임을 폐기하지 못한다.

---

[17] 트로이의 파멸을 예언한 카산드라는 오라클로서는 훌륭해도 정치가로서는 아무것도 아니다.

도덕적 죄

모든 독일인은 '나의 죄는 무엇인가'라고 자문한다.

자신을 성찰하는 개인과 관련한 죄의 문제를 우리는 '도덕적인 죄'라고 부른다. 여기서도 우리 독일인 상호 간에 엄청난 차이가 존재한다.

자신에 대한 판단은 오로지 그 자신만이 결정권을 갖고 있지만, 우리가 상호 소통하는 관계라면 서로 대화를 통해 서로를 도덕적으로 일깨울 수 있다. 그러나 타인에 대한 도덕적인 유죄 판단은 유보될 수밖에 없다. 타인을 형법적인 혹은 정치적인 의미에서 유죄라고 판단하는 것과 도덕적으로 판단하는 것은 다르다.

타인이 도덕적 성찰을 거부한다고 느끼는 경우, 토론에서 오로지 궤변만이 난무하는 경우, 타인이 아예 귀를 막고 있는 경우에는 도덕적 판단의 가능성조차도 사라지는 경계점에 이른다. 히틀러와 그 공범자들, 그를 추종하는 수만 명의 소수 도당들은 도덕적 죄를 전혀 느끼지 않기 때문에 도덕적 죄의 바깥에 있다. 그들은 참회와 대전환이 불가능한 존재로 보인다. 그들에게는 그들 나름의 존재 방식이 있고, 그러한 인간은 스스로 폭력에 의존해 살아가기 때문에 폭력만이 그들을 다루는 해법일 수 있다.

도덕적인 죄는 양심과 참회의 여지가 있는 사람이면 누구에게나 존재한다. 참회할 능력이 있는 사람, 알았거나 알 수 있었던 사람, 예컨대 현실에서 벌어지는 일들에 대해 안이하게 눈을 감는다든지, 자기 이익을 위해 스스로를 기만하고 유혹하거나 자신을 팔아넘긴다든지, 공포심에 복종한다든지 등 지금 자기 성찰을 통해 과거에 사도邪道라고 여겨지는 길을 걸었던 사람, 사도임을 알았거나 알 수 있었던 사람, 한 마디로 참회할 능력이 있는 사람들이 도덕적으로 유죄이다. 이러한 사례들 중 몇 가지를 적시해 보자.

1 살아남으려는 인간에게는 피할 수 없는 모습이지만, **가면 속의 삶**은 도덕적인 죄를 발생시켰다. 비밀경찰과 같은 위압적인 당국에 대한 허위 충성선서, 히틀러 찬양 인사와 같은 몸놀림, 집회 참가, 그 밖에 눈도장을 찍으려는 수많은 행동들을 고려할 때 우리 독일인 중에서 그러한 죄조차 범하지 않은 사람이 과연 몇이나 될까?[18] 오로지 건망증이 심각한 사람만이 자기를 기만할 수 있다. 가면 속의 삶은 우리 현존재의 근본적인 특징을 이룬다. 가면 속의 삶은 우리의 도덕적 양심에 책임을 부과한다.

2 **나쁜 양심**[19]이 부과하는 죄는 깨달음의 순간에 더욱 폐부를 찌른다. 지금 많은 젊은이들이 끔찍한 인식을 통해 깨어나고 있다. '나

---

[18] 1947년 1월 30일, 야스퍼스는 소설가 토마스 만의 셋째 아들로 역사가이자 에세이 작가인 골로 만Golo Mann(1909~1994)에게 보낸 편지에서 자신의 도덕적 죄를 언급했다. 히틀러를 적극적으로 비판하지 않고 1934년에 공무원으로서 히틀러에게 충성서약을 했으며, 1936년 《취리히 신문》 기자가 나치 체제에 대해 비판적인 취지의 발언을 요청했을 때 히틀러에 대한 선서를 이유로 취재에 응하지 않았다고 밝혔다. 야스퍼스는 《철학적 자서전Philosophische Autobiographie》(Piper, 1977)에서 히틀러 체제에 저항하지 않고 무력하게 바라본 자신을 질책하고 있다.

[19] 여기서 '좋은' 양심은 양심의 가책을 느끼지 않는 양심을 의미하고, 대체로 악인이 소유한 양심이다. 이와 반대로 '나쁜' 양심은 선한 것을 행하지 못한 것에 대해 가책을 느끼는 양심, 대체로 선인이 소유하는 양심이다.

의 양심이 나를 속였다. 가장 고귀한 목적을 위해 나 자신을 희생하고 최선을 다하겠노라 다짐했는데. 이제 나는 무엇에 의지할 수 있을까?' 이렇게 각성하는 사람은 소위 '번듯한' 영역 속에 자기 삶을 고립시켰던 과거를 돌이켜 자신의 죄가 몽매함, 진실기피증 또는 의식적으로 거리를 두려는 자세 그 어디에 있었는지를 스스로 심사할 것이다.

여기서 먼저 **군인으로서의 명예**와 정치적인 의미를 구별해야 한다. 군인으로서의 명예에 대한 의식은 죄와 책임에 대한 온갖 논란에 그다지 영향을 받지 않기 때문이다. 군인으로서 전우애에 충실하고 위험에도 흔들리지 않고 자신의 용기와 정확성을 증명한 사람은 아마도 자의식 안에 훼손 불가능한 가치를 보존하고 있을 것이다. 이처럼 순전히 군인다우면서 동시에 인간다운 미덕은 세계의 모든 민족에게 공통된 것이다. 여기서 군인다움의 발휘는 죄가 되지 않을 뿐만 아니라, 만일 군인다움이 사악한 행위나 명백히 사악한 명령의 수행으로 오염되지 않고 현실화되었다면 이는 삶의 의미를 이루는 중요한 기초가 된다. 그러나 군인다움의 구현이 전쟁의 명분과 동일시되어서는 안 된다. 군인다움의 구현이 다른 모든 죄에 대한 책임까지 면제해 주지 않는다.

현실 국가를 무조건 독일 국민이나 독일 군대와 동일시하는 것은 '나쁜' 양심의 죄이다. 군인으로서 나무랄 데가 없는 사람도 양심의 왜곡에 굴복할 수 있다. 그 때문에 명백히 사악한 일도 애국심 때문에 행하거나 감당할 수 있다. 사악한 행위에는 (양심의 가책을 느끼지 않는) '좋은' 양심이 존재한다.

어떻든 조국에 대한 의무는 현존 체제에 대한 맹목적인 복종보다 심오한 것이다. 조국혼Seele이 파괴된다면 조국은 이미 조국이 아니다. 국가권력은 그 자체로 목표가 아니며, 만일 현존하는 국가가 독일적인 본질das deutsche Wesen을 파괴한다면 그 국가는 오히려 유해한 것이다. 따라서 조국에 대한 의무에서 히틀러에 대한 복종으로 이어지는 결론은 이론상 당연한 수순이 아니며, 또 히틀러의 국가로서 독일이 어떠한 경우에도 반드시 승리해야 한다는 것도 자명한 결론이 아니다. 여기에는 나쁜 양심이 도사리고 있다. 나쁜 양심은 단순한 죄가 아니다. 그것은 동시에 비극적인 혼란이며, 이런 사정을 전혀 몰랐던 대부분의 젊은이들에는 특히 그렇다. 조국에 대한 의무는 잘못된 전통의 우상이 아니다. 그것은 최상의 기대감에 따라 우리의 마음에 말을 거는, 최고의 요구를 향한 전인격적인 헌신을 의미한다.

사정이 이러한데 온갖 사악한 행태에도 불구하고 군대와 국가를 동일시하는 것은 놀랍다. 맹목적인 국가관은 오로지 신앙을 잃어버린 세계를 지탱하는 최후의 허약한 지반으로서만 이해 가능하며, 이러한 태도는 동시에 좋은 양심 안에서 도덕적 죄를 구성한다.

이 죄는 '위에 있는 권세에 복종하라'는 성서에 나오는 말을 오해해야만 성립할 수 있는데, 이 말은 군사적 전통에 근거한 명령이 지닌 이상한 신성성으로 완전히 타락하였다. '이것은 명령이다'라는 말은 많은 사람들에게 지상至上의 의무를 말하는 양 병적으로 들렸고 지금도 그렇게 들린다. 그러나 이 말은 그저 악과 어리석음을 불가피한 것으로 간주하게 함으로써 오히려 면책을 제공하였다.

복종의 충동, 즉 무엇이 양심적인지를 느끼지만 실제로 모든 양심을 저버리는 태도로 나타난 이러한 복종 행태는 도덕적인 의미에서 완전히 유죄이다.

1933년 이후 많은 사람들이 나치 체제에 대한 혐오감으로 장교 경력을 시작하였다. 그들은 군대만은 나치당에 좌우되지 않고, 당에 반대하는 분위기 속에서 당과 무관한 품위 있는 분위기를 제공할 것이라 믿었다. 이것은 양심의 착오였다. 이러한 양심의 착오는 옛 전통을 간직한 자주적인 장군들을 일제히 배제한 이후, 결과적으로 지휘관의 자리에 있는 모든 독일군 장교의 도덕적 부패로 나타났다. 비록 존경할 만한, 어쨌든 군인으로서 고귀한 인물들이 적지 않았지만 그들도 기만적인 양심에 이끌려 자신의 자리에서 헛되이 구원을 추구하였다.

초기에는 정직한 의식과 선한 의지가 작동하였기 때문에 기만과 환멸은 그만큼 더 심각할 수밖에 없었다. 이러한 기만과 자기환멸은 '내가 빠져드는 온갖 기만을 내가 어떻게 책임져야 하는가'라는 물음을 통해 최상의 믿음까지도 심사하게 한다.

자기기만에 직면하면 어떻게 해야 하는가? 각성과 자아 성찰이다. 각성과 자아 성찰을 통해 이상주의적 열정에 들뜬 젊은이에서 주어진 운명을 차분히 파악하는 정직하고 도덕적으로 신뢰할 만하며 정치적으로 사리가 분명한 시민으로 변화하게 된다.

3 나치즘의 시인, **양다리 걸치기, 기회주의적인 정신적인 동화**와 수용 등은 비록 앞에서 말한 죄의 양태에 부합하는 온갖 비극의 측면들

이 없지만 도덕적 죄를 발생시킨다.

　나치즘에도 뭔가 좋은 것이 있다는 논변이나 좋은 것은 좋다고 흔쾌히 인정해야 한다는 태도가 우리들 사이에 만연해 있다. 그러나 실제로는 오로지 철저한 양자택일만이 참일 수 있다. 사악한 원칙을 승인하게 되면, 모든 것이 나쁘다. 그리고 외견상 좋은 결과도 보이는 그대로가 아니다. 이 같은 기만적인 객관성은, 나치즘에서 소위 좋은 점을 기꺼이 인정하려고 했기 때문에 이제는 가까운 친구들끼리도 솔직하게 자기 의견을 말할 수 없을 정도로 서먹하게 되었다. 오래된 자유를 위해 그리고 불의에 맞서 기꺼이 자신을 희생하는 순교자들이 등장하지 않았다고 개탄하는 바로 그 사람들이 군비 증강과 사기적인 재정 정책으로 실업을 극복한 것이 나치의 위대한 공적이라고 찬양하고, 1938년 오스트리아 합병을 제국 통일의 오랜 이상의 실현이라고 환영하고, 1940년에는 네덜란드의 중립에 의문을 표하고 히틀러의 침략을 정당화하고 전쟁의 승리에 환호하지 않았는가.

4 적지 않는 사람들이 다음과 같이 편리한 **자기기만**에 빠지고 있다.

　'우리가 이 사악한 국가를 개조할 때가 반드시 올 것이다. 나치 당은 늦어도 총통의 죽음과 함께 소멸할 것이다. 현재의 상황에서는 내부에서 사태를 호전시키기 위해서라도 참여하지 않으면 안 된다.'

　장교들은 이런 대화를 나누었다.

　'전쟁이 끝나면 우리는 승리를 발판으로 해서 나치즘을 폐지할 것이다. 지금은 우선 독일을 승리로 이끌기 위해서 단결해야 한다. 집이 불타고 있으면 불을 끄는 것이 우선이지, 방화범을 찾아내는 게 먼저가 아니다.'

나의 답은 이렇다.

'설사 전쟁이 승리로 끝나더라도 당신은 제대하여 귀향한다. 친위대만이 무기 보유를 허가받고, 나치 테러정권은 한술 더 떠 노예제 국가로 변질될 것이다. 인간다운 독자적인 생활은 이미 불가능해졌다. 거대한 피라미드가 설치되고, 가로나 도시는 총통의 변덕에 따라 건설되고 개조될 것이다. 최종적인 세계 정복을 위해서 거대한 군사 장비가 개발될 것이다.'

대학의 선생들은 말한다.

'우리는 당 내부에서 정부 반대파Fronde 역할을 한다. 우리는 거리낌 없이 토론한다. 우리는 정신적 원칙을 관철하려고 노력한다. 우리는 전체를 서서히 예전의 독일적인 정신성으로 회복시킬 것이다.'

나는 이렇게 대답한다.

'당신은 자신을 기만하고 있다. 당신은 항상 복종해야 한다는 조건 아래서 어릿광대의 말할 자유를 허락받고 있다. 당신은 〔결정적인 때에는〕 입을 닫고 타협해 버린다. 당신의 싸움은 사이비고, 그것이 지도부가 원하는 바이다. 당신은 그저 독일적인 정신을 매장하는 데에 기여할 뿐이다.'

많은 지식인들이 1933년에 나치즘에 동참하여 스스로 영향력을 추구하고, 새로운 세계관에 입각하여 새로운 정권을 공개적으로 지지하였고, 나중에 권력에서 소외됐을 때에는 언짢아했지만 대부분은 계속 나치 정권을 적극적으로 지지하였다. 그러다가 1942년 전황이 명백하게 불리하게 돌아가기 시작하자 정권의 반대파가 되었다. 스스로 나치 정권 아래서 고난을 겪었다고 여기며, 그래서 다음 정권은 자신들의 몫이라고 생각하였다. 그들은 나치 반대파가 되었다. 그 시절에 나치 정권 지식인들의 이데올로기는 이러했다. '우리는 정신적인 문제에서 거리낌 없이 진실을 표명하고 있다' '우리는 독일 정신의 전통을 유지하고 있다' '우리는 파괴를 방지하고 있다' '우리는 개별적인 사례에서 발전을 성취하고 있다' 등등.

나치 정권의 지식들 가운데는 비록 본인의 지향이 나치당 교리와 일치하지 않으나 이를 분명하게 선언하지 않고 전향과 반대의 외관 속에서 오락가락한 이들이 많다. 그러나 실제로는 나치즘의 정신적 자세를 고수하는 일관된 사고방식을 보였기 때문에 많은 이들이 유죄이다. 더 나아가, 그들은 어쩌면 나치즘이 만들어내는 비인간적이고, 독재적이고, 실존 없는 허무주의적인 존재에 근본적으로 가까운 사람들인지도 모른다.

1933년에 이미 어엿한 성인으로서 나치 정권의 정치적인 오류뿐만 아니라 나치즘이 고양시킨 생활감정에도 내적인 확신을 취하려 했던 이 사람들이야말로 심층에 도달하는 혁신 없이는 결코 정화되지 못할 것이다. 이런 사람들은 철저한 정화를 거치지 않으면 다시 정신적으로 취약해지고 또 다른 광신에 빠질 우려가 있다. 인종적 광신에 동참한 사람, 사기에 불과한 재건의 환상을 여전히 품고 있는 사람, 당시에 이미 자행된 범죄를 용납한 사람은 나치 정권이 저지른 범죄에 책임이 있을 뿐만 아니라 도덕적으로도 쇄신이 절실한 사람들이다. 이런 사람들이 어떻게 도덕적인 자기쇄신을 달성할지, 어떻게 이를 수행할지는 우리가 관여할 바가 아니다. 이는 철저히 그 사람만의 내밀한 문제이다.

5 **적극적 인간**과 **소극적 인간** 사이에도 차이가 존재한다. 정치적 행동가와 과제 수행자, 지도자와 선전선동가 같은 적극적인 행동주의자들은 유죄이다. 비록 형사상의 범죄자에 해당하지 않더라도 적극적인 활동을 했으므로 도덕적인 측면에서 적극적인 유죄이다.[20]

그러나 우리 역시 아무것도 하지 않은 죄를 피할 길이 없다. 소극성의 죄는 적극성의 죄와 다르다. 달리 아무것도 할 수 없는 무력함Ohnmacht은 책임을 면제해 주지만, 도덕은 엄청난 죽음을 요구하지 않는다. 일찍이 플라톤은 절망의 시대에는 은둔하여 살아남는 것이 당연하다고 생각하였다. 그러나 소극성은 위험에 처한 사람을 보호하고 불법에서 구제하기 위해, 반격을 가하기 위해 할 수 있는 어떠한 적극적 행동도 취하지 않은 부작위不作爲가 도덕적인 죄임을 알고 있다. 무기력한 굴종의 경우에도, 비록 위험이 따르겠지만 용의주도하게 실행한다면 효과적인 적극행동의 여지는 항상 있다. 이러한 여지를 고심하다가 포기하는 것도 도덕적 죄이다. 타인의 재난에 대한 무지, 판타지를 상실한 마음, 목격한 불행에 대한

---

[20] 여기에서 야스퍼스는 도덕적 책임의 사례로 적극적 인간을 거론하고 있으나, 연합국은 기본적으로 이 같은 적극적 인간 유형을 정화 조치 대상에 포함시켰다. 이들이 부담한 책임은 형사처벌부터 징계 책임이나 조직법상의 책임까지 포괄했다.

내적인 냉담 등이 도덕적 죄이다.

6 일정한 범위 안에서 보면 매우 많은 독일인들이 외면적인 협력, 즉 **부화뇌동**에서 기인하는 도덕적 죄를 공유한다. 사람들은 자신의 존재를 주장하고 싶어서, 지위를 보존하고 싶어서, 절호의 기회를 날리고 싶지 않아서 당원이 되고 여타 조직의 명목상 구성원이 되었다.

　어느 누구도 이러한 부화뇌동에서 완전한 면책을 얻지 못할 것이다. 실제로 그러한 협력 행위를 하지 않고 불이익을 감수한 독일인이 적지 않았다는 점을 감안하면 더욱 그렇다.

　1936~1937년의 상황이 어떠했는지를 생생하게 기억해 내지 않으면 안 된다. 그때는 당이 곧 국가였다.[21] 이러한 상태가 상상할 수 없을 정도로 오래갈 것처럼 보였다. 전쟁만이 이 정권을 전복시킬 것 같았다. 열강들은 히틀러와 협정을 체결했다. 모든 사람이 평화를 열망했다. 사회에서 완전히 배제되고 싶지 않거나 직업을 잃고 싶지 않거나 사업을 망치고 싶지 않은 독일인은 순응하는 태도를 취할 수밖에 없었다. 젊은이들은 더욱 그러했다.

　이제 정당이나 직능단체에 가입하는 것은 정치적인 행위가 아니라, 개인의 참여를 허용한 국가의 시혜 조치 같은 것이 되었다. 사

---

[21] 단지 수사적인 주장이 아니다. 당시 나치는 집권한 후 모든 정당을 해산시키고, 신당 결성을 금지하였고, 나치당과 국가의 통합을 법으로 보장하였다. 그야말로 '나치유일정당체제'가 확립되었다.

람들은 내면의 동의를 생략한 채 외적인 배지를 필요로 했다. 당시에는 단체 가입을 요구받은 사람이 이를 거부하는 일이 쉽지 않았다. 협력의 의미를 살필 때 결정적으로 중요한 것은, 어떤 맥락에서 그리고 어떤 동기에서 당원이 되었는지다. 가입의 시기와 정황은 가입과 관련하여 그 나름의 면책 및 유책 근거가 될 수 있으며, 이 문제는 사례별로 판단할 수밖에 없다.[22]

형이상학적 죄

도덕은 세속적인 목표로도 규정된다. 어떤 목적을 실현하는 것이 중요하다면, 그것을 위해 생명을 걸 도덕적인 의무를 질 수도 있다. 그러나 생명을 희생해도 아무것도 달성할 수 없다는 사정을 명확히 인식하는 경우에 생명을 희생하라는 요구는 도덕적으로 성립하지 않는다. 목숨을 걸라는 요구가 도덕적으로 성립할 수는 있어도, 명백한 파멸을 선택하라는 요구는 도덕적으로 성립하지 않는다. 오히려 도덕적으로 이와 반대의 명제가 수립된다. '부질없는 행동을 멈추고, 세계에서 그 목적을 실현하기 위해 자신을 보존하라.'

우리의 마음 안에는 도덕적인 죄의식과는 그 원천이 다른 죄의식이 존재한다. 형이상학적인 죄는 인간 연대의 절대적 결핍에서 나온다. 도

---

[22] 나치당원이라고 해서 무조건 공직에서 추방할 수는 없다는 주장이다. 실제로 야스퍼스는 나치당원이었던 철학과 교수 바움가르텐(베버의 조카)을 위해 나치청산위원회에 면책 감정서를 써주었다.

덕적으로 성립 가능한 요구가 이미 멈춘 곳에, 씻을 수 없는 요구로 형이상학적 죄가 존재한다. 내가 있는 곳에서 불법과 범죄가 자행된다면 연대는 훼손된 것이다. 불법과 범죄를 막고자 용의주도하게 생명을 걸었다는 것만으로는 충분하지 않다. 내가 있는 곳에서 불법과 범죄가 자행되고 다른 사람들이 죽어 나가는데 나는 살아남았다면, 내 안에서 하나의 소리가 들리고, 이를 통해 나는 안다. '살아남았다는 사실이 나의 죄다.'[23]

여기서 내가 1945년 8월에 했던 강연[24]을 인용하겠다.

"우리는 [제1당인 나치당의 당수인 히틀러가 총리에 임명된] 1933년 이래 변했다. 헌법이 파괴되고 허울뿐인 합법성에 따라 독재가 수립되었다. 국민 대중이 마취 상태에 빠져 모든 저항이 사라져 버린 1933년에 우리는 굴욕 속에서 죽음을 택할 수 있었다. 아니면 1934년 6월 30일[25] 체제의 범죄들이 공공연히 드러나던 때, 1938년 치욕스럽게도 독일 전역에

---

[23] '살아 있는 것이 나의 죄.' 하이데거도 이런 말을 하였다. 이것이 형이상학적 죄를 연상시킨다면 약간의 혼선이 존재한다. 악인도 용맹 정진하여 형이상학적 죄로 나아갈 수 있으나, 야스퍼스의 눈에는 하이데거야말로 그 전 단계의 죄를 범한 사람의 대표자이기 때문이다.

[24] (원주) *Wandlung*, Vol. 1, No. 1, 1945.

[25] 흔히 '장검의 밤Nacht der langen Messer'으로 불리는 1934년 6월 30일의 사건을 나치는 '룀의 쿠데타 음모'로 부른다. 제1차 세계대전에 장교로 참전한 룀Ernst Julius Röhm(1887~1934)은 히틀러와 함께 1923년 뮌헨 맥주홀 폭동을 일으켜 징역형을 살았다. 히틀러와는 말을 트고 지낼 정도로 가까운 사이였다. 그는 공산주의에 시종일관 반대했으나, 독일 귀족들의 재산을 몰수하여 재분배하는 사회주의적 정책을 지지했고 노동계급의 이익을 옹호하였다. 돌격대의 사령관이 된 이후에도 돌격대 내부에 이러한 사상을 주입하였고, 나치 체제 안에서 제2의 혁명을 주창하였다. 룀으로 인해 융커 계급(독일의 보수적인 지주 귀족층)의 지지를 상실할 것을 우려한 히틀러와 그 지지자들이 룀과 돌격대의 급진적인 인물들을 제거했다.

서 유대인의 회당과 교회당이 불타서 내려앉고 우리의 친구이자 동료 시민이었던 유대인에 대한 약탈, 이송, 살해가 자행되던 때[26] 하려고만 했다면 우리는 죽음을 선택할 수 있었다. '전쟁에서는 교전국들 간에 후일의 화해를 완전히 불가능하게 하게 하는 행위를 해서는 안 된다'는 것을 국제법의 조건으로서 요구했던 독일의 위대한 철학자 칸트의 명제를 독일 정부가 전쟁 초기부터 짓밟았던 때, 우리는 죽음을 선택할 수 있었다.

실제로 독일 안에서만 수천 명이 나치 체제에 맞서 투쟁하며 죽음을 선택했다. 그 대부분은 이름도 없이 죽었다. 우리는 죽음을 선택하지 않아서 살아남은 자들이다. 우리의 친구인 유대인들이 끌려가고 있을 때, 우리는 거리로 뛰쳐나가지 않았다. 그러다 우리 자신이 파멸하게 되자 비로소 비명을 질렀다. 우리의 죽음으로도 타인을 구할 수 없다는 나약한 구실을 대며 생존의 길을 선택했다. 우리가 지금 살아 있다는 것이 우리의 죄다. 신 앞에서 우리는 무엇이 우리를 이토록 참담하게 만드는지를 알게 된다. 지난 12년간 우리에게 일어난 일들은 마치 인간 본성의 변질과도 같다."

---

[26] 1938년 11월 9일, 이틀에 걸쳐 일어난 '수정의 밤Kristallnacht' 사건. 17세의 독일계 유대인 청년 헤르셸 그린슈판Herschel Grynszpan이 파리 주재 독일 대사관의 3등 서기관 에른스트 폼 라트를 암살한 사건에 대해 나치가 가한 보복극이다. 이 사건으로 대략 점포 815개소, 주택 171동, 유대인 예배당 시나고그 193개소가 불타거나 파괴되었다. 유대인 2만 명이 체포되었다고 하나 정확한 수치는 기록에 없다. 11월 10일 새벽 1시 20분, 제국보안본부의 수령 하이드리히는 전국의 경찰 및 SS보안방첩대에 시위운동을 조직하라는 지령이 담긴 훈령을 내렸다. 이 훈령에는 유대인 상점 및 가옥 파괴, 유대인 예배당 소각, 경찰의 시위 저지 금지, 부유한 유대인 위주의 유대인 체포 등의 명령이 담겨 있었다.

1938년 11월에 유대인 회당이 불타고 처음으로 유대인의 강제이송이 시작되던 때, 우리에게는 무엇보다도 도덕적인 죄와 정치적인 죄가 발생하였다. 이 두 가지 죄는 권력을 쥔 자들이 자행하였다. 당시 장군들은 수수방관했다. 어느 도시에서든지 군사령관 정도면 얼마든지 범죄를 막을 수 있었다. 경찰이 저지할 수 없을 정도로 많은 범죄가 발생했다면, 시민을 보호하기 위해 군인을 투입할 수 있었기 때문이다. 그러나 장군들은 어떠한 조치도 취하지 않았다. 그들은 바로 그 순간 저 명성 높은 독일군의 윤리적 전통을 희생시켰다. 전통은 쓰레기가 되었다. 장군들은 독일 민족의 영혼에서 풀려나와 자기법칙적으로[27] 움직이며 명령에 절대적으로 복종하는 군사기계로 전락하였다.

국민 중 많은 이들이 분노하였으며, 또 많은 사람들이 다가올 불행을 예감하며 당혹감에 깊이 동요하였다. 그러나 그보다 더 많은 사람들이 아무 일도 일어나지 않은 것처럼 어떠한 거리낌도 없이 자신의 일, 자신의 사교, 자신의 재미에 계속 열중하였다. 이것이 도덕적 죄이다.

다른 한편에서는 완전한 무력감과 절망 속에서 이를 막을 수 없었던 사람들은 형이상학적 죄의식을 통해 이제 대전환을 향한 일보를 내딛고 있다.

---

[27] '자기법칙성Eigengesetzlichkeit' 또는 '자기법칙적으로eigengesetzlich'란 용어는 막스 베버가 현대사회의 양상을 설명하면서 도입한 개념이다. 궁극적인 목적을 상실하고 책임 문제를 망각한 관료제적 병폐를 시사한다.

요약

죄의 결과

나의 설명이 완전히 근거 없는 것이 아니라면, 우리 독일인 전체 그리고 각 개인이 어떤 식으로든 유죄라는 점에는 의문이 존재하지 않을 것이다.

1 독일인 각자는 예외 없이 정치적 책임을 공동으로 부담한다. 독일인 각자는 법적 형식의 배상을 이행하는 데 협력해야 한다. 모든 독일인은 승전국의 행위와 결정의 결과뿐 아니라 승전국 상호 간에 존재하는 의견 불일치의 결과까지 감수해야 한다. 우리는 이 문제에 대하여 결정권자가 아니므로 왈가왈부할 처지가 아니다.

우리가 승전국이 내릴 결정의 전제들을 형성하는 데 관여할 수 있는 방법은, 우리가 경험한 사실과 기회, 위험을 이성적으로 꾸준히 해명하는 것뿐이다. 적절한 형식으로 근거를 제시하면서 승전국에 이견을 말할 수도 있다.

2 모든 독일인이 아니라 매우 적은 수의 독일인만이 형사처벌을 받을 만한 범죄를 저질렀다. 나치에 동조하는 활동을 한 다른 소수의 독일인은 속죄 조치를 받아야 한다. 물론 이들도 자신을 변호할 수 있다. 승전국의 법정 또는 승전국이 설치한 독일 재판소가 이들을 심판할 것이다.

3 비록 그 방식은 매우 다르겠지만, 독일인이면 누구나 도덕적인 통

찰에 근거해 자기 성찰을 해야 한다. 다만, 이 경우에는 자신의 양심 이외에 어떤 법정도 필요가 없다.

4 지각 있는 독일인이면 누구나 이러한 재난을 형이상학적으로 체험함으로써 자신의 존재 의식과 자의식을 쇄신시킬 수 있다. 그러나 어느 누구도 그러한 쇄신이 어떻게 되어야 한다고 요구할 수 없고, 그 쇄신이 어떻게 될 것인지도 예상할 수 없다. 그것은 개별자의 고독 안에서만 가능한 일이다. 하지만 그 성찰은 분명 미래 독일혼의 토대를 제공할 것이다.

지금까지 우리의 죄를 형법적 죄, 정치적 죄, 도덕적 죄, 형이상학적 죄로 구별하여 살펴보았다. 그러나 죄의 문제를 회피하려는 사람은 이 구별을 다음과 같이 악용할 수 있다.

1 정치적 책임 : 좋다. 그러나 정치적 책임은 나의 유형적 자산을 제한할 뿐, 나의 내면은 그로 인해 조금도 영향을 받지 않는다.

2 형법적 죄 : 일부 소수의 사람에게만 해당하는 문제로 나와는 상관이 없다. 형법적인 죄는 나와 무관하다.

3 도덕적 죄 : 이 죄에 대해서는 각자의 양심이 유일한 법정이고, 타인이 나를 비난해서는 안 된다. 나의 양심은 나에게 우호적이다. 그다지 나쁜 것도 없다. 이제 과거는 잊어버리고 새롭게 출발하자.

4 형이상학적 죄 : 이미 말했듯이 어느 누구도 타인에게 형이상학적 죄를 주장할 수 없다. 내가 변화를 통해서 짓는 죄라니. 이는 철학자의 괴팍한 사고이다. 그 따위 죄는 존재하지도 않는다. 설사 있다 하더라도 감지할 수 없다. 그대로 내버려 두자.

죄 개념의 분석은 자칫 죄에서 벗어나려는 술수가 될 수 있다. 죄 개념의 구별이 책임의 근원과 일자―著·das Eine[28]를 은폐할 우려도 있다.

집단책임(집단의 죄)

죄의 여러 계기를 구별했으니, 이제 마지막으로 집단책임Kollektivschuld (집단의 죄)의 문제로 돌아가자.

죄의 구별은 전반적으로 타당하고 의미 있는 것이지만, 서술한 바와 같이 이 구별을 이용하여 비난을 면하거나 부담을 완화시키는 결과를 초래할 수 있다. 특히 집단책임 개념이 그러하다. 이 개념에는 분명 우리가 경청할 만한 내용이 담겨 있다.

집단적 사고방식과 집단적 단죄는 듣기만 해도 매우 조악한 개념일 수 있다. 그러나 우리가 공동체를 이루고 살며, 공동체라는 의식을 지녔다는 점은 어느 누구도 부인하기 어렵다.

궁극적으로 우리 인간은 신 앞에서 하나의 공동체이다. 그리하여 인

---

[28] 포괄자와 교환되는 개념.

간이라면 누구나 국가니 민족이니 집단이니 하는 개별적 집단성에서 벗어나 선의지善意志를 지닌 본연의 인간, 인간됨이라는 공동책임을 감당하는 인간 존재로서 인간들을 서로 연결하는 보이지 않는 연대에 도달하고픈 욕망이 있다. 그리하여 역사적으로 인간은 국가나 민족 같은 더 친밀하고 좁은 공동체를 이루고 살았고, 만일 그러한 공동체가 없다면 바닥없는 세계로 추락하고 말 것이다.

1 정치적 책임과 집단책임(집단의 죄)

먼저 다시 한 번 실상을 들여다보자. 이 세상 어디서고 인간의 판단과 감정은 지속적으로 집단적 표상들에 좌우되었다. 오늘날 독일인이라고 하면 그가 누구이든지 간에 세상 사람들이 꺼리는 부류가 되었다. 외국에 사는 독일계 유대인은 독일인으로서 탐탁치 않은 존재이며, 본질적으로 유대인이 아닌 독일인으로 취급된다. 이러한 집단적 사고방식으로 인해 정치적 책임은 동시에 도덕적인 죄를 매개로 형벌을 정당화하는 근거가 된다. 역사 속에도 집단적 사고방식이 자주 등장한다. 전쟁의 야만성은 한 나라의 백성 전체를 포로로 잡고 약탈하고 강간하고 노예로 팔아넘겼다. 승전국의 유죄 판단은 패전국 사람들에게 도덕적 파멸까지 안긴다. 패배한 사람들은 복종해야 할 뿐만 아니라, 죄를 고백하고 속죄 조치도 이행해야 한다. 이제 독일인은 기독교인이든 유대인이든지 간에 사악한 정신을 가진 자가 되었다.

비록 이러한 집단적 사고방식이 세상의 공론은 아니지만 이미 만연해 있는 현실에 맞서, 우리는 우리의 입장을 방어하기 위해 정치적 책임과 도덕적 죄의 간명한 구별을 활용하고 동시에 집단적 사고방식이 담고 있을지도 모르는 진리를 검토해야만 한다. 이를 위해 정치적 책임과 도덕적 죄의 구별을 포기하지는 않아도, 둘을 가르는 팽팽한 경계선을 다소 느슨하게 하지 않으면 안 된다. 인간 행태가 야기하는 책임은 정치적인 맥락에서 나오고, 이 상황이 도덕적 성격을 띠며 개인의 도덕마저 규정하기 때문이다. 아무리 반대 입장을 취했더라도 개인은 의식적이든 무의식적이든 정치라는 몸통을 구성하는 팔다리로서 살아가기 때문이다. 더욱이 인간은 개인으로서 국민의 생활 방식에 동참하며 바로 여기서 정치적인 현실이 성장하므로, 국민의 생활 방식에는 도덕적인 집단책임과 같은 것이 존재한다고 볼 수 있다.

한 마디로, 정치 상태와 인간의 전반적 생활 방식은 분리될 수 없다. 인간이 멀리 떨어져 숨어 살며 몰락하지 않는 한, 정치와 인간의 분리는 있을 수 없다. 정치적 상황을 통해서 스위스인이 형성되고, 네덜란드인이 만들어진다. 이 같은 정치적 상황을 통해 우리 독일인은 오랜 세월 정치적 현실에 복종하도록, 왕당파적 심정을 갖도록, 무관심과 무책임의 태도를 취하도록 교육받았다. 지금 이러한 태도를 반대한다고 하더라도 우리 안에는 여전히 그런 태도가 남아 있다.

우리의 생활 방식은 정치적 사태에 영향을 미치고, 그로부터 발생하는 정치적 상황은 다시 생활 방식을 각인시킨다. 이러한 사정 때문에 도덕적 죄와 정치적 책임을 엄격하게 분리할 수 없다. 그래서 정치적 의식의 계몽은 우리의 양심에 부담을 지운다. 정치적 자유는 도덕적 요소들을 내포하고 있다.

이리하여 현실적인 정치적 책임에 하나의 지식과 이러한 지식을 통한 다른 자의식이 덧붙여진다. 국민 전체가 국가의 모든 행위를 실제로 책임지는 것, 즉 '왕이 미친 짓을 하면 그리스인 전체가 그에 대한 책임을 진다quidquid delirant reges plectuntur Achivi'[29]는 것은 순전히 경험적 사실에 불과하다. 여기에 국민이 스스로 책임을 인식하는 것이 정치적 자유에 대한 각성을 나타내는 최초의 징표이다. 이러한 인식이 발생하고 승인되는 경우에만, 자유는 부자유한 인간이 외부에서 제출한 요구라는 차원을 넘어 실제로 현존하게 된다.

내면의 정치적 부자유는 복종을 이행할 뿐 스스로 유죄임을 느끼지 못한다. 스스로 유죄임을 인식하는 것이 정치적 자유를 실현하는 내적 변혁의 시작이다.[30]

자유로운 심정과 자유롭지 못한 심정의 내립은 국가원수에 대한 견해에서도 볼 수 있다. 사람들은 물었다. "자기가 동의한 지도자들이 범한 죄까지 국민이 책임져야 하는가?" 가령 나폴레옹이 저지른 죄를 프랑스 전체가 책임져야 하는가?

사람들은 이렇게 말한다. "압도적인 국민 다수는 나폴레옹에 협력하였고, 나폴레옹이 제공한 권력과 명성을 원했다. 나폴레옹이 나폴레옹일 수 있었던 이유는 바로 프랑스인이 그를 원했기 때문

---

[29] 로마공화정 말기의 시인 호라티우스Quintus Horatius Flaccus(기원전 65~기원전 8)의 말로 알려져 있다.

[30] 정치적 자유의 중요성은 야스퍼스의 《철학적 사유의 작은 학교》(이상철·표재명 옮김, 서광사, 1986)에서도 매우 강조되고 있다. "오직 정치적 자유만이 우리를 완전한 인간이 되게 할 수 있다."(86쪽) 여기서 야스퍼스는 고대 그리스 로마의 고전적 공화정의 자유를 되살리고 있다.

이다. 나폴레옹의 위대한 점은 프랑스 민중이 무엇을 기대하고 무엇을 듣고 싶어 하며 어떤 외양을 원하고 어떤 유형적 현실을 원하는지를 명확히 파악한 데에 있다. '프랑스의 정신에 부합하는 국가가 출현했다'는 렌츠[31]의 말은 지당하다. 나폴레옹의 국가는 일부분에, 하나의 상황에 부합하였지, 민족정신에 완전히 부합한 것은 아니다. 누가 민족정신을 그런 식으로 규정할 수 있겠는가? 똑같은 정신에서 전혀 다른 현실이 탄생할 수도 있다."

한편으로는 이렇게 생각할 수도 있다.

'한 남자가 혼인으로 구속되고 운명공동체 속에서 삶을 헤쳐 나감으로써 연인을 선택한 자기 행위에 책임지듯, 국민은 복종을 바친 대상에 대해 책임을 져야 한다. 이 과정에서 빚어지는 오류도 죄의 근거이다. 오류의 결과도 가차 없이 인수하지 않으면 안 된다. 한 인간에 대한 무조건적인 구속은 혼인 관계에서는 가능하고 또 당연할 수 있지만, 국가 생활에서는 파멸의 싹이다. 복종의 맹서는 작은 집단이나 원시적인 상황에서나 볼 수 있는 비정치적인 사태라고 할 수 있다. 자유로운 국가에서는 모든 인간의 통제와 교체가 타당한 원리가 된다.'

그래서 이중적인 죄가 존재한다. 첫째는 애당초 한 지도자에게 정치적으로 무조건 복종한 죄이고, 둘째는 내가 복종한 지도자가

---

[31] 막스 렌츠Max Lenz(1859~1932)는 독일의 역사가로서 종교개혁과 콘스탄츠 종교회의 등을 연구하였고, 나폴레옹 시대와 독일 제2제국의 초기 역사에 대한 저술을 남겼다. 야스퍼스가 인용한 문장의 출처는 렌츠의 저서 《나폴레옹》인 것으로 추정된다. 《나폴레옹》은 1905년에 출판되어 1924년까지 36판을 찍어 낸 베스트셀러였다고 한다.

저지른 죄이다. 말하자면, 복종의 분위기가 '집단적인 죄kollektive Schuld'이다.

정치적 책임만 인정하고 도덕적인 죄에서 벗어나려는 시도를 가로막는 모든 제약은 우리가 앞에서 밝혔고 지금 요약하려는 바와 모순되지 않는다.

우리는 우리의 정부에 대해, 정부의 행위에 대해, 이 세계사적 상황에서 전쟁의 실마리를 제공한 것에 대해, 우리가 정부의 꼭대기에 올려놓은 지도자의 자질에 대해 정치적인 책임을 진다. 그래서 우리는 우리의 노동과 노동력으로 승전국의 요구에 응해야 하고, 패전국에 부과되는 배상을 이행해야 한다.

우리에게는 도덕적인 죄까지 있다. 비록 도덕적인 죄는 어떠한 경우에도 개인에게만 존재하는, 철저히 자기 자신과 대면하게 하는 죄이지만, 집단적인 것 속에도 말하자면 도덕적인 것, 즉 개인으로서는 완전히 피할 수 없는 집단적인 생활 방식과 감정 방식에 존재하는 도덕적인 것이 있다. 이 도덕은 정치적으로도 중요하다. 여기에 자기개선의 싹이 있으며, 그 포착 여부는 우리 자신에게 달려 있다.

2 집단책임(집단의 죄)에 관한 개인적 의식

우리는 같은 가족 구성원의 행위에 연대책임Mitschuld 같은 것을 느낀다. 이러한 연대책임은 객관화가 불가능하다. 이론상으로는 어떠한 형태의 가족공동책임Sippenhaftung도 비판할 수 있다. 그러나 실제로 내 가족이 불법을 저지른다면 단지 같은 핏줄이라는 이유로 당혹감을 느낄 것이고, 나에게 직접적인 도덕적·법적 책임이 없을지라도 그 불법행위의 피해자와 화해하려 할 것이다.

이러한 이유로 독일인, 즉 독일어로 말하는 사람은 독일인이 저지른 모든 행위에 같이 당혹감을 느낀다. 이는 국가 구성원으로서의 책임이 아니다. 다른 사람과 함께 같은 언어, 같은 내력, 같은 운명을 공유하는, 정신적으로 독일적인 생활에 속한 인간으로서 느끼는 공동의 당혹감은 명료한 죄의 근거가 아니라 연대책임을 유추하는 근거가 된다.

우리는 현재 진행되고 있는 현실에 지속적으로 연루됨으로써 동시대인의 행위뿐만 아니라 전통의 맥락에서도 연대책임을 느낀다. 앞서간 세대의 죄도 우리가 인수해야만 한다. 우리 생활의 정신적인 조건 중에 이 같은 체제의 출현 가능성이 있었다는 점에 대해 우리는 모두 연대책임을 지고 있다. 그렇다고 해서 '독일의 사상계'와 '과거 독일적인 사고'가 바로 나치즘이 자행한 악행의 원천이라고 말하는 것은 아니다. 다만, 우리의 국민적 전통 속에 도덕적인 파멸의 싹이 된 어떤 강력한 위협 요소가 내재함을 시사한다.

우리는 우리 자신을 개인으로서뿐만 아니라 독일인으로서도 인식한다. 우리 각자는 실제로 독일 민족das deutsche Volk이다. 그래서 살면서 독일 민족이라는 사실에 좌절하거나 환호하는 민족적 일체감을 느끼는 순간, 나도 모르게 "내가 독일이다" 혹은 "나도 독일이다"라고 부르짖는다. 독일적이라는 것도 이 같은 개인의 모습과 크게 다르지 않다. 따라서 혁신과 부활, 부패 청산 같은 개인의 과제가 민족의 과제로 이어지는 것이다.

우리가 마음 깊은 곳에서 집단적으로 느끼는 바를 어찌할 도리가 없기 때문에, 독일인다움Deutschsein은 나에게도 그리고 그 누구에게도 주어진 바 소여所與가 아니라 과제이다. 이는 민족을 절대화하는 것과는 전적으로 다르다. 나는 먼저 인간이며, 구체적으로 말하면 프리지아 출신이고, 대학교수이고, 독일인이고, 거의 영혼이 융합될 지경으로 여타 집단과 밀접하게 연결되어 있으며, 내게 감흥을 주는 모든 집단과도 가깝게든 멀게든 연결되어 있다. 바로 이같은 근접성으로 인해 순식간에 나 자신을 거의 유대인으로, 네덜란드인으로, 영국인으로 느낄 수 있다. 그러나 그중에서도 독일인이라는 소여, 즉 본질적으로 모국어로 표현된 삶은 내게 크나큰 영향을 미친다. 그 점은 합리적으로 파악하기 어렵고 심지어 합리적이라면 반박당할 수도 있겠지만, 나는 현재 독일인이 하는 바와 과거에 했던 바에 공동의 책임을 느낀다.

나는 그렇게 공동의 책임을 느끼는 독일인에게 친근함을, 반대로 영혼으로부터 이러한 관계성을 부정하는 듯 보이는 독일인에게는 거리감을 느낀다. 우리가 인간으로서 서로 연결되어 있다는 근접성은 무엇보다도 우리가 현재 있는 그대로의 독일인으로 남는 것이 아니라, 아직은 아니지만 장차 되어야 할 독일인, 즉 민족적 우상의 역사를 넘어 우리의 고상한 예감이 우리에게 속삭여 주는 그런 독일인이 되어야 한다는 공동의 활기찬 과제를 의미한다.

우리가 집단책임(집단의 죄)을 느끼기 때문에 우리는 근원으로부터 인간성의 쇄신Wiedererneuerung이라는 과제를 느낀다. 이러한 과제는 지상에 있는 모든 인간에게 부과되며 모든 존재자들에게 마찬가지로 결정적인 의미를 갖는 것이지만, 어떤 민족이 자신의 죄로 인해 무無 앞에 선 순간 더욱 절박하고 더욱 절실하게 다가온다.

나는 이제 철학자로서 완전히 개념을 상실한 것처럼 느껴진다. 실제로 언어도 멈추었다. 우리는 소극적인 방식으로만 말할 수 있다. 죄의 구별을 참으로 여기고 이를 결코 철회하지 않는 것만으로는 부족하다. 죄의 구별이 안락한 소파로 변질되어서는 안 된다. 죄의 구별을 편의적으로 사용하여 문제를 안이하게 처리하고 본질적인 압박에서 벗어나려고 해서는 안 된다. 그러한 압박 아래서만 우리는 삶의 길을 지속할 수 있으며, 압박을 통해서만 가장 소중한 것, 즉 우리 영혼의 영원한 본성은 성숙에 도달할 수 있다.

2 _ 소위 면책사유들

다른 국가들은 정치적인 죄를 저질렀지만
히틀러의 독일은 형사적인 죄를 자행했다.

·우리의 죄를 경감시키고 싶은 사람은 비단 우리 자신뿐만이 아니다.
우리에게 호의적인 사람들도 우리의 죄를 가볍게 해 주고 싶어 한다. 그
러나 이러한 시도가, 우리가 그 의미를 구별하고 다시 통합하면서 정립
하려 한 죄 자체를 무화시키는 것은 아니다. 다만, 죄를 감경하는 판단
을 제시하면서 동시에 논의 중인 죄의 성질을 한층 명확하게 파악하고
표현하는 관점들이 존재한다.

공포정치

나치 체제 아래 있던 독일은 하나의 감옥이었다. 이 감옥으로 들어간
죄는 정치적 책임이다. 그러나 감옥의 문이 닫히고 나면 그 안에서는 감
옥을 깰 수 없다. 지금도 남아 있고 제기되는 유폐된 자(독일인)들의 책

임과 죄는, 항상 당시에 도대체 무엇을 할 수 있었던가라는 질문 안에서 논의되지 않으면 안 된다. 감옥에서 간수가 저지른 수치스러운 행위를 재소자 전체가 책임진다는 것은 확실히 부정의한 일이다.

이렇게 말할 수 있다. '백만의 인간, 수백만의 노동자와 수백만의 군인이 저항했더라면 어찌 되었을까! 그러나 그들은 저항하지 않았고 전쟁을 위해 노동하고 전투에 참가했다. 그러므로 그들은 유죄다.'

이에 대해선 이렇게 대꾸할 수 있다. '당시 천오백만 외국인 노동자도 독일인 노동자와 마찬가지로 전쟁을 위해 노동에 종사했다. 외국인 노동자들이 독일인 노동자보다 더 많이 태업을 벌였다는 증거는 발견되지 않았다. 단지 독일의 붕괴가 이미 진행되던 최후의 몇 주 동안은 외국인 노동자들이 독일인 노동자들보다 활발한 활동을 전개했던 것으로 보인다.'

지도자 아래 조직되지 않으면 거대한 행동을 일으키기란 불가능하다. 일반 국민들에게 공포국가에 맞서 반란을 일으키라고 하는 것은 불가능한 요구이다. 설사 반란이 일어난다 해도 그러한 반란은 실질적인 연관성도 없이 산발적으로만 일어났다가, 익명성 속에 가려지고 결과도 알려지지 않다가 결국에는 죽음 속으로 침잠할 뿐이다. 특수한 사정 때문에 간신히 제한된 범위 안에서만 입에서 입으로 알려진 아주 드문 예외들이 있긴 하다. 예를 들어, 뮌헨대학 학생이던 숄 남매와 후버 교수의 영웅적 행동[32] 등이 그것이다.

---

[32] 뮌헨대학에 재학 중이던 한스 숄이 여동생 소피 숄, 여타 동료와 함께 히틀러에 저항하는 '백장미단'이라는 학생조직을 결성하였다. 전국적으로 수많은 학생과 저항활동가들이 이 조직에 참여하였다. 숄 남매는 히틀러의 전쟁정책을 비판하는 문건을 뮌헨대학 구내에서 배포하다가 발각되어 1943년 3월 22일 처형되었다. 백장미단 사건은 페어회펜M. Verhoeven 감독의 〈백장미

그래서 다음과 같은 고발이 제기된 것에 놀라움을 느낀다. 히틀러 체제가 붕괴한 직후에 전 독일 민족을 가차 없이 고발하는 문장을 쓴 프란츠 베르펠Franz Werfel[33]은, '단 한 사람 니묄러Niemöller[34]가 저항했을 뿐'이라고 지적하면서도, 같은 글에서 강제수용소에서 목숨을 잃은 수십만을 언급하였다. 그런데 왜 그들이 목숨을 잃었는가? 대체로 말로 그랬을 뿐이지만 그들이 저항했기 때문이다. 이 무명의 순교자들은 영향력 없는 죽음을 통해 베르펠이 주장하는 것 같은 저항이 불가능했음을 더욱 분명하게 보여 주었다. 1939년까지는 강제수용소가 독일의 국내적인

Die weiße Rose〉(1982), 로테문트M. Rothemund 감독의 〈쇼피 숄의 마지막 날들Sophie Scholl-Die letzten Tage〉(2005)로 각각 영화화되었다. 숄 남매의 동생 잉게 숄이 기록한 《백장미단Die Weiße Rose》(1955)은 국내에 《아무도 미워하지 않는 자의 죽음》(청사, 1978)으로 번역되어 독재에 대한 저항의 상징으로 널리 읽혔다. 숄 남매의 스승인 쿠르트 후버Kurt Huber 교수도 백장미단에 연루되어 같은 해에 처형되었다.

[33] 프란츠 빅토르 베르펠Franz Viktor Werfel(1890~1945)은 체코 프라하에서 태어나 미국 캘리포니아에서 사망하였다. 독일 보헤미아 저술가로, 1941년 나치 지배에서 벗어나 미국 시민이 되었다. 서정적 표현주의의 대표자였던 그의 작품은 1920~30년대에 베스트셀러였다.

[34] 마르틴 니묄러Emil Gustav Friedrich Martin Niemöller(1892~1984)는 독일 복음주의 신학자이자 고백교회의 대표자로, 전 세계 교회의 연합을 주장한 에큐메니칼회의 의장이었다. 나치 초기에 나치즘에 적극 반대하였으며, 교회 투쟁기와 1937년 작센하우젠 강제수용소 생활을 거치며 나치즘에 맞서는 저항운동가로 발전하였다. 1945년 이후에는 복음주의교회의 혁신과 평화운동에 참여하였다. 전후 청산 과정에서 미국을 오가며 지도적인 인물로 주목받았으나, 유대인에 대해 보수적인 견해를 가지고 있었다는 점이 드러나면서 정치적 영향력이 추락하였다. 그러나 다음과 같은 니묄러의 시편은 연대와 저항에 관한 뼈저린 호소로 세계에 회자되었다.
"나치가 공산당원을 잡아갔다. 하지만 나는 침묵했다. 나는 공산당원이 아니었기 때문이다./그들은 사회민주당원을 연금하였다. 하지만 나는 침묵했다. 나는 사회민주당원이 아니었기 때문이다./그들은 노동조합원을 잡아갔다. 하지만 나는 침묵했다. 나는 노동조합원이 아니었기 때문이다./그들은 대학생과 교사들을 잡아갔다. 하지만 나는 침묵했다. 나는 대학생도 교사도 아니었기 때문이다./마지막으로 그들은 나를 잡아갔다. 하지만 항의해 줄 사람은 아무도 남아 있지 않았다."

문제였지만, 그 후에도 수용소는 대부분 독일인들로 채워졌다. 나치 체제 막바지인 1944년에는 정치범 체포는 매월 4천 건을 넘었다. 최후까지도 강제수용소가 존재했다는 사실은 독일 국내에 여전히 나치 반대 세력이 있었음을 증명한다.

그런데 국내의 불안을 피해 외국으로 망명하여 공포정치의 압박 없이 살아온 사람들이 독일인들이 저항하지 않았다고 고발장을 제출할 수 있는가? 그들이 망명 과정에서 겪은 고초가 독일의 정치범 수용소 안에서 일어난 고통과 죽음에 비견될 수 있는가? 그런데 그들의 위선적인 목소리는 마치 망명 생활이 대단한 공적이라도 되는 양 말한다. 그러한 목소리에 대해서라면 분노하지 않고서도 얼마든지 정당하게 방어할 수 있다고 생각한다.

물론 그중에는 공포기구와 그 귀결을 통찰한 정의로운 사람들의 목소리도 있다. 예를 들면, 드와이트 맥도널드[35]는 1945년 3월 '정치Politics'라는 잡지에 다음과 같이 말했다. "공포정치의 절정 그리고 공포정치 아래서 강요된 죄의 절정은 '타인을 살해할 것인가 아니면 죽임을 당할 것인가'라는 양자택일에 있다. 사실과 살인을 명령받은 지휘관들 중 적지 않는 사람들이 잔학 행위에 참여하기를 거부하고 사살당했다."

한나 아렌트[36]는 다음과 같이 말한다. "공포정치는 지도층의 범죄에

---

[35] 뉴욕 출신의 드와이트 맥도널드Dwight Macdonald(1906~1982)는 작가, 편집인, 영화비평가, 사회비평가, 철학자 등 다방면에서 활동한 정치적 급진주의자이다.

[36] 한나 아렌트Hannah Arendt(1906~1975)는 20세기를 대표하는 공화주의 정치철학자이다. 독일 하노버에서 유대계 독일인으로 태어나 1941년 뉴욕으로 망명했다. 1951년 《전체주의의 기원》을 저술하여 국제적인 명성을 얻었다. 원래 하이데거를 만나 철학 공부를 시작하였고, 야스퍼스에

독일 국민이 동참하게 되는 놀라운 현상을 초래하였다. 국민은 복종하는 자에서 공범자로 변모하였다. 물론 제한된 범위에서만 그랬지만, 우리가 도저히 그러한 짓을 하리라고 상상할 수 없는 사람들, 가령 가정적인 아버지들이나 의무에 따라 자신의 과업을 수행하는 성실한 시민들이 마찬가지로 의무에 따라 타인을 살해하고 강제수용소에서 명령에 따라 잔혹 행위를 완수하였다."[37]

책임과 역사적 인과관계

우리는 원인과 책임Schuld을 구별한다. 왜 어떤 일이 그렇게 일어났는가? 어떻게 하여 그렇게 일어날 수밖에 없었는가? 이에 대한 해명은 뜻하지 않게 면책 주장으로 간주된다. 그러나 원인은 맹목적이고 필연적으로 작동하며, 책임은 개안적開眼的이고 자유에 입각하여 주장된다.[38]

우리는 정치적인 사건도 이와 유사한 방식으로 다룬다. 역사적 인과관계라는 부분이 민족Volk의 책임을 면제해 주는 것처럼 보인다. 그래서

게서 《아우구스티누스에서 사랑의 개념Der Liebesbegriff bei Augustin》으로 박사 학위를 받았다. 미국에서는 뉴욕 사회연구소 교수로 일했다. 아이히만 재판을 보고 문제작 《예루살렘의 아이히만》(한길사, 2006)을 남겼다. 아렌트는 야스퍼스와 평생 동안 우정을 유지하였다. 야스퍼스에 대한 아렌트의 평가는 《어두운 시대의 사람들》(인간사랑, 2010)에 두 편의 글로 남았다.

[37] (원주) Hannah Arendt, Organisierte Schuld, *Wandlung*, Erster Jahrgang, Heft 4, April 1946.

[38] 형법학에서 인과적 행위론과 목적적 행위론의 대립을 연상시킨다. 목적적 행위론의 구호가 '원인은 맹목적이고 기계적인 반면, 행위는 조정적이고 개안적이라는 것이다. '개안적sehend'이라는 말은 맹목적blind이라는 말과 대칭적으로 쓰인다.

어떤 재앙이 어떤 실효적인 원인으로 인해 불가피하게 일어났다고 하면 그냥 거기서 멈추고 만족한다.

또, 문제가 되는 행위와 관련하여 그 행위의 의사意思 측면에서 그것을 막을 제약 사항과 조건, 요구 등이 없었다고 파악하려 할 때에는 해당 행위에 대한 책임을 수용하고 강조하는 경향을 보인다. 그 행위가 불발로 끝날 경우에는 어떤가? 소위 불가피한 필연적 사정을 내세워 책임을 거부하려 한다. 책임을 운운할 뿐 책임이 무엇인지는 체험하지 못하는 것이다.

그 결과, 최근 몇 년 사이에 우리는 다음과 같은 말을 들었다. '독일이 전쟁에서 이긴다면 승리와 공적은 당의 것이고, 독일이 전쟁에서 패배한다면 패배와 책임은 독일 국민의 것이다.'

그런데 인간의 행동 자체가 어떤 사태의 한 요인이 되는 경우에는 역사적 인과관계에서 원인과 책임을 구분하는 것이 불가능하다. 인간의 결행이 사태 진행에 개입하는 경우, 원인은 죄 아니면 공적이 된다.

인간의 의지와 결정에 속하지 않는 것은 항상 과제로 남는다. 우리에게 주어진 바로서 자연이 어떻게 작용하는지는, 우리가 그것을 어떻게 파악하고 어떻게 취급하고 그것을 가지고 무엇을 제작하는지에 달렸다. 따라서 역사적인 인식도 역사적 과정 자체를 결코 어떤 필연적인 것으로 파악할 수 없다. 역사적인 인식이 천문학처럼 확고한 예언을 내놓을 수 없다는 통찰은 회고적 고찰에도 똑같이 적용된다. 아무리 과거를 돌이켜 되새김질해 보아도 과거의 사건이나 행동이 반드시 일어날 수밖에 없었던 이유를 우리는 알 수 없다. 전망적 고찰이든 회고적 고찰이든지 간에 역사적 인식에는 언제나 다른 여지가 존재하며, 특히 과거와 관련해서는 그 가능성이 더 구체적으로 풍요롭게 드러난다.

이 역사적·사회적 통찰과 이에 근거한 역사적 상은 그 자체로 역사 과정의 요인이고, 책임 문제 역시 이 한계 안에서 논의되어야 한다.

우선 그 자체로 자유의 영역, 즉 죄와 책임의 영역에 속하지 않는 조건으로서 지리적 조건과 세계사적 상태를 살펴보자.

지리적 여건

독일의 국경은 모든 방향에 개방적이다. 그래서 국가로서 자국을 수호하려면 군사적으로 항상 막강한 힘을 보유해야만 한다. 국력이 약한 시대에 독일은 서방, 동방, 북방 제국의 전리품이 되었고, 남방으로는 터키제국의 전리품이 되었다. 영국이나 미국과 달리, 독일은 그 지리적 위치로 인해 생존 위협이 전무한 평화를 누려 본 적이 없다. 영국은 외교적으로 무력하고 군사적으로 허약한 수십 년 동안에 국내의 정치적 발전을 도모할 수 있었다. 영국은 그런 이유로 결코 정복당하지 않았다. 영국이 마지막으로 침략을 당한 때는 1066년이었다.[39] 명료한 경계선으로 통합을 확보하지 못한 독일과 같은 나라는 적어도 민족으로서 존속하고자 군국주의적인 국가를 발전시키지 않을 수 없었다. 오스트리아가 오랜 세월 이 일을 수행하였고, 그 다음은 프로이센이 감당했다.

그런데 독일 내 각 국가들이 안고 있는 특수성과 그 군사적 성격은 오스트리아나 프로이센 이외의 기타 독일에 대해 이질적이며 영속적인

---

[39] 노르망디의 윌리엄 공이 영국을 정복한 해이다.

감정을 부여하게 했다. 근본적으로 보자면 독일 내부에 기타 독일에 대해 독일적이지만 동시에 이질적인 세력의 지배가 있었다는 사정, 또는 사분오열의 무력함 때문에 독일이 외세에 희생되었다는 사정을 은폐하지 않을 수 없었다.

따라서 '독일'에는 영구적으로 타당한 중심은 존재하지 않고 단지 잠정적인 거점만 있었다. 독일의 거점이 지속적으로 변하였기 때문에 각 거점은 독일의 한 부분만을 자신의 것으로 느끼고 인정했다.

이러한 이유로 모든 독일인이 서로 만나는 정신적인 구심점은 현실에 존재하지 않았다. 우리의 고전적인 문학과 철학도 결코 독일 민족의 재산이 아니라 독일어가 전파되는 한에서만 독일 국경선을 넘어가는 소수 교양계급의 재산에 불과했다. 독일의 문학과 철학의 위대성을 인정하는 일치된 의견은 존재하지 않는다.

이 같은 지리적인 상황은 불가피하게 농노적 심성과 노예근성의 만연, 자유 의식과 민주 정신의 결손을 수반한 군국주의를 초래했을 뿐만 아니라, 시대를 막론하고 국가란 것을 일시적인 현상 정도로 만들어 버렸다. 유리한 정세에 비범한 감각을 지닌 탁월한 정치가가 등장한 시기에만 한동안 국가로서 존속했다. 그리고 무책임하기로 전무후무한 지도자 히틀러는 국가와 독일을 영구적인 정치적 파멸로 이끌어 갔다.

그러나 이 모든 성찰의 기본 골자가 아무리 정확하다고 하더라도, 오늘날의 결과를 절대 필연적인 것으로 보아선 안 된다. 군사제도의 형성 방향과 현명한 지도자의 출현은 결코 지리적 여건에 좌우되지 않기 때문이다.

고대 로마인은 독일과 지리적 여건이 비슷했지만 그들의 정치적인 열정과 연대 그리고 신중함으로 우리와는 완전히 다른 결과, 비록 종국에는 자유의 파괴로 귀결되기는 했지만, 이탈리아의 통일과 세계제국을 완성하지 않았는가. 군사적인 발전과 제국주의가 어떻게 민주적인 국민Volk을 자유의 상실로 이끌었는지를 보여 주는 로마 공화국의 사례는 연구할 가치가 있다.

비록 지리적인 여건이 자유의 가능성을 제공한다고 할지라도, 죄와 책임의 영역을 범하지 않으면서 결정적인 힘을 행사하는 능력은 흔히 타고난 민족성Volkscharakter이라고 말한다. 그러나 이런 시각은 그것이 과소평가이든 과대평가이든 잘못된 평가를 유발한다.

우리 현존재의 자연적 소질 안에는 정신성의 정점에 이르기까지 어떻게든 우리에게 영향력을 행사하는 어떤 것이 깃들어 있다는 주장은 그럴듯하다. 사실 이에 대해서 우리는 거의 아는 바가 없다. 다만, 직접적인 인상에 따른 직관은 비록 그 순간에는 깜박 속을 정도로 명증적이고 설득력이 있지만, 시간이 지나면 신빙성을 잃을뿐더러 온갖 인종학을 통해서도 고도의 참지식으로 격상되지 못했다.

우리가 민족성을 입에 올리는 때는 언제인가. 시대별로 추려 낸 역사적 현상을 묘사할 때이다. 그러나 따지고 보면 역사적 현상은 모두 그 자체로 이미 여러 사건의 결과이자 이를 통해 형성된 상황의 결과이기도 하다. 또한, 여러 유형들 중에서 하나의 유형으로 포섭된 일군의 현상에 지나지 않는다. 상황에 따라 민족성이라 일컬어지는 특성 속에 감추어진 전혀 다른 가능성이 나타날 수도 있다. 타고난 성격과 천품이 있다고 말할 수는 있겠지만, 우리가 그것을 어떻게 단박에 알아챌 것인가.

따라서 우리의 책임을 민족성 같은 것에 전가해서는 안 된다. 우리는 인간으로서 온갖 가능성 앞에 자유로운 존재이기 때문이다.

세계사적 상황

유럽 중앙에 위치한 독일은 방어가 어려운 지리적 여건상 다른 어느 나라보다도 외부 세계의 영향에 쉽게 노출되어 있다. 우리가 세계의 정황, 세계 속 독일의 위상과 독일에 대한 외국의 태도 등에 민감할 수밖에 없는 이유이다. 그래서 외교가 국내 정치보다 중요하다는 역사학자 랑케[40]의 말은 역사 일반에는 타당하지 않지만 독일에는 옳은 말이다.

여기서 최근 50년간의 정치적 상황까지 들먹일 필요는 없을 것이다. 다만, 그러한 정치적 상황이 지금까지 독일이 걸어온 길과 무관하다고 말할 수는 없다. 여기서는 내면적인, 즉 정신적인 세계 현상만 주목해서 보자. 사람들은 이렇게 말할 수도 있을 것이다.

'독일에서 터진 일은 정신과 신앙의 위기로서 서양 세계 전체에서 이미 진행 중이었다.'

하지만 아무리 그렇더라도 그런 정황이 독일인의 죄를 가볍게 하지는 못한다. 서양의 다른 곳이 아닌 바로 독일에서 그러한 일이 터졌기 때문이다. 그러나 이 일은 절대적인 고립에서 우리를 해방시키는 역할도 했다. 또, 다른 국가들에도 교훈을 주었다. 요컨대 우리가 겪는 이 일은

---

[40] 랑케Leopold von Ranke(1795~1886)는 독일의 역사가로서 라이프치히대학에서 신학과 언어학을 배우고 베를린대학 교수가 되었다. 프로이센의 역사 편수관과 바이에른학사원 사학위원회 회장을 역임하였다. 그는 사료를 엄밀히 점검하여 역사 비판적 방법과 객관적 역사 서술 방법을 확립하였다. 1833년부터 1836년까지 《역사·정치 잡지Historisch-politische Zeitschrift》를 발간하면서 현실 정치를 비판하고, 《강대국론Die grossen Mächte》《정치 문답Die politische Gespräche》 등을 발표하였다.

모든 국가의 관심사인 것이다.

이 같은 세계사적 위기 상황을 간단히 규정하기는 어렵다. 기독교적이고 성서적인 신앙의 영향력 상실, 대체 수단을 찾고 있는 불신앙, 새로운 기술과 노동을 통한 사회변동 등이 그 원인으로 얘기될 수 있다. 사회변동은 사태의 본성상 끊임없이 국민 대중이, 달리 말하면 누구든지 인간으로서 자신의 권리를 획득하게 되는 사회주의적 질서로 중단 없이 나아가고 있다. 이러한 상황은 다소간 차이는 있지만 어디에서나 마찬가지여서 '변화는 불가피하다'고 말할 수밖에 없다. 이 같은 상황에서 가장 심하게 충격을 받고 가장 명료하게 불만을 의식하는 사람들은 성급하고, 경솔하고, 기만적이고, 사기적인 해법을 취하는 경향이 있다.

세계를 뒤덮은 역사의 과정에서 독일은 그와 같이 기만적인 탈선 행동을 연출하면서 나락에 빠졌던 것이다.

타인의 죄

내면의 성찰을 통해 자신의 죄를 아직도 파악하지 못한 사람은 고발자를 고발하는 경향을 보이게 된다. 예컨대, 자기를 비난하는 고발자들이 과연 자기보다 나은 존재인지, 고발자들도 필경 사건의 발생을 촉진시키는 행동을 한 죄의 공유자가 아닌지 질문하게 된다.

이 순간 우리에게서 터져 나오는 이 같은 반격의 목소리는 우리가 아직도 우리 자신을 이해하지 못하고 있음을 보여 주는 징표라 할 수 있다. 이러한 파국 속에서 우리의 최우선 과제는 우리 자신에 대한 명료함을 얻는 것이다. 인간 존재의 **근원에서 우리의 새로운 삶을 정초하는**

과업은 **무제약적인 자아 성찰 속에서**만 수행할 수 있다.

그러나 이 말이 독일을 히틀러의 질곡에서 해방시키고 독일의 장래를 결정할 책임을 떠안은 다른 국가들에 관한 진실을 그냥 외면하고 묵인하라는 의미는 아니다.

국내외적으로 우리를 곤경에 빠뜨린 다른 국가들의 행태는 무엇인지 분명히 짚고 넘어가야 한다. 우리가 이 나라들에 전적으로 종속된 상태에서 어떤 세상을 만들지, 이 어려운 상황에서 어떤 길을 찾아낼지에 따라 다른 국가들이 과거에 행했고 미래에도 행하게 될 바가 결정되기 때문이다. 환상은 금물이다. 맹목적인 거부에 빠져서도 안 되지만, 맹목적인 기대에 사로잡혀서도 안 된다.

다른 국가의 죄를 운운할 때에는 이 말 자체가 오도될 가능성이 있다. 다른 국가들이 그들의 행동으로 사건을 유발했다면 그것은 정치적인 죄이다. 그러나 이 정치적인 죄는 히틀러 정권이 범한 형사범죄와는 분명 차원이 다를 것이다.

이 관점에서는 두 가지 점이 중요하다. 하나는 1918년 이후 승전국의 정치적 행동이고, 다른 하나는 히틀러 제국이 수립되던 때 승전국이 보인 수수방관이다.

1 1918년 〔독일의 항복으로 제1차 세계대전이 끝났을 때〕 영국, 프랑스, 미국은 승전국이었다. 세계 역사의 진행은 이 승전국의 손에 맡겨졌다. 승전국은 그들만이 질 수 있는 책무를 인수하거나 회피하거나 둘 중 하나를 할 수 있다. 만일 승전국이 그 책무를 회피한다면 그 역사적 죄geschichtliche Schuld는 명백하다.

승전국이 자신의 좁은 영역으로 물러나 안식을 구하고 세상에서 일어나는 일을 그저 바라만 본다는 것은 있을 수 없는 일이다. 사건이 파멸적인 결과를 예고하는 경우, 승전국에게는 이를 저지할 힘이 있다. 승전국이 정치적 힘을 행사하지 않는 것은 정치적 힘을 보유한 자의 정치적 죄이다. 승전국이 고발장에나 매몰된다면 이는 자기 책무를 회피하는 것이다. 승전국이 아무것도 하지 않는 것은 분명 비난받을 이유가 되지만, 이 비난이 독일인을 죄에서 해방시켜 주지는 않는다.

우선〔제1차 세계대전 후의 국제 관계를 확정한〕베르사유 강화조약 및 그 결과를 논하고, 다음으로 나치즘을 출현시킨 상황으로 독일이 끌려 들어가는 과정을 살피면서 이 문제를 논할 수 있다. 그러면서 당시 승전국이 보인 행태를 비난할 수 있다.〔1931년〕일본군의 만주 침략을, 그것이 성공했다면 선례가 될 것이 뻔한데도 왜 묵인했는가? 또, 1935년 무솔리니의 아비시니아〔에티오피아〕침략은 왜 용인했는가?

이와 관련해서는 영국의 정책이 특히 비난받을 수 있다. 당시 영국은 제네바 국제연맹 결의로 무솔리니를 꼼짝 못하게 했지만 무솔리니를 끝장낼 의지나 힘이 없었다. 오히려 평화 확보를 명분으로 무솔리니와 연합해, 히틀러에 대항한다는 명료한 방침도 없이 그러한 결의를 서면으로 그치게 했기 때문이다. 이제는 기억하는 사람도 별로 없겠지만, 1934년 히틀러가 오스트리아에 진주하려고 했을 때 무솔리니는 군대를 동원하고 대對 히틀러 위협연설을 했다. 당시 무솔리니는 서구 열강과 연합하여 독일에 대항할 용의가 분명 있었다. 그런데 영국의 얼치기 정책 때문에 히틀러-무솔리니의 동맹이 형성되고 만 것이다.

물론 '다른 결의를 했다면 그 후의 결과가 어떻게 달라졌을지는 아무도 모른다.' 그리고 무엇보다도 '영국인은 도덕적인 정책을 펼친다.' 나치는 그들의 사고방식대로 이를 영국의 약점으로 파악했다. 따라서 영국이 히틀러를 막을 정치적으로 실효적인 결의를 막 힘없이 실행하리라고 기대하는 것은 무리다. '영국은 평화를 희망한다. 최후의 수단을 활용하기 전에 평화를 유지할 모든 방법을 강구한다. 영국은 탈출구가 보이지 않는다는 점이 명백해져야 비로소 전쟁을 각오한다.'

2 공민公民으로서의 연대 이외에도 유럽인으로서 지는 연대와 인류적 연대가 있다. 소극적 방관의 책임은 동료 시민 상호 간의 책임에서 인류의 책임으로까지 이어진다.

합당하든 그렇지 않든 간에, 우리는 독일이라는 감옥의 문이 닫힌 때 유럽의 연대를 희망하였다. 우리가 맞이할 최후의 처참한 결과와 범죄를 짐작조차 하지 못했다. 그 결과, 우리는 자유의 완전한 상실을 체험하였다. 권력자의 자의가 날개를 달았다는 점을 우리는 알았다. 그 후 수년간에 걸쳐 일어난 끔찍한 일들에 비추어보면 새 발의 피겠지만, 우리 눈으로 불법과 추방된 사람들을 목격했다. 강제수용소에서 자행된 잔혹 행위들을 인식하지는 못했더라도 강제수용소가 존재한다는 사실은 알았다.

무엇보다 우리가 이러한 정치적 상태에 빠져 들어갔던 점, 자유를 상실했던 점, 야만적이고 조야한 인간들의 독재 아래서 살 수밖에 없었던 점 등에서 우리 독일인은 유죄이다. 우리의 책임을 조금이라도 덜고자 우리 역시 은밀한 범법 행위와 노골적인 폭력 행위에 희생당했다고 말할 수도 있다. 국가 내에서는 범죄 피해자가 국가 질서에 기대어 자신의 권리를 찾듯이, 우리는 유럽적인 질서가 이러한 국가범죄를 용납하지 않기를 희망했다.

나는 1933년 5월에 내 집에서 친구[41]와 나눈 대화를 잊을 수 없다. 그는 그 후 독일을 떠나 지금 미국에 살고 있다. 그 대화에서 우리는 희망 어린 마음으로 서구 열강의 신속한 군사적 개입 가능성을 고려했었다. 그때 친구는 서구 열강이 1년을 꾸물거리면, 히틀러가 승리하고 독일은 망하고, 아마도 유럽도 망할 것이라고 말했다. 우리는 마음속 깊이 충격을 받아서 많은 점에서 예민했지만, 다른 점에서는 맹목적인 심리 상태에서 그 뒤에 이어진 사건을 새로운 충격으로 체험하였다.

1933년 초여름에 바티칸 교황청은 히틀러와 화의Konkordat를 체결하였다. 파펜[42]이 협상을 진행했다. 그것은 히틀러 체제에 대한

---

[41] 야스퍼스가 말한 친구는 에리히 프랑크Erich Frank(1883~1949)이다. 프랑크는 동화된 유대인으로서 프라하에서 태어나 암스테르담에서 사망하였다. 철학, 역사, 고전어를 빈과 프라이부르크, 베를린대학에서 전공하였고 빈델반트의 영향을 받았다. 1911년《칸트철학의 변증법적 종합원리》로 박사 학위를 받았으며, 1923년 하이델베르크대학에서 교수자격취득논문을 썼다. 1928년 하이데거의 후임자로 마르부르크대학의 철학 교수가 되었다. 히틀러 집권 후 해직되어 수용소에 수용되었다가 미국으로 망명하여 하버드대학에서 철학을 가르쳤다. 그의 학문적 관심은 철학과 종교 사이에 있었다. 실존철학자로서 야스퍼스와 깊이 교류하였다.

[42] 파펜Franz von Papen(1879~1969)은 중앙당의 정치인이었다. 힌덴부르크 대통령 아래서 1932

최초의 그럴듯한 인정이었고, 히틀러로서는 엄청난 특전을 획득한 것이었다. 화의는 처음에는 불가능한 것처럼 보였으나 결국 성사되었다. 이윽고 공포가 엄습하였다.

모든 국가들이 히틀러 체제를 인정하였다. 찬탄의 소리도 들렸다.

1936년 베를린에서 올림픽대회가 개최되었다. 온 세상 사람들이 이곳으로 몰려들었다. 우리는 베를린에 왔던 외국인들이 우리를 돕지 않는다는 사실을 고통스럽게 지켜볼 뿐이었다. 그들도 다수의 독일인들과 마찬가지로 진실을 알지 못했다.

1936년 히틀러는 라인란트[43]를 점령하였다. 프랑스는 이를 묵인했다.

1938년 히틀러에게 보낸 처칠의 공개서한이 《타임》지에 실렸는데, 거기에 다음과 같은 문장이 있었다. "영국이 1918년 독일이 겪은 불행에 견줄 만한 국가적 불행에 빠진다면, 나는 신께 당신과 같은 의

년 5월 총리가 되었다. 나치를 회유하여 국정의 권위주의적 개혁을 도모하다가 실각하였다. 후임 총리 슐라이허를 실각시키고 히틀러를 총리로 만들고자 노력하였으며 히틀러 정권에서 부총리 직에 올랐다. 오스트리아와 터키 대사를 역임하였다. 제2차 세계대전 후 수괴급전범을 다룬 뉘른베르크 국제군사재판소에서는 무죄를 선고받았으나, 1947년 나치협력자심판 Spruchkammerverfahren에서 주범Hauptschuldiger으로 분류되어 8년간의 노동수용소형에 처해졌다가 1949년 석방되었다.

[43] 라인 강 좌안에 있는 라인란트 지역은 독일과 프랑스 간의 영토 다툼이 계속된 지역이다. 1871년 프로이센-프랑스 전쟁 후 알자스-로렌이 프로이센에 병합되면서 전역이 독일제국의 영토가 되었다. 제1차 세계대전 후 베르사유조약으로 알자스-로렌은 프랑스의 영토로 재조정되었고, 라인란트 전역과 라인 강 동안의 50킬로미터 지역까지 비무장지대가 설정되었다. 독일의 서부 후방 지역을 무방비 상태로 만들려는 연합국의 계획에 따른 조치였다. 그러나 1936년 3월 7일 히틀러는 라인란트 지역에 독일군의 진주를 명령하였다. 다른 연합국들은 독일의 군대 주둔을 묵인하고 프랑스만 반대하였다. 프랑스 정부는 2년 이내에 독일이 전쟁을 개시할 것이라고 예상하였다. 과연 1939년 제2차 세계대전이 발발하였다.

지력과 정신력을 지닌 사람을 보내 달라고 기도할 것이다."(이 문장은 나도 똑똑히 기억하는데 여기서는 뢰프케의 저작을 인용하였다.)

1935년 영국은 독일 외무장관 리벤트롭[44]을 통해 히틀러와 해군협정을 체결했다.[45] 이 사실은 우리 독일인에게 다음과 같은 바를 의미했다.

'히틀러와 평화만 유지할 수 있다면 영국은 독일 민족을 희생시킬 수 있다. 독일인은 그들에게 아무것도 아니다. 그들은 아직도 유럽 차원의 책임을 수용하지 않았다. 영국인은 악의 성장을 방관할 뿐만 아니라 악과 타협하고 있다. 그들은 독일인이 테러리즘의 군사국가로 침몰하는 것을 방치하고 있다. 영국 신문에 비난이 빗발쳐도 영국인들은 아무것도 하지 않는다. 독일에 있는 우리는 무력하다. 영국인이라면 지금도 큰 희생을 치르지 않고도 우리의 자유를 회복시킬 수 있다. 그러나 그들은 그렇게 하지 않는다. 이는 그들에게도 나쁜 결과를 가져올 것이고, 이제 더 큰 희생이 필요해질 것이다.'

---

[44] 리벤트롭Joachim von Ribbentrop(1893~1946)은 1930년대에 나치당에 가입하여 독일 외교관으로 활동하였다. 제2차 세계대전 후 수괴급전범major war criminal으로 국제군사법정에서 기소되어 사형을 선고받고, 1946년 10월 16일 교수형에 처해졌다.

[45] 1935년 6월 18일 체결된 '영국–독일 해군협정Anglo-German Naval Agreement'. 영국 해군 대비 독일 해군의 규모를 재조정하는 데 상호 합의한 것이다. 이에 따라 독일 해군의 총 톤수는 영국 해군의 35퍼센트를 유지하게 되었다. 이 합의를 통해 독일은 프랑스와 소련에 맞서는 영국–독일 동맹 교섭의 단초를 마련하려 했고, 영국은 독일의 팽창주의를 제한할 군축회담을 성사시키려 했다. 베르사유조약에 따르면 독일은 해군력 보유가 금지되었지만, 이 협정으로 영국이 베르사유조약을 수정한 셈이다.

1939년 러시아가 히틀러와 협정을 체결했다.[46] 이제 최후의 순간이 되면 히틀러는 곧바로 전쟁을 개시할 수 있게 되었다. 그리고 전쟁이 시작되자 모든 중립국, 특히 미국이 전쟁에 거리를 두었다. 이 악마적인 작태를 종식시키기 위해 세계는 단합하지 않았다.

뢰프케[47]는 스위스에서 출판한 독일에 관한 저서에서 1933년부터 1939년까지의 전반적인 상황을 다음과 같이 묘사했다.

"현재 세계의 대파국은 나치즘의 악마적인 힘이 처음에는 독일을, 그 다음에는 나머지 세계를 지옥으로 만들 거라는, 1930년부터 1939년 사이에 요란한 소리로 퍼지던 온갖 경보음들에 대해 귀를 틀어막은 것에 대해 세상이 치러야만 하는 엄청난 대가이다. 이 전쟁의 공포는 세계가 심지어 나치와 정상적인 관계를 유지하고, 나치

---

[46] '독소불가침조약獨蘇不可侵條約'은 1939년 나치 독일과 소련이 상호불가침을 목적으로 조인한 조약으로, 조약에 서명한 인물의 이름을 따서 '몰로토프-리벤트롭 조약Molotov-Ribbentrop Pact'이라고도 부른다. 그러나 2년 뒤인 1941년 나치 독일이 소련을 침공하면서 이 조약은 파기되었다.

[47] 뢰프케Wilhelm Röpke(1899~1966). 독일의 정치경제학자이자 사회철학자. 처음에는 사회주의의 영향을 받았으나 차츰 신자유주의로 이행하였다. 24세에 최연소로 예나대학의 교수가 되었고, 록펠러재단의 방문교수로 미국에 체류한 이후 마르부르크대학의 정교수가 되었다. 1929년 보수혁명기에 정부의 경제정책에 적극적으로 관여하였다. 나치가 권력을 장악한 직후인 1933년 2월 마르부르크대학 강연에서 나치의 범죄적 파괴성을 강한 어조로 비판하였으며, 이로 인해 교수 자리를 상실하고 터키로 망명하였다. 이스탄불대학에 이어 스위스 제네바에 머물렀다. 제2차 세계대전 후에는 서독의 아데나워 정부에서 경제정책가로 활동하였다. 뢰프케는 사회적 시장경제의 산파로 얘기된다. 1940년대 초반에 스위스에 머물면서 《현재의 사회위기Die Gesellschaftskrisis der Gegenwart》(1942), 《인간적인 나라, 사회 및 경제개혁의 근본문제Civitas Humana, Grundfragen der Gesellschafts-und Wirtschaftsreform》(1944), 《독일의 문제Die Deutsche Frage》(1945), 《국제질서Internationale Ordnung》(1945)를 출판하였다. 야스퍼스가 인용한 문장은 《독일의 문제》로 추정된다.

와 함께 국제적인 축제와 회의를 조직하면서 독일에서 묵인해 버린 사태들과 딱 들어맞는다."

"독일인이야말로 아래에서 위로 확장된 야만인들의 침략이 낳은 최초의 희생자였다는 점, 공포와 군중 최면에 사로잡힌 최초의 희생자였다는 점, 정복과 압제의 도구로 강요당하고 유린당하는 최악의 운명을 포함하여 나중에 점령지 국민들에게 강요된 일들이 독일인들에게 먼저 가해졌다는 점을 오늘날 기억해야 한다."

범죄가 자행되던 때, 체제가 점차 강화되어 가던 그때, 우리가 공포정치 아래서 아무것도 하지 않고 방관했다는 비난은 옳다. 그러나 공포정치 아래 있지 않았던 다른 나라들도 똑같이 수수방관했을 뿐만 아니라, 외국에서 발생한 일이므로 자신들과 무관한 일이라며 심지어 의도하지 않는 가운데 범죄를 촉진했다고 볼 수도 있다.

아무리 그렇다고 해도, 우리는 우리만이 죄인이라는 것을 인정해야 하는가? 그렇다. 누가 전쟁을 시작했는가라고 묻는다면, 그렇다. 누가 먼저 전쟁을 수행할 온갖 테러 군사기구를 완성했는가라고 묻는다면, 그렇다. 어느 나라 국민이 국가 안에서 자신의 본성을 부인하고 희생시켰는가라고 묻는다면, 우리만이 죄인이라고 인정해야 한다.

더 나아가, 누가 실제로 온갖 잔혹 행위를 자행했는가라는 물음에도 우리만이 죄인이라고 인정해야 한다. 드와이트 맥도널드는 이렇게 말했다. "전쟁에서 벌어진 잔혹 행위는 관련국들이 모두 자행했지만, 그중 몇 가지는 독일인들에게만 특유한 것이다. 예컨대, 정치적인 의미를 전혀 갖지 않는 망상적 증오, 모든 중세의 고문 도구를 능가하여 온갖 현대적인 기술적 수단을 통해 합리적으로 가해지는 고통의 참상이 그 예이다."

물론 이 행위를 자행한 사람들은 소수의 독일인이고, 작은 집단이고, 경계는 불분명하지만 명령을 수행할 위치에 있는 사람들이었다. 독일에서 반유대주의는 결코 국민적 수준의 행동이 아니었다. 독일의 유대인 학살에는 국민의 협력이 없었으며, 유대인에 대한 자발적인 잔혹 행위는 일어나지 않았다. 오히려 국민 대중은 미약한 방식으로도 불만을 표현하지 못했기 때문에 침묵하고 유보했다.

그런데도 우리는 우리에게만 죄가 있다고 인정해야 하는가?

만일 전체로서, 민족으로서, 영속적인 종種으로서 우리 독일인이 단적으로 사악한 민족, 즉 죄에 빠진 민족이 되었다는 의미에서라면, 우리에게만 죄가 있다고 인정할 수 없다. 그러한 세계 여론에 맞서서 우리는 몇 가지 사실을 적시할 수 있다.

이제 다시 한 번 요약할 사항들을 망각하지 않는다면, 이 해명은 우리의 내면적 태도에 위험하지 않을 것이다.

첫째, 우리가 다른 국가들에게 인정한 죄나 다른 국가들이 스스로 인정한 죄는 어떠한 경우에도 히틀러의 독일이 범했던 형사범죄로서의 죄가 아니다. 다른 나라들의 죄는 당시 사태를 묵인한 죄, 어정쩡한 태도, 즉 정치적인 죄이다.

전쟁의 진행 과정에서 교전 상대국들도 강제수용소로서 포로 구금 시설을 설치하였고, 독일이 처음에 수행한 전투 행위를 그들도 전개했다는 사실은 부차적이다. 종전 이후에 일어난 사건, 독일이 과거에 겪었고 항복 이후에 지속적으로 겪고 있는 사정을 여기서 논하지는 않겠다.

둘째, 우리가 다른 나라의 죄를 논의한다면 그것은 우리 자신이 저지른 죄의 의미를 통찰하는 과업에 기여한다.

셋째, '다른 나라가 우리보다 더 낫지 않다'는 말은 확실히 옳지만, 지금 이 말은 부적절하다. 왜냐하면 과거 12년간을 보낸 이 시점에서 총괄하여 평가하자면, 다른 나라들이 독일보다 실제로 낫기 때문이다. 우리가 저지른 죄의 특수한 현재적 진리를 평준화하는 데에 일반적인 진리를 끌어다 쓰는 것은 허용되지 않는다.

우리 모두의 죄인가?

정치적 행동에 나타나는 강대국들 간의 혼선과 관련하여 여기서도 정치가 전적으로 불가피하다고 말한다면, 정치가 모든 인간의 공통된 죄라는 답이 나올 뿐이다.

비록 좌절 가능성은 있지만, 현재의 나를 전체로서 의식할 뿐만 아니라 기술시대의 성과로서 나 자신의 질서를 형성하려는 인류를 위해 우리가 인간으로서 다른 모든 인간과 더불어 품고 있는 염려에 비추어 볼 때 다른 국가의 행동을 지적하는 것은 정당하지만 그것이 우리의 죄를 경감시키지는 않는다.

우리가 인간이라는 근본 사실은, 전체로서 인간에 대해 이러한 염려를 가질 권한을 우리에게 부여한다. 우리의 영혼 안에는 인간으로서 다른 인간과 연결되거나 그 관계를 재수립하고자 하는 열정적인 욕구가 존재한다.

승전국이 우리와 같은 인간이 아니라 이성적인 세계 통치자라면 차라리 문제 해결이 더 쉬울 것이다. 승전국이 현명한 조망 아래서 효과적인 원상회복을 포함하여 행복한 재건을 지도하는 것으로 충분하다. 그렇다면 승전국은 모범적 행동으로 민주 체제의 이상을 미리 체험하도록 하고, 일상적으로 우리가 그 이상을 신뢰할 만한 현실로 느낄 수 있게 해줄 것이다. 승전국은 서로 간에 이성적이고, 솔직하고, 자유로운 대화로 합의를 이루고, 새로운 문제들을 모두 신속히 의미 있게 결정할 것이다. 대화에서 어떠한 기만도, 가식적 수사도, 침묵도 사용하지 않게 될 것이며, 공적인 대화와 사적인 대화가 다르지 않게 될 것이다. 독일 민족에게는 훌륭한 교육이 제공될 것이고, 우리는 전체 국민의 한 사람으로서 우리의 사고를 생생하게 발전시킬 것이고, 내용적으로 가장 풍부한 전통을 우리의 것으로 만들 것이다. 과오를 범한 불행한 사람들의 조용한 예법이라고 표현될 수 있다면, 우리는 그 예법에 따라 엄정하지만 정의롭고 자비롭게 처우받을 것이고, 심지어 사랑을 나눌 수도 있을 것이다.

그러나 다른 나라 사람들도 우리와 같은 인간이다. 그리고 그들의 손에 인류의 미래가 달려 있다. 인간으로서 전체 현존재와 인간 본질의 가능성을 통해서 우리는 그들의 행동과 그 결과에 결부되어 있다. 그래서 그들이 무엇을 의욕하고 사유하고 행하는지를 느끼는 것은 우리 자신의 일과 같다.

이 같은 우려에서 우리는 다음과 같은 의문을 품는다. '정치적으로 더 유리한 운명이라고 해서 다른 나라 국민들이 우리보다 더 행복할까? 우리를 나락으로 빠뜨린 불행한 결과가 그들에게는 발생하지 않았지만, 그들도 우리와 똑같은 실수를 범하고 있지 않을까?'

그러나 그들은 타락하고 저주받은 우리의 경고를 수용하지 않을 것이다. 어쩌면 그들 자신에게 달려 있는 역사의 진행을 두고 독일인이 안달복달하는 것을 이해하지도 못하고 뻔뻔하다고 할 수도 있다. 그러나 만약 미국에도 히틀러의 독재가 도래한다면 오래도록 희망 없는 종말의 시간이 오리라는 생각이 악령처럼 우리를 짓누른다.

독일에 있는 우리는 외부 세계의 힘으로 해방될 수 있었다. 일단 독재가 자리 잡으면 내부에서의 해방은 불가능하다. 우리 독일이 겪은 것처럼 앵글로색슨 세계마저 내부에서 독재에 점령된다면 더 이상 외부 세계는 존재하지 않으며, 나아가 해방도 존재하지 않게 될 것이다. 서구 세계에서 인간이 획득한 자유, 수백 년 심지어 수천 년간의 노력으로 획득한 자유는 상실되고 말 것이다. 전제정치의 원시성이, 이제는 기술적인 수단까지 구비한 채 재등장할 것이다. 궁극적으로 인간이 부자유한 존재로 남아 있지는 않겠지만, 이런 말은 매우 장기적인 시각에서만 위로가 될 뿐이다.

플라톤의 말에 의하면, 유구한 시간의 흐름 속에서 가능한 것은 도처에서 한 번 현실이 되고 그 다음에 반복해서 현실이 된다. 도덕적 우월의 감정을 우리는 공포 속에서 지켜보고 있다. 위험에 직면해서도 절대적으로 안전하다고 느끼는 사람은 이미 위험 속으로 추락하는 과정일 것이다. 독일의 운명은 다른 모든 나라에게는 하나의 경험이 될 것이다. 이 경험이 제대로 이해되기를 기원한다. 우리 독일인은 사악한 인종이 아니다. 인간은 어디서나 유사한 속성을 지닌다. 어디에서나 폭력적이고 범죄적이고 기민한 소수 집단이 존재하며, 그들은 기회만 있으면 체제를 장악하고 잔인한 행동을 일삼는다.

우리가 승전국의 자신감에 우려를 품는 것은 당연하다. 지금부터 사태의 전개에 대한 모든 결정적인 책임Verantwortung은 승전국에게 있기 때문이다. 그들이 재앙을 예방할지 새로운 재앙을 초래할지는 전적으로 그들에게 달렸다. 이제부터 승전국의 죄가 될 법한 사태는 그들뿐 아니라 우리에게도 재앙이다. 승전국은 인류 전체에 관한 문제에서 현재 그들의 행동에 반드시 열정적으로 책임을 져야만 한다. 악의 사슬을 끊지 않으면 승전국도 우리와 같은 상황에 빠질 것이고, 승전국과 더불어 인류 전체가 그러한 상황에 빠질 것이다. 인간적 사고의 근시안성은 가공할 위험 요소이다. 인간적 사고가 저항할 수 없는 파도처럼 모든 것을 집어 삼키는 세계 여론의 형태를 취하는 때에는 특히 그렇다. 신의 도구들은 지상의 신이 아니다. 감옥의 간수에 그치지 않고 재소자를 상대로 악을 악으로 갚는 것은, 악을 만드는 것이고 새로운 재앙을 야기하는 것이다.[48]

우리 자신의 죄를 그 근원까지 추궁하면 인간의 본성Menschsein을 만나게 된다. 그것이 독일적인 형태로는 특유의 가공할 만한 유책성 Schuldigwerden을 취했지만, 이는 동시에 인간 속에 있는 인간으로서의 가능성을 의미한다.

따라서 독일인의 죄를 논할 때 이렇게 이야기할 수 있다.

"그것은 모든 사람의 죄다. 도처에 존재하는 감추어진 악이 독일이라는 장소에 출현한 것에 공동의 책임이 있다."

---

[48] 감옥은 나치 독일을, 간수는 나치 체제의 지배 세력을, 재소자는 일반대중을 의미한다.

우리가 인간 본성의 죄를 내세워 우리의 죄를 완화하려고 든다면 이는 실제로 면책 논리가 된다. 인간 본성의 죄라는 사고방식은 죄를 경감하기보다는 심화시킬 수 있다.

독일인의 죄를 회피하는 도구로서 원죄 문제를 이용해서는 안 된다. 원죄에 관한 인식은 아직 우리 죄에 대한 통찰이 아니다. 원죄에 관한 종교적 고백이 독일인의 그릇된 집단적 죄고백을 분석하여 결과적으로 부정직한 혼동 속에서 전자가 후자를 대체하게 해서는 안 될 것이다.[49]

우리는 다른 국가들을 고발할 마음이 없고, 우리 운명의 행로에 그들을 끌어들이고 싶지 않으며, 그들에게 흙탕물을 튀기고 싶지 않다. 그러나 나락에 떨어진 후에야 정신을 차리고 반성하는 자의 염려로써 다음과 같이 생각한다. '다른 국가들은 그러한 길을 가지 않기를.'

이미 역사는 새로운 시대로 접어들었다. 지금부터 발생하는 일에 대한 책임은 승전국이 부담한다.

---

[49] 독일 복음주의교회의 집단적 고백이나 일본의 '일억총참회'를 생각해 보자.

3 _ 죄의 정화

각자의 양심에 입각해 자신의 죄를 인수하고
이를 자의식으로 삼아 영혼의 대전환을 이루어야 한다.

서설

역사적인 반성을 통한 민족으로서의 자아 성찰과 개인의 인격적인
자아 성찰은 서로 다른 것처럼 여겨진다. 그러나 민족의 자아 성찰은
개인의 자아 성찰이라는 통로를 통해서만 가능하다. 개인들이 서로 간
에 소통하며 수행하는 바는 그것이 진실인 한에서 다수의 의식으로 확
산될 것이고, 나아가 민족의 자의식으로 여겨질 것이다.

여기에서도 우리는 집단적 사고방식에 이의를 제기하지 않을 수 없
다. 그것이 서로 독립적이든 아니면 운동의 교차 속에서 이루어지든 간
에, 모든 현실적인 변화는 수많은 개인을 매개로 해야 한다.

우리 독일인은 매우 상이한 방식으로 심지어 대립적인 방식으로 무엇
이 우리의 죄이며 죄가 아닌지를 반성한다. 나치당원이든 나치 반대자이

든, 우리는 모두 마찬가지로 반성하고 있다. 여기서 '우리'라는 말은 언어, 출신, 상황, 운명으로 나와 연대가 있는 모든 사람을 가리킨다. '우리'라는 말로써 누구를 고발하려 함이 아니다. 다른 독일인이 자신에게는 죄가 없다고 생각한다면 그것은 그의 문제이다. 그러나 형사범죄를 자행한 사람에 대한 형벌과 히틀러 제국이 저지른 행위에 대한 독일인 전체의 정치적 책임, 이 두 가지에 대해서는 마음대로 죄가 없다고 생각해서는 안 된다.

스스로 죄가 없다고 느끼는 사람은 다른 사람을 공격할 때 비로소 공격받기 시작한다. 자신은 죄가 없다고 하면서 타인에게는 죄가 있다고 하는 자가 있다면, 우리는 그의 판단이 올바른지뿐만 아니라 그에게 고발자로서의 권리가 있는지도 따져 보아야 한다. 만약 나치적인 사고방식을 지속하면서 우리에게 있는 '독일인다움Deutschtum'을 부정하고, 근본적인 심사숙고 없이 일반적인 판단을 이용해 무턱대고 다른 인간을 파괴하고자 한다면, 그 사람은 연대성을 파괴할 뿐만 아니라 대화를 통해 자기 자신을 성찰하고 발전시키기를 거부하는 것이다. 이 같은 사람은 이러한 공격 방식을 통해 타인의 인권을 침해한다고 비난받아 마땅하다.

국민들 가운데는 자연스럽고, 냉정하고, 신중한 통찰을 보여 주는 사람들도 드물지 않다. 예컨대, 다음과 같은 솔직한 표현들도 있다.

80세의 과학자는 말한다. "12년간 결코 마음이 흔들린 적이 없다. 결코 나 자신의 삶에 만족하지 않았다. 나치에 대한 수동적인 저항에서 적극적인 행동으로 넘어갈 방도를 거듭 고민했다. 히틀러 조직은 너무나 악마적이었다."

젊은 나치 반대자도 있다. "수년 동안 이를 갈면서 공포 체제에 마지 못해 굴종했던 우리와 같은 나치 반대자들도 정화가 필요하다. 정화를 통해서 나치 배지를 달지 않았다는 이유만으로 자신이 깨끗한 인간이 라고 믿는 바리새인적 위선에서 벗어나게 된다."

나치 청산 과정에서 한 공무원이 말한다. "비록 내심 반발했지만, 나 치당에 가입하여 상대적으로 호시절을 보내고 나치 국가에 순응하여 체제의 수혜자로 살았다면, 지금 나치 국가로 인한 불이익을 겪더라도 이에 대해 당당하게 이의를 제기할 수 없다."

죄의 문제에서 정화를 언급하는 것은 좋은 일이다. 각자 자신에게 어 떠한 죄를 느끼든지 간에, 우리는 그 죄에서 정화되어야 한다. 정화의 구체적인 방법은 원상회복, 속죄, 정신적 쇄신과 대전환이다. 이는 나중 에 설명하기로 하자.

먼저 정화를 회피하도록 유혹하는 경향들을 짧게 살펴보자. 잘못된 동기나 본능의 유혹에 따라 우리는 정화의 길을 벗어날 뿐만 아니라, 불 순한 동기로 혼선을 증대시킨다.

정화의 회피

상호 비방

우리 독일인이 나치즘에 참여하거나 저항한 정도와 양태는 천차만별 이다. 따라서 각자 자신의 내적인 태도와 외적인 행태를 성찰하고 국가 적 위기에서 각자의 고유한 부활을 추구해야 한다.

내적인 변화가 시작된 시점도 개인마다 크게 다르다. 1933년의 나치 집권 시점이거나, 1934년 6월 30일의 유대인 살육, 아니면 1938년의 유대교 회당 방화 혹은 전쟁 개시 시점, 그도 아니면 패배가 임박한 때이거나 붕괴 시점일 수도 있다.

모든 점에서 우리 독일인을 하나로 묶을 공통분모 따윈 없다. 그러니 본질적으로 다른 출발점에 서서 서로를 향해 마음을 열어야 한다. 공통분모는 국적뿐일지도 모른다. 바로 그 국적 때문에 우리 독일인은 1933년 나치 체제의 등장에 대해, 구차하게 살아남아 있는 사태에 대해 책임을 져야 한다. 해외 망명자나 내적 망명자[50]도 이 책임 면에서는 동일하다.

독일인 상호 간에는 거의 만인이 만인을 상대로 비난을 퍼부을 수 있을 만큼 심각한 차이들이 존재한다. 우리가 자신이나 자신과 유사한 사람들의 처지만 주목하고, 타인의 처지를 오로지 자기 입장에서만 판단한다면 이러한 상태는 계속될 것이다. 우리가 자신과 관련된 사태에만 진짜로 흥분하고, 만사를 자신의 특수한 시각에서만 본다는 것은 놀라운 사실이다. 이 시각에서 탈피하려면 의식적인 부단한 노력이 필요하다.

현재 독일 사람들 사이에 진행되는 상호 비방을 설명하는 것은 끝없는 토론으로 이어질 것이다. 아주 최근에 그리고 현재 진행되고 있는 몇 가지 우연적인 사례들만 언급하고 넘어가자. 서로 대화를 나누면서 인내심이 바닥난다면, 대화 중에 무뚝뚝하고 냉담한 거부에 직면하게 된다면 좌절할 것이 뻔하다.

최근에 우리에게 순교자가 되라고 요구한 독일인이 있었다. 그는 우

---

[50] 내적 망명자는 정치적으로 공직에서 쫓겨나 국내에 머물며 감시당한 자를 가리킨다.

리 독일인이 그러한 사건들을 침묵 속에서 용인하지 말았어야 했다고 말했다. 비록 그 행위가 성공하지 못했더라도 국민 전체를 지지할 도덕적 기반, 즉 억압당하는 세력에게 가시적 상징이 되었을 것이라고 말했다. 나 또한 1933년 이후로 남녀를 가리지 않고 친구들에게 그러한 비난을 들었다.

이러한 요구는 깊은 진리를 담고 있기 때문에 확실히 감동적이다. 그러나 이 진리도 주장하는 방식에 따라 모욕적으로 전도된다. 한 마디로 인간이 초월자Transzendenz 앞에서 스스로 경험할 수 있는 바가 도덕의 차원, 심지어 선정성의 차원으로 전락하는 것이다. 그러면 정적과 외경은 사라진다.

현재 벌어지는 상호 비방전에서도 망명자와 국내 잔류자, 즉 사람들이 해외 망명자와 내적 망명자라고 부르는 집단 간의 치열한 논쟁은 책임 회피의 나쁜 사례이다.[51] 양측 모두 고통을 받았다. 해외 망명자의 고통은 낯선 언어와 향수이다. 뉴욕에 살면서 거실에 히틀러의 사진을 걸어 두었다는 독일계 유대인의 이야기는 이를 상징적으로 보여 준다. 히틀러의 초상을 왜 걸었는가? 그는 늘 히틀러의 초상을 보면서 고국에서 자신을 기다리고 있는 공포를 생각해 내고, 가까스로 향수를 억제했다

---

[51] 1945년 9월, 노벨 문학상 수상자인 독일 문호 토마스 만Thomas Mann의 〈나는 왜 독일에 돌아가지 않는가Warum ich nicht nach Deutschland zurückkehre〉라는 공개서한이 이 논쟁에 불을 지폈다. 만은 서한에서 전쟁에 대한 독일인의 집단적 죄die Kollektivschuld-These를 주장했고, 이에 맞서 내적 망명의 고통을 겪어야 했던 작가들, 특히 발터 폰 몰로Walter von Molo가 반발하여 신문 지상에서 일대 논쟁이 벌어졌다. 토마스 만은 1933년 스위스로 망명하여 1938년 미국으로 이주하였으며, 제2차 세계대전 중 BBC의 〈독일청취자〉라는 선무방송에 참여했다. 1944년 미국 국적을 취득했으나, 매카시 선풍 때문에 스위스에 안착했다.

고 한다. 국내 잔류자의 시련은 철저한 고독, 자기 땅에서 겪는 이방인이라는 느낌, 위협, 고난 속의 외로움, 교류를 통해 극소수의 친구들이 또다시 져야 할 새로운 고통 등이다. 그런데 지금 한쪽이 다른 쪽을 비난한다면, 다음과 같은 의문을 던져야 한다. "그렇게 비난하는 사람들의 정신 상태와 목소리가 우리에게 유익한가? 그 사람들이 그렇게 느끼는 것을 우리가 기뻐하는가? 그들이 모범이 되는가? 그들의 말 속에 우리를 분발시키는 고양, 자유, 사랑과 같은 것이 있는가?" 그렇지 않다면 그들이 말하는 것도 진실이 아니다.

상호 비방 속에서는 삶의 상승은 존재하지 않는다. 실제로 대화는 멈춘다. 상호 비방은 소통의 단절 형태이다. 그리고 비非진리의 징후이다. 따라서 상호 비방이 정직한 사람들에게는 비진리가 숨어든 곳을 끝없이 탐색하는 계기가 된다. 독일인이 도덕적으로 그리고 형이상학적으로 같은 독일인을 주제넘게 심판하는 경우, 소통을 향한 선의지 대신에 강제를 향한 은폐된 의지가 지배하는 경우, 타인에게 죄를 고백하라고 하는 요구가 존재하는 경우, '나는 무고하다'는 오만으로 타인을 깔보는 경우, 죄가 없다는 의식이 타인에게 죄를 인정하는 정당한 근거라고 생각하는 경우 등에는 언제나 비진리가 숨어 있다.

자기비하와 오만

타인의 비난에 민감하게 반응하는 만큼 타인에게 쉽게 비난을 퍼붓는 것이 적어도 유럽에서는 인간의 기질이다. 자신을 화나게 하는 것은 용납하지 않지만, 타인을 도덕적으로 판단하는 데에는 열을 올린다. 이것은 도덕주의에 중독된 결과이다. 그래서 죄인이라는 비난에 가장 예민하게 반응한다. 죄를 지은 사람조차도 그 사실을 타인에게 듣고 싶어 하지 않는다. 타인에게 듣더라도 아무에게서나 듣고 싶어 하지 않는다. 타인의 비난에 민감할수록 타인을 거리낌 없이 비난하고 싶은 마음도 커진다. 세상은 사소한 일상생활에 이르기까지 재앙의 원인이 될 만한 관계들로 가득하지 않은가.

그런데 비난에 예민할수록 쉽게 자신의 죄를 고백하려는 충동에 휩싸인다. 이런 죄의 고백은 그 자체가 아직 본능과 쾌락에 의존한 것이기 때문에 허위지만, 그 표현에는 간과할 수 없는 특징이 있다. 즉, 죄의 고백은 동일한 인간에게 볼 수 있는 대립물, 즉 비난에 대한 민감성과 같은 동일한 권력의지로 배양된 것이기 때문에 고백을 통해 자기에게 가치를 부여하고 타인보다 우월해지려는 특징이 있다. 그래서 죄의 고백은 타인에게도 고백을 강요하고, 이런 고백에는 공격성이 깃들어 있는 것이다. 권력의지의 표현으로서 도덕주의는 비난에 대한 민감성과 함께 죄의 고백, 즉 타인 및 자기 자신에 대한 비난을 강화하고 심리학적으로 둘 간의 급격한 전이를 유발한다.

그러므로 철학적으로 보자면, 적어도 죄의 문제를 취급할 때 첫 번째 요구 사항은 자신에 대한 내면적 행동이다. 인간은 내면적 행동을 통해서 타인의 비난에 대한 민감성과 죄의 고백 충동을 동시에 진정시킨다.

내가 심리학적으로 묘사한 이러한 현상이 현재 독일인의 죄가 직면한 핵심적인 사항이다. 우리는 죄의 고백에서 스스로를 비하하는 한탄과 고집스레 스스로를 고립시키는 오만함이라는 두 가지 위험에 직면해 있다.

우리는 그때그때의 실존적 이해관계에 유혹받을 수 있다. 당장은 죄를 고백하는 것이 유리해 보인다. 죄를 고백하려는 독일인의 자세는, 도덕적 비난을 받고 있는 독일에 대한 세상의 분노에 어울린다. 강자에게는 아첨으로 대하는 법이다. 사람들은 강자가 듣기 좋아하는 말을 하고 싶어 한다. 게다가 죄를 고백하면 다른 사람보다 더 나은 사람이 된다는 치명적인 경향도 있다. 겸허함 속에 자신에 대한 나쁜 자부심이 숨어 있는 것이다. 자신을 완전하게 폭로하는 행위에는 그렇지 않은 인간에 대한 공격이 담겨 있다. 분명한 것은 싸구려 자기고발도 수치스럽고, 소위 유리한 아첨도 치욕스럽다는 점이다. 바로 이 지점에서 무력한 자와 권력자의 권력 본능이 치명적으로 함께 작동한다.

거만한 자부심은 다르다. 타인이 도덕적으로 공격하기 때문에 바로 그래서 더욱 완고해진다. 사람들은 이른바 내적인 독립 속에서 자의식을 찾으려고 한다. 그러나 결정적인 점에서 불명확하면 자의식을 획득할 수 없다.

결정적인 점은 영원한 근본 현상에 있으며, 그것은 현재에도 새로운 형태로 다시 나타난다. 완전한 패배 상황에서 죽음 대신에 삶을 선택한 사람은, 삶의 의미에 대한 의식을 통해 이 삶을 선택하기로 결정하는 경우에만 성실성(유일하게 남아 있는 존엄) 가운데 살아갈 수 있다. 헤겔이 주인과 노예를 다룬 《정신현상학》의 유명한 장에서 보여 준 바에 의하면, 인간 의식은 필연성을 피하고자 필연성을 모호하게 만들고 싶어 한다.

헤겔에 따르면, 무력한 자로 살려는 결단은 생의 근거를 수립하려는 진정성에 입각한 행동이다. 이 결단에서 모든 가치 평가를 수정하는 전도가 발생한다. 이 결단을 실행하고, 그 결과를 수용하고, 나아가 고통과 노동을 선택하게 되면, 기기에 인간 영혼의 최고 가능성이 존재한다.

헤겔의 이론에 따르면, 노예가 자신에게 주어진 고난에 찬 길을 마다하지 않는다면 그의 정신적인 미래를 담당할 자는 주인이 아니라 노예 자신이다. 공짜 선물은 없다. 어떤 것도 저절로 생겨나지 않는다. 이러한 결단이 그 근원에 분명히 자리할 때 비로소 자기비하와 오만의 도착을 피할 수 있다. 죄의 정화는 이 결단과 그 결과를 명료하게 하는 데에 기여한다.

패전과 함께 죄가 존재하게 되었다면, 우리는 무력함뿐만 아니라 죄도 인수하지 않으면 안 된다. 이 두 가지에서 우리가 피하고 싶어 하는 변형이 시작된다. 오만을 고수하게 하는 기만을 제공하고자 오만은 일련의 사고들, 즉 허세와 감성적인 교화를 찾아낸다.

예를 들어 사람들은 과거의 사건을 수용할 필연성의 의미를 변질시킨다. '우리 자신의 역사를 신봉하는' 투박한 경향은, 은연중에 악을 긍정하고 악에서도 선을 발견하고 내면에서 승전국에 대한 오만한 방벽으로 이를 고집하는 것도 허용한다. 이와 같은 전도顛倒에서 이런 말을 하게 된다.

'우리는 과거를 창조했던 의욕이라는 시원적인 힘을 여전히 우리 안에 보유하고 있다는 사실을 알아야 하고, 그러한 힘을 신봉하고 이를 우리 실존 속으로 수용해야만 한다. …… 우리는 과거에도 선이자 동시에 악이었으며 미래에도 그럴 것이다. …… 우리는 항상 우리 전체 역사이며, 그 역사의 힘을 우리 안에 담지하고 있다.'

이 같은 '경건성'은 독일의 새로운 세대에게 이전 세대처럼 되라고 강요한다.

경건성으로 위장한 오만함은 이 지점에서 우리의 애착 속에 우리의 뿌리가 되고 있는 역사적인 기반을 과거의 전체 현실과 혼동한다. 그러나 우리는 우리 과거의 전체 현실 중 많은 부분을 사랑하지 않을뿐더러 본질적으로 낯설게 여기며 역겨워 하지 않는가.

한편, 악을 악으로 인정하는 경우에도 다음과 같은 오류에 빠질 수 있다.

'이 같은 두려운 사태도 확실히 우리의 현실이고, 미래에도 여전히 우리의 현실이겠지만, 우리에게는 이 사태를 창조적인 작품으로 전환시킬 수 있는 힘이 있다고 할 만한 용기와 대담성, 온화함이 필요하다. 우리는 과거 통탄스러운 혼란 속에서 모습을 드러내었던 끔찍한 가능성이 우리 안에 깃들어 있다는 점을 안다. 그러나 우리는 온갖 개별적인 역사적 죄보다 더 위대한 우리의 과거 역사 전체를 경건함과 애정으로 사랑하며 존중한다. 우리에게는 화산이 우리를 파괴할 수도 있지만 우리가 화산을 억제할 수만 있다면 최종적인 자유의 공간이 우리에게 열릴 것이라는 확신이 있고, 이러한 확신 아래 이 화산을 안고 있다. 그 자유란, 매우 위험한 힘 속에서도 우리 독일인이 나머지 인류와 협력해 독일 정신의 인류적 성취가 될 바를 현실화시키는 것이다.'

이는 유혹적인 호소이다. 이는 비합리주의라는 나쁜 철학에서 유래한 것으로, 결단 없이 실존적인 평준화에 의지하려는 태도이다. 화산을 '억제'하는 것은 너무나 미약한 방식이다. 중요한 것은 '선택'이다. 이러한 선택을 수행하지 않으면 당당하게 죄를 저지르는 악의 오만함이 즉각 다시 가능해진다. 이로써 가능해지는 것은 겉치레뿐인 공동체이다.

다른 종류의 오만함은 어떠한가. 냉정하게 관찰해야 할 재앙과 명백한 악을 대단한 사건으로 꾸미고, 기분을 혼미하게 하는 미학적 관점에서 나치즘을 역사철학의 문제로 긍정하는 오류를 범한다.

"1932년 봄 독일의 한 철학자는 10년이 지나면 세계는 모스크바와 워싱턴이라는 두 극에 정치적으로 지배당하고, 독일은 그 사이에서 정치적·지리적 개념으로서의 존재 의의를 상실하고 정신적인 힘으로서만 존재하게 될 것이라고 예언하였다.

독일사에서 1918년의 패전은 과거보다 큰 통합, 이른바 대독일주의의 완성에 대한 전망을 열었지만, 독일사는 앞서 예언한 바와 같이 현실 속에서 부상하고 있는 세계의 단순 양극화 경향에 저항하였다. 독일사는 이러한 세계 경향에 대항해 자신의 민족적 목표에 도달하려는 고립적이지만 고집스러운 엄청난 노력을 결집시켰다.

미국과 소련의 세계 지배가 시작되기까지 10년의 기한이 남아 있다는 독일 철학자의 예언이 옳았다면, 이에 대항하려는 독일의 시도가 지닌 다급한 속도, 분주함, 난폭성은 이해할 만하다. 그러나 내적으로는 의미 있고 매력적이지만, 역사적으로는 이미 너무 늦은 대항의 속도였다. 이 같은 속도가 결국에는 고립된 채 순수한 광란으로 변질된 것을 과거 몇 달 동안 우리는 모두 실제로 목격하였다. 어떤 철학자는 간단히 '독일 역사는 끝장났으며 이제 워싱턴과 모스크바의 시대가 시작되었다'고 선고한다. 그러나 독일 역사처럼 웅대한 동경심에서 시작된 역사는 그러한 판정에 대해 간단히 '네, 그렇습니다'라고 말하지 못한다. 이러한 역사는 활활 타오르며, 심각하게 격앙된 공방전을 거쳐 신앙과 증오의 엄청난 소동을 통해 그 종말에 이른다."

1945년 여름, 내가 인간적으로 높이 평가하는 분이 우울한 감정의 혼란 속에서 이렇게 적었다.

그러나 이런 방식은 정화가 아닌 더 깊은 착종을 낳는다. 자기비하나 오만함과 같은 사고는 대개 순간적으로 해방감을 주기도 한다. 사람들은 튼튼한 지반을 확보했다고 믿지만, 바로 그 순간 더 깊은 미궁 속에 빠져 버린다. 감정의 불순함은 여기서 점차 격화되어 참된 쇄신에 저항하기에 이른다.

공격적인 침묵은 온갖 유형의 오만함에 공통적으로 나타난다. 근거를 반박할 수 없는 경우에 사람들은 피하려고 한다. 사람들은 무력한 자의 최후의 힘Macht, 즉 침묵에서 자의식을 끌어낸다. 강자를 모욕하고자 침묵을 사용한다. 부활을 도모하고자 정치적으로 권력 수단을 차지하여 침묵을 은폐한다. 비록 이 권력 수단이 파괴무기를 생산하는 세계의 거대 기업에 접근하지 못하는 사람들에게는 가소로운 것일지라도 말이다.

사람들이 침묵을 은폐하려고 늘어놓는 변명은 여러 가지다.

'운명이 나를 거부했다.' '그것은 무의미한 물질적인 우세에 불과하다.' '패배가 명예로운 것이다.' '나는 마음 안에 충실성과 영웅적 태도를 기르고 있다.' 등등. 하지만 이러한 태도는 '아직 힘으로는 안 되며' '언젠가 우리가 본때를 보여 주자'와 같은 환상적인 자기마비 속에서 내면의 독을 증가시킬 뿐이다.

특수 사정으로의 도피

본질적 문제에서 벗어나 세부적인 문제로 눈을 돌려서 그것이 문제의 전부인 양 타인의 잘못을 찾아내고 비난하는 것은 죄의 문제를 회피하는 것이다. 이성적인 것을 끈질기게 추구한다면 언젠가는 사실과 제반 사정을 승전국에게 전달할 수 있을 것이다. 현재 우리 독일인은 전체 역사에서 더 이상 능동적인 주체가 아니기 때문에, 그저 우리에게 행해지는 것과 행해지지 않는 것 모두 우리의 운명을 결정하는 요인으로 간주한다. 이러한 사고방식이 아무리 옳다고 하더라도, 죄의 문제를 대신하거나 제거하는 데 이를 이용해서는 안 된다.

사람들은 자신의 고난만 생각한다. "도와주세요. 그러나 속죄Buße는 말하지 마세요." 끔찍한 긴급 상황은 책임을 면제해 준다. 그래서 우리는 다음과 같은 말을 듣는다.

"폭격의 공포를 잊었는가? 백만 명의 무고한 사람의 생명과 건강, 소중한 재산을 파괴한 연합국의 폭격과 독일이 자행한 범죄가 어떻게 같은가? 하늘까지 고통스럽게 울려퍼진 피난민의 비참상으로도 면제하지 못할 책임이 있는가?"

"나는 남티롤[52] 출신 여성으로, 30년 전 젊디젊은 시절에 독일에 왔다. 나도 처음부터 끝까지 독일인의 고통을 겪었다. 나도 연이은 타격을 입었고, 거듭되는 희생을 치렀으며, 고통의 잔을 최후의 한 방울까지 마셨다. 나는 지금 내가 전혀 저지르지 않은 죄 때문에 비난받고 있다고 느낀다."

"민족 전체에 닥친 비참은 상상할 수 없을 정도로 엄청나므로 상처에 소금을 뿌리는 짓을 해서는 안 된다. 무고한 독일인까지도 정의로운 속죄가 요구하는 것보다 더 많은 고통을 당했다."

---

[52] 이탈리아 영토에 속하는 알프스 이남 지역으로서 주민들 대다수가 독일어를 사용한다.

실제로 재앙이라는 것은 묵시록적이다. 모든 사람이 하소연한다. 강제수용소나 박해에서 빠져나왔지만 지금도 소름 끼치는 고통을 기억하는 사람들. 가장 소중한 사람을 끔찍한 방식으로 잃어버린 사람들. 희망도 없이 유리걸식하는 수백만의 강제이주자와 피난민들. 이제는 당에서 배제되어 곤궁 상태에 빠진 다수의 부화뇌동자들. 수년간의 삶을 포기하고 수백만의 망자를 감당한 미국인들과 연합국 주민들. 국가사회주의 공포정치 아래서 고초를 겪은 유럽 국가의 국민들. 가장 힘든 상황에서 외국어를 쓰며 살지 않으면 안 되는 독일 망명자들. 이 모두가 하소연한다.

그리고 도처에서 불만이 고발로 변한다. 누구에 대한 고발인가? 결국 만인에 대한 만인의 고발로 귀결된다.

이러한 끔찍한 세계 상황에서 현재 독일에 있는 우리의 비참함이 상대적으로 가장 크겠지만, 우리는 전체의 상호관련성을 잊어서는 안 된다. 죄의 문제는 지속적으로 전체의 상호관련성을 생각하게 한다.

내가 다양한 집단의 이야기를 열거한 것은 이 고발자들의 이야기에서 적절하지 않은 점을 찾아보려는 의도였다. 고난은 고난으로, 생활의 파괴로 도처에 존재하지만, 고난이 위치한 맥락에 따라서 본질적으로 다르다. 모든 사람을 똑같은 방식으로 무죄라고 선언하는 것은 부정의하다.

전체적으로 볼 때 현재는 우리 독일인이 여러 민족 중 가장 비참한 상태에 빠져 있지만, 1945년까지의 사태 전개에 대한 가장 큰 책임도 우리에게 있음이 분명하다. 그러므로 우리에게는 개인으로서 다음과 같은 원칙이 타당하다.

우리는 그렇게 간단히 스스로 죄가 없다고 느껴서는 안 된다. 우리 자신을 재난의 희생자라고 쉽게 동정해서는 안 된다. 우리가 겪는 고통에 대한 찬사나 위로를 기대해서는 안 되며, "나는 어디에서 잘못 느끼고, 잘못 생각하고, 잘못 행동했는가"라고 자문하고 신랄하게 자신을 성찰해야 한다. 우리의 죄를 외부 사태나 다른 사람에게서 찾지 말고, 가능한 한 지속적으로 우리 자신에게서 찾아야 한다. 결코 비참하다는 점을 들어 도피해서는 안 된다. 지속적인 성찰은 전향의 결단, 즉 매일 더 나아지겠다는 결단에서 나온다. 이렇게 해야만 우리는 더 이상 독일인으로서도, 집단으로서도 아닌, 오로지 개인으로서 신 앞에 설 수 있다.

일반론으로의 도피

이 모든 것이 나의 협력이나 개인적인 책임 없이 닥친 사건이기 때문에, 나 자신이 개인으로서 중요하지 않다고 생각하면 기만적인 안도감을 얻을 수 있다. 나는 그저 무력하게 수난을 당하고 무력하게 참여하면서 살아간다. 나는 더 이상 나 자신에 입각한 주체로서 살지 않는다. 이런 식으로 생각하기는 쉽다.

1 역사에 대한 총체적인 도덕적 해석은 전체적으로 정의正義에 대한 기대감을 안겨 준다. "모든 죄는 지상에서 그 업보를 치러야 한다."[53]

---

[53] 괴테의 장편소설 《빌헬름 마이스터의 수업시대》(1782) 제13장에 나오는 시의 일부이다.
"눈물에 젖은 빵을 먹어 보지 못하고,/근심에 찬 여러 밤을/울면서 지새워 보지 못한 사람은/그대들을 알지 못하리라, 천상의 힘들이여!/우리 인간들을 삶으로 인도하는 그대들이/가난한 사람을 죄인으로 만들어 놓고/게다가 또 괴로움에 시달리게 하는구나!/그래. 모든 죄는 이 지

내가 한 행위라고 해 봐야 하찮은 것이지만, 그래도 나는 전체죄全體罪·Totalschuld를 감수하지 않을 수 없다. 내가 패배자라면 형이상학적 곤경이 의기소침하게 만든다. 내가 승리자라면 나는 성공에 더하여 우월한 자의 선한 양심까지 보유하게 된다. 자신을 개인으로서 진지하게 대면하지 않는 경향은 도덕적인 충동을 마비시킨다. 죄를 고백하는 자부심도, 도덕적인 승리의 자부심과 마찬가지로 각 개인에게 부과된 진정으로 인간적인 과업을 회피하게 한다.

그러나 이 같은 도덕적인 총체적 역사관에 우리의 경험은 반기를 든다. 사물의 전개 과정은 결코 명료하지 않다. 태양은 정의로운 자에게도 부정의한 자에게도 빛을 선사한다. 도덕적으로 행동하는 것과 행운을 누리는 것 사이에는 아무런 연관성도 없다.

그래서 거꾸로 정의는 존재하지 않는다고 주장하는 것 역시 잘못된 전체 판단이다.

국가의 상태 및 행동과 관련된 수많은 상황에서 '끝이 좋을 수 없다'거나 '그것은 보복을 피하지 못할 것이다'와 같은 지우기 어려운 감정이 생겨난다. 그러나 이러한 감정이 정의를 신뢰하면 곧 오류가 생긴다. 확실성이라는 것은 존재하지 않는다. 선das Gute과 진眞·das Wahre은 저절로 생기지 않는다. 대개의 경우 속죄는 일어나지 않는다. 폐허와 복수는 죄 있는 자뿐만 아니라 무고한 자도 타격한다. 최상의 순수 의지, 유보 없는 진실성, 최고의 담대함도 상

상에서 그 업보를 치러야지!"(안삼환 옮김, 민음사)

황이 허락하지 않으면 성공을 거둘 수 없다. 소극적인 수많은 사람들이 특별한 공적이 없는데도 다른 사람들의 행위로 조성된 유리한 상황을 향유한다.

개전改悛, 속죄, 죄는 궁극적으로 개인의 인격에만 존재한다. 죄와 속죄의 관계 속에서 전체죄와 속죄Eingesponnensein에 관한 사고는 그 안에 담길 법한 형이상학적 진리에도 불구하고 개인으로 하여금 그가 감당해야 할 과업 앞에서 도피하라고 유혹한다.

2 필경 세상만사에는 종말이 있고, 인간이 착수하는 것은 무엇이든 끝내 좌절되며, 만물에는 몰락의 싹이 있다는 총체적인 통찰은, 좌절이라는 공통의 기반에서 하나의 실패와 다른 모든 실패를 등치시키고, 비천함과 고상함을 동등하게 만든다. 그래서 이러한 총체적인 통찰은 실패가 지닌 중요한 의미를 박탈한다.

3 사람들은 자신의 불행을 만인이 저지른 죄의 결과로 본다. 그렇기 때문에 다음과 같이 새롭고 독특한 해석으로 자기 불행에 형이상학적 의미를 부여한다. '독일은 시대의 파국이 빚어 낸 대표적인 희생자이다. 독일은 모든 나라를 대신해 고통받고 있다. 만인의 죄도, 만인을 위한 속죄도 독일이라는 나라에서 이루어진다.'

이것은 허위의 열정이고, 실제로 자신의 역량에 속하는 엄정한 과업을, 즉 파악 가능한 것의 세계에서 혁신의 과업을 그리고 내적인 쇄신을 도외시한다. 이는 무책임한 태도로 개인적인 주체성의 핵심에서 전개해야 할 바를 도외시하는 '미적인 세계'로의 이탈이다. 이는 허위의 집단적인 자존감을 새로운 방식으로 자신에게 부여하려는 시도이다.

4 우리 독일인에게 닥친 끔찍한 고통을 보며 이제 이것으로 죄값을 치렀다고 절규하면, 정말로 우리의 죄에서 해방된 것만 같다.

여기에는 구별이 필요하다. 형벌은 수형으로 속죄되고, 정치적 책임은 평화조약으로 규정되고 종결된다. 이 두 가지 책임과 관련해서는 앞에서의 주장이 의미 있고 타당하다. 그러나 도덕적 죄와 형이상학적 죄는 오로지 공동체에 속한 개인만이 자신의 책임으로 파악하므로, 이 두 죄에 대한 외형적인 속죄는 본질적으로 존재하지 않는다. 그러나 도덕적이고 형이상학적 죄는 중단되지 않는다. 도덕적이고 형이상학적 죄를 담지한 자는 자신의 삶을 영속시키는 하나의 과정 속에 발을 들여 놓게 된다.

여기 독일인에게는 선택의 여지가 있다. 하나는, 본인의 양심에 입각해 죄를 인수하고 이를 독일적 자의식의 특징으로 삼고 본인의 영혼으로 하여금 대전환의 길을 가게 하는 것이다. 다른 하나는, 무엇이든 아무래도 상관없는 단순한 평균치 삶으로 전락하는 것이다. 내면에서 어떠한 근원적 충동[54]도 깨우지 못한 채 참으로 존재가 무엇인지 아무것도 알지 못하고, 마침내 우리의 고상한 문학·예술·음악·철학의 초월적 의미에도 귀 막고 눈감는 것이다.

---

[54] 1946년판에는 '근원적 충동' 대신에 '신의 추구Gottsuchen'라고 되어 있다.

그러면 과거 독일인이 만들었고 독일적인 것이었지만 더 이상 독일적이지 않은 것으로서, 이 모든 것은 단지 과거로 다른 민족들의 기억에 남게 될 것이다.

거듭 말하거니와, 깊은 죄의식 속에서 정화의 길을 가는 것만이 독일이 실현해야 할 진리다.

정화의 방법

행위의 측면에서 보면, 정화는 우선 원상회복을 의미한다.

정치적으로는, 비록 우리도 궁핍한 처지지만 히틀러 제국의 침략을 받은 민족들이 침략으로 파괴된 부분을 복구할 수 있도록 그에 필요한 비용을 제공할 법적인 급부를 내면의 승인 아래 마련해야 한다. 법적인 형식뿐 아니라 생명, 노동능력, 노동 기회 등 여러 가지 차원에서 이 부담을 정의롭게 배분할 기준을 확보해야 한다.

승전국의 정치 활동이 이러한 전제 조건을 파괴할 시에는 정치적인 원상회복(화해) 의지도 훼손된다는 점은 피할 수 없다. 이 경우 화해라는 의미에서의 평화는 없고, 파괴라는 의미에서 지속적인 전쟁이 존재할 따름이다. 물론 원상회복(화해)은 그 이상의 것을 의미한다. 자신이 관여한 죄를 내면에서 성찰한 사람은, 아무리 불법적인 정권이 자행한 불법이라고 해도 그 불법으로 피해를 입은 사람들을 도우려고 할 것이다.

그러나 여기서 두 가지 동기를 혼동하지 말아야 한다. 하나는 고난이 있는 곳이면 그 이유가 무엇이든지 간에, 단지 가까이에 고난이 있고 상대가 도움을 구한다는 이유만으로 도와주어야 한다는 요청이다. 다른 하나는 히틀러 체제에서 강제로 이송당한 자, 강탈당한 자, 약탈당한 자, 고문당한 자, 추방당한 자들에게 그들만의 특수한 권리를 인정해 주어야 한다는 요청이다.

이 두 가지 요청은 모두 완전히 정당하지만, 그 동기에는 차이가 있다. 죄를 느끼지 않으면 모든 고난은 금방 같은 수준으로 평준화된다. 공동의 책임을 부담하는 사태를 원상회복하고자 한다면, 반드시 고난을 겪고 있는 사람들을 구별해야 한다.

원상회복을 통한 정화는 회피할 수 없는 일이다. 그러나 정화는 원상회복보다 많은 것을 함축한다. 원상회복조차도 냉정하게 말하면 그저 의욕할 뿐, 윤리적 의미를 구현하려면 원상회복이 우리 자신을 정화하는 쇄신의 귀결이어야 한다.

죄의 규명은 우리의 새로운 삶, 그리고 동시에 그 가능성에 대한 규명이다. 그래서 진지함과 결단의 조건이 된다.

죄의 규명이 이루어진 곳에서는 삶이 그저 마음껏 향유하는 대상이 될 수 없다. 간헐적으로 실존의 행복이 주어지는 짧은 순간에 그 행복을 포착할 수 있겠지만, 그 행복은 실존을 충만하게 하는 것이 아니라 우울감 속에서 사랑스러운 마술로 수용될 것이다. 인생은 본질적으로 어떠한 과업을 위해 소비하는 것이 될 뿐이다.

그 결과는 겸허함이다. 초월자 앞에서 인간은 내면적 행동을 통해 자신의 유한성과 불완전성을 의식한다. 겸허함은 우리의 본질이 된다.

이 단계를 넘어서면 권력의지 따위 없이, 사랑하면서의 투쟁[55] 속에서 진실의 해명을 완수하고 진실 속에서 서로 결합할 수 있게 된다.

그러면 공격의 의도 없이 침묵할 수 있다. 침묵의 질박함 속에서 소통 가능한 내용이 명료하게 떠오른다.

그러면 진리와 행동만이 중요해진다. 간계 따위 없이 우리에게 전달된 바를 감당할 자세를 갖추게 된다. 인간이 살아 있는 한, 세상에서 무슨 일이 일어나더라도 완수할 수 없는 인간적인 과업은 이를 통해서 지속된다.

정화는 인간이 마땅히 가야 할 인간의 길이다. 죄에 관한 사상에서 정화는 하나의 계기일 뿐이다. 정화는 외적인 행동으로, 혹은 마술로 일어나지 않는다. 정화는 어디까지나 내적인 과정으로, 결코 종료되지 않는 지속적인 자기생성이다. 정화는 우리의 자유가 걸린 문제이다. 인간은 누구나 항상 정화와 오염의 기로에 서고, 서게 된다.

정화가 모든 사람에게 똑같은 의미를 지닐 수는 없다. 인간은 인격적으로 각자 다른 길을 가고, 그 길은 다른 누가 미리 대신 가 줄 수도, 제시해 줄 수도 없다. 우리의 일반적인 사상은 이에 대한 주의를 촉구하거나 더러 일깨움을 주는 정도이다.

여기까지 읽고도 '도대체 정화가 무엇이냐'고 묻는다면, 앞서 말한 내용 말고 더 구체적인 사항을 제시할 길이 없다. 어떤 것이 합리적인 의지의 목적으로서는 실현할 수 없고, 단지 내면적 행동을 통한 대전환으로만 이루어진다면, 인간은 불확정적이지만 포괄적인 전향, 즉 조명과 투명

---

[55] 88쪽 주2 참조.

성[56]의 고양을 통해 도달한 인간에 대한 사랑을 거듭 말할 따름이다.

정화를 수행하는 구체적인 방법은, 지금까지 논의한 사고방식을 관철시키는 것이다. 이 사고방식을 지성으로만 추상적으로 사고해서는 안 되며, 직관적으로 수행해야 한다. 각자의 본성에 따라 이를 구체화하고 수용하거나 배격해 보아야 한다. 이러한 수행과 그로부터 나오는 바가 바로 정화이다. 결국, 정화는 새로운 것이거나 추가되는 것이 아니다.

정화는 우리 정치적 자유의 조건이기도 하다. 죄의식을 통해서 연대와 공동책임의 의식이 발생하고, 연대 의식이 있어야 자유도 가능해지기 때문이다.

그러면 구체적으로 정치적 자유가 시작되는 조건은 무엇인가?

각 개인이 다수의 국민 속에서 공동체의 정치에 연대책임을 느낄 때, 개인이 탐욕과 불평에만 머무르지 않을 때, 각 개인이 지금껏 타인의 악의와 아둔함 때문에 실현되지 못했다고 얘기되는 지상낙원에 대한 잘못된 정치적 신앙에 입각해서 행동하는 대신에 현실을 직시해야 한다고 스스로를 다잡을 때, 정치라는 것은 오히려 구체적인 세계에서 자유라는 인간의 이상에 따라 그때그때 합당한 길을 찾는 것이라는 점을 개인들이 깨달을 때, 그때 비로소 정치적 자유가 시작된다.

---

[56] '조명Erhellung'과 '투명성Durchsichtigwerden'은 야스퍼스의 '실존조명Existenzerhellung' 개념에서 유래한다. 실존은 본디 주체이며 단독자이므로 대상적 존재처럼 과학적으로 해명할 수 있는 것이 아니다. 실존들 사이의 공통적인 체험과 의식에 호소하며 빛을 비추듯이 내면적인 자기이해를 통해 실존을 조명할 수밖에 없다. 이러한 실존조명은 실존을 조명하고 실존 안에서 투명해지는 것을 의미한다. 야스퍼스는 실존으로 비약하는 길을 소통(교제), 역사성, 자유, 한계상황, 절대의식, 무제약적 행위를 통해 보여 주고 있다. 야스퍼스는 그 귀결을 '인간에 대한 사랑'으로 표현한다.

그런데 영혼의 정화 없이는 정치적인 자유도 없다.

우리가 죄의식에 기초한 내적 정화를 어느 정도 달성했는지는, 우리가 우리에게 가해지는 도덕적 공격에 보이는 태도를 보면 알 수 있다.

죄의식이 없는 사람은, 타자의 온갖 공격에 반응하고 반격을 가한다. 반면에, 내면에서 근본적인 동요를 경험한 사람에게 외부의 공격은 피상적으로 스쳐 갈 뿐이다. 외부의 공격에 고통과 모욕감을 느낄 수는 있어도 영혼의 깊은 곳까지 상처를 입지는 않는다.

죄의식을 체득한 사람은, 그릇되고 부당한 고발쯤은 태연히 견딜 수 있다. 이미 오만과 거만함이 사라졌기 때문이다.

진실로 죄를 느끼고 그로 인해 존재 의식의 변화를 겪는 사람에게는 다른 인간의 비난이 해롭지 않다. 아무런 아픔도 주지 않는 아이들 장난이랄까. 실제로 죄의식이 영혼에 가시처럼 박히게 되면 자의식은 새로운 형태로 바뀌기 때문이다. 그러한 사람이 외부의 비난을 듣게 되면 도리어 자신을 비난하는 사람이 얼마나 순진하고 무지한지를 걱정하게 된다. 사람들 사이에서 신뢰의 분위기가 조성된다면 각자의 죄책 요소들을 상기할 수 있게 된다. 그렇지만 사람들은 더 이상 그런 지적에 대해 화내지 않게 된다.

자기 영혼에 대한 성찰과 대전환이 없으면, 어찌할 바 모르는 무력감 속에서 괜한 감수성만 상승할 것이다. 심리적 전도의 독소가 내면만 타락시킬 것이다. 그러면 어떻게 해야 할까?

주변에서 쏟아지는 비난을 그냥 듣고, 그 비난을 기꺼이 검토할 마음을 가져야 한다. 사실 주변의 비난이나 공격은 나의 사고를 통제하는 수단 역할을 한다. 이는 회피할 것이 아니라 오히려 추구해야 할 기회이다. 나의 내면적 태도는 이러한 시험을 능히 감당할 것이다.

다시 말하거니와, 정화는 우리를 자유롭게 한다. 비록 삶을 영위하면서 인간이 예측하기 어려울 정도로 진보할 수 있다고 하더라도, 사태의 전개 과정이 인간의 손에서는 완결되지 않는다. 불확실성과 새롭고 더 큰 재앙의 가능성은 여전히 남아 있기 때문에, 실존의 새로운 행복이라는 보상은 죄의식의 쇄신에서 나오는 당연한 결과가 결코 아니기 때문에, 바로 그렇기 때문에 우리는 오로지 정화를 통해서만 앞으로 일어날지도 모를 일들을 수용할 자세를 갖출 수 있다.

순수한 영혼은 완전한 몰락에 직면했을 때, 그때 세상에 가능한 것을 위해 지칠 줄 모르고 고군분투하는 긴장 안에서 진정한 삶을 살 수 있다.

지금 세계에서 벌어지는 일들은 선지자 예레미야[57]를 떠올리게 한다.

---

[57] 예레미야는 아나돗 태생의 제사장으로, 제사장 힐키야의 아들이다. 구약의 중요한 예언자이며, 신약에서도 자주 인용된다. 그는 유다왕 요시야 13년(기원전 627)에 활동을 시작하여, 여호아하스·여호야김·여호야긴·시드키야 왕 시대를 기록했다.(기원전 585) 당시 바빌로니아 지역에 대한 패권이 아시리아에서 신바빌론으로 넘어가고 있었다. 바빌론의 왕 네부카드네자르 2세는 기원전 586년에 예루살렘을 약탈하고 솔로몬의 성전을 파괴했다. 이때 많은 유대인들이 바빌론으로 잡혀가 이를 '바빌론 유수'라고 부른다. 선지자 예레미야와 일부 유대인들은 이집트로 이주했다. 그는 바빌론의 침략을 하나님의 심판이라고 설교하여 심한 박해를 받았다. 당시 이스라엘 사람들은 하나님이 다윗 왕조와 맺으셨다는 언약만 믿고 하나님의 성전은 무너지지 않는다고 자만했다. 예레미야는 하나님의 말씀인 율법을 무시하고 죄 짓는 생활 태도를 바꾸지 않는다면 심판이 있을 것이라며 유다 백성들의 심기를 건드렸다. 그래서 고향 아나돗에서는 물론이고, 하나님의 심판은 없다는 거짓 예언으로 사람들의 비위를 맞추던 거짓 예언자들과 예루살렘 제사장들에게 생명의 위협을 받았다. 당시 거짓 평화를 외치던 예언자 하나냐에게 공개적으로 모욕받고 웅덩이에 던져지기도 했다. 예레미야는 예언 활동 초기부터 여호야김 왕 4년 때까지 제자 바룩에게 구두로 서술하여 자신의 모든 예언을 기록하게 했다. 종교를 정신화·개인화하고, 신과 개인의 관계를 강조한 예레미야는 여러 가지 면에서 연옥의 시련을 겪는 야스퍼스가 마음의 준거로 삼을 만한 인물이었다. 동포의 죄를 질책하여 동포들에게 비난을 받는다는 점에서 야스퍼스가 독일을 떠나는 배경과 겹친다.

예루살렘이 파괴되고 나라도 땅도 잃어버린 후 마지막으로 이집트로 떠나는 유대인들에 붙잡혀 억지로 끌려간 예레미야는, 이집트에서 유대인들이 유대인의 하나님 야훼보다 이집트의 여신 이시스[58]에게 더 의지하면서 희생을 바치는 것을 목격했다. 예레미야의 제자 바룩은 절망했으나, 예레미야는 이렇게 답했다. "야훼께서 말씀하셨다. 나는 내가 세운 것을 부수고, 내가 심은 것을 뽑아낸다. 그래도 너는 스스로 큰 것을 희망하는가? 희망을 버려라."[59]

이 말이 무슨 뜻인가? 신이 존재한다는 사실만으로 충분하다. 모든 것이 사라져도 신이 존재한다면 그것은 유일하고도 확고한 거점이다.

그러나 극명한 진리도 죽음에 직면하면, 어떤 인간적인 피로감과 초조함, 절망감으로 조급해지면, 나쁜 유혹으로 변질된다. 인간의 한계를 수용하는 태도는 삶이 지속되는 동안 여전히 가능한 것을 포착하려는 확고한 성찰로 밑받침되는 경우에만 진실해진다. 겸허와 절제는 우리의 몫이다.

---

[58] 이집트 종교에서 여신 이시스는 이상적인 어머니이자 아내로서, 자연과 마법의 보호자로서 숭앙받는다. 이시스는 노예, 죄수, 기술자, 억눌린 자들의 친구이며, 부유한 자나 귀족 통치자들의 말도 경청한다. 그 머리 모양은 왕좌를 나타내며, 이집트 파라오의 보호자로 간주된다.

[59] 〈예레미야서〉 45장 4~5절.

1945년에 〈죄의 문제〉를 쓰고, 1946년 1월과 2월에 이를 기초로 하이델베르크대학에서 강의하고 뒤이어 출판까지 하였다. 지금 강의 자료를 보니 집필하던 때를 회상하지 않을 수 없다.

매일같이 죄의 고발이 우리 독일인에게 쏟아져 내렸다. 미국 군인들은 직무상 필요한 때가 아니면 우리 독일인과 대화하는 것조차 허용되지 않았다. 그때 비로소 나치 독일의 범죄가 온 국민에게 알려졌다. 나도 그때까지 범죄의 계획성과 규모에 대해서는 알지 못했다. 동시에 일상생활의 궁핍이 찾아왔다. 특히 집에 남아 있던 사람들, 여기저기 끌려 다니던 전쟁포로들, 추방된 사람들이 심각했다. 어찌할 도리 없는 궁지, 침묵, 숨겨진 분노 또는 일시적인 무덤덤한 상태가 지배했다. 많은 사람들이 승전국에게서 이익을 얻으려고 노력했다. 탄식 이외에 무성찰이 지배했다. 가족과 친구 사이의 연대만이 유일한 도피처였다.

···

　이 책이 각자의 방식으로 인식된 죄의 수용에서 존엄의 길을 발견하려는 자아 성찰에 기여하기를 희망했다. 이 책은 정치에서 만인에게 치명적인 결과를 가져오는 온갖 독선을 차분히 막고자, 즉 면책을 위해서가 아니라 진실을 위해서 승전국의 공동책임을 지적하였다. 이러한 책이 점령 체제 아래서 출판되었다는 것은 점령 체제가 처음부터 정신적 자유를 허용했다는 점을 증명한다. 당시 저명한 어느 미국인은 나에게 이 글이 독일인뿐만 아니라 연합국 국민들도 겨냥한 것이 아니냐고 했다. 나는 다만 우리 독일인이 자의식 속에서 다시 우리 자신을 회복할 수 있게 하는 깨끗한 공기를 획득하고자 했다. 이 책이 승리자와의 결합, 인간과 인간으로서의 새로운 결합을 가능하게 하는 데 기여하기를 원했다.

　당시에는 파편적인 정보들만 있었지만, 만일 알아보고자 했다면 누구든지 교활한 방식과 총체적인 기만, 범죄적 충동이 나치 체제의 본질임을 분명히 알 수 있었다. 독일인은 쇄신의 첫발을 내딛어야 했다. 나는 이 글의 설명이 지금도 옳다고 믿는다. 다만 한 가지 중요한 예외는, 당시 시작된 뉘른베르크 재판에 대한 인식에서 내가 결정적인 오해를 했음을 인정한다.

．．．

앵글로색슨계의 이념은 대단한 것이다. 당시 우리에게는 그 이념이 인간 세계를 변화시킬 어떤 것이 미래로부터 빛을 비추는 것처럼 보였다. 연합국이 공통의 힘으로 명료하게 규정한 범죄가 확실하게 처벌될 세계 법과 세계 상태의 창설. 어떠한 정치인도, 어떠한 군인도, 어떠한 공무원도 그 앞에서 국가이성國家理性이나 명령을 원용할 수 없는 공통의 준거.

이제 국가의 모든 행동은 그 행위자가 통치자이든 다양한 위계서열속 협력자이든지 간에 인격을 통해 이루어진다. 과거에는 국가가 성스럽고 초인간적인 존재인 양 모든 책임이 국가에 전가되었다. 그러나 지금은 누구든지 자신이 행한 바에 대해 스스로 책임을 져야 한다. 국가의 범죄는 항상 동시에 특정한 개인의 범죄이다. 명령과 복종에서는 필연성과 명예가 존재하지만, 복종하는 자가 스스로 범죄를 자행하고 있음을 안다면 결단코 명령에 복종해서는 안 된다. 국가적 관계에서 하는 선서Eid는, 일반적으로 정치적·군사적 공직 보유자에게 요구하는 단순한 신서信誓(Treuhand)가 아니라, 헌법에 입각한 또는 헌법의 목표와 심정을 선언하고 정당화하는 공동체의 연대에 입각한 경우에만 무조건적인 성격을 갖는다.[60]

어떠한 경우에도 개인적인 책임은 사라지지 않는다. 격렬한 갈등이 발생할 수는 있어도, 그것이 범죄에 해당한다면 현실에서의 문제 자체

---

[60] 맹목적이고 봉건적인 충성서약이 아니라 헌법을 매개로 한 공화주의적 헌신을 말한다.

는 항상 단순하다. 내가 범죄의 가능성과 착수 사실을 알고도 그 일에 관여한다면 그때부터 개인의 책임은 시작된다. "독일은 일어나고, 유대인은 뒈져라!" "모두 잘라 버려라!"는 외침이 들린다면, 포템파 살인자들[61]에 대한 히틀러의 위로 전보가 성공을 거둔다면, 비록 그 협력 과정에 작위를 통한 범죄가 없다고 할지라도 양심은 말하지 않으면 안 된다. 그리고 나중에 범죄를 명령하고 수행한 자는 이념상 개인 자격으로 세계 공동체의 재판을 받는다. 그러한 처벌의 위협이 있어야만 평화가 확보될 것이다. 인류는 모두에게 자명한 에토스 안에서 서로 결속될 것이다.

우리가 경험한 일들, 즉 조국에 의해 존엄을 박탈당하고 인권을 침해당하고 축출당하고 살해당한 사람들이 상위 국가들로 이루어진 공동체의 보호를 받지 못하는 상황은 더 이상 반복되어서는 안 된다. 자유 국가들이 히틀러의 환심을 사려 애쓰고 독일인을 배반한 일, 자유국가들이 베를린올림픽으로 몰려든 일, 자유국가들이 학술과 문화행사에서 나치 국가가 허가한 인물을 영접하고 나치가 기피하는 인물을 배제한 일 따위는 더 이상 반복되어서는 안 된다. 독일에서 발생한 이 같은 일들이 더 이상 반복되어서는 안 된다.

자유로운 서방 국가들은 1933년부터 발생하여 1934년 이후 급격하게 증가했던 범죄를 우선적으로 평화적인 수단으로 방지하지 못한 일, '국내문제 불개입'이라는 안이한 방침으로 그러한 범죄를 용인한 일을 다

---

[61] 바이마르공화국 막바지에 나치의 대중폭력과 선동이 극에 달했다. 1932년 8월 9~10일, 슐레지엔 지역의 포템파 마을에서 5인의 돌격대원(SA)이 한 명의 공산당원을 야만적으로 살해하였다. 오버슐레지엔 법원은 이들에게 사형을 선고하였다. 그러나 제국의 수상 파펜v. Papen은 나치당의 압력을 받고 이들을 종신형으로 감형해 주었다. 나치 집권 후 이들은 전부 사면되었다.

시는 반복하지 않아야 한다. 문화, 전통, 서구적 생활 관념에 비추어 볼 때 인접한 나라에서, 아무리 그 나라 국민들이 스스로 초래한 불행이라고 해도 전체주의의 손아귀에 속수무책으로 떨어지는 일이 일어난다면, 그들을 자연재해 앞에 방치하면 안 되듯 공포의 지배자들 손아귀에 방치해서는 안 될 것이다.

$$\cdot \; \cdot \; \cdot$$

이제 정말 새로운 시대가 시작되기를 바란다. 법정이 설치되었고, 이 법정의 지속적인 발전을 우리는 바란다. 인간의 영원한 동경이 이행 방법을 찾기 시작했다. 과거에는 그런 생각이 매우 순진한 것이었다. 오랜 연륜에도 불구하고 또 정치에 대한 깊은 숙고에도 불구하고, 나는 영원한 동경을 지지했다. 당시에 느낀 불명확성을 이제야 나는 의식하게 되었으며, 이 점과 관련하여 나의 판단을 수정하고자 한다.

당시 법정에는 통치 형식 면에서 나치 국가와 크게 다르지 않은 전체주의 지배 체제의 러시아가 앉아 있었다. 달리 말하면, 법정이 근거로 삼고 있는 법을 사실상 전혀 승인하지 않은 판사가 재판에 참여했던 셈이다. 〔뉘른베르크〕 법정은 관할 지역의 범죄lokale Tat는 조사할 필요 없이, 오로지 기소된 피고인들의 범죄만을 조사하였다. '미지의 사태'에 대한 소송을 배제한 기소의 자기제한 원칙은 어려움을 일으키지 않았다. 소송은 전쟁포로에 한정되었다. 전쟁 과정에서 군사적 필요성이 없는 파괴 행위를 자행한 서구 열강의 행위도 조사 대상이 되지 않았다.

1945년 당시 나는 이 점을 고려했지만 거론하지는 않았다. 드레스덴 과 뷔르츠부르크에 대한 어리석은 파괴[62]를 보고 경악했지만, 나는 '아 마도 양측의 행위는 동일한 잣대로 평가할 수 없을 것'이라고 독백했다. 범죄국가에 모든 힘을 쏟은 국민은 관용을 구할 처지가 아니었다. 정복 당한 수백만 민족들이 노예노동자가 되어 독일로 이송되었고, 유대인을 가스실로 실어 나르는 기차들이 매일같이 내달렸고, 로테르담 중심가의 파괴로, 그리고 영국 코벤트리를 파괴할 당시 총통이 뱉은 "그들의 도시 를 지워 버리겠다"는 말로, 서방의 전쟁이 시작되었다.[63] 유럽의 가장 큰 부분을 점령한 범죄적 지배로 전 세계를 위협한 마당에, 아무리 무해한 사람들이라 할지라도 독일인에 대한 관용적인 판단은 하급심에서도 나 올 수 없었다. 비록 전쟁 중에 자유국가의 통치 원칙과 양립할 수 없는 일이었지만, 정부의 승인을 받지 않은 채 연합국의 군당국이 독일 정부 의 테러에 대한 맞대응으로 독일 국민에게 테러를 자행할 목적으로, 군 사적으로 필요하지 않은 계획적인 파괴 행위를 자행하였다. 만일 이러 한 범죄들까지 뉘른베르크 법정에 기소되었다면 그것은 대단한 일이 되 었을 것이고, 뉘른베르크 재판은 전혀 다른 세계사적 사건이 되었을 것

---

[62] 연합국은 제2차 세계대전 막바지인 1945년에 독일 드레스덴과 뷔르츠부르크에 군사적 필요성 이 없는데도 대규모 폭격을 감행하여 도시 전체를 파괴하고 인명을 살상하였다. 드레스덴의 사망자 통계는 3만5천에서 10만으로, 그보다 작은 도시인 뷔르츠부르크에서는 5천 명 정도로 추정된다. 드레스덴 폭격과 뷔르츠부르크 파괴는 일본에 대한 원폭투하, 소련군에 의한 독일 군 포로 학대·학살과 더불어 연합국이 자행한 대표적인 전쟁범죄이다.

[63] 제2차 세계대전이 발발한 이듬해인 1940년 11월 14일, 히틀러의 독일 군대는 당시 인구 20만의 작은 도시였던 영국의 코벤트리를 공습하여 초토화시켰다.

이다.

뉘른베르크 재판은 앵글로색슨계 특유의 법적 사고에 따라 설득력 있게 진행되었다. 첫 번째 소송에서 피고인에 대한 재판은 흠잡을 데가 없었다.(여타 뉘른베르크 재판은 언급하지 않겠다.) 사람들은 진실과 정의를 원했다. 범죄는 법적으로 규정되었다. 도덕적으로 비난받을 만한 행동 일반이 아니라 특정 범죄만이 유죄판결을 받았다. 그리하여 샤흐트, 파펜, 프리체는 그 행동이 도덕적으로 비난받을 가능성이 있다고 법원이 언급했음에도 불구하고 무죄로 석방되었다.[64]

러시아 판사만이 이들에 대한 무죄판결을 승인하지 않는 표를 행사한 것이 특징적이었다. 그 신통찮은 법적 감각으로는 법적인 것과 도덕적인 것을 구별하지 못한 것이다. 그 판사는 단지 승리자로서 재판에 임한 것이고, 다른 판사들은 승전국의 권력을 제한하려 했고 그 제한을 관철시켰다.

그러나 그럼에도 불구하고 희망은 환멸로 귀결되었다. 위대한 이념은 이전 시대와 마찬가지로 이념으로만 남았을 뿐 현실로 나타나지 않았다. 소송은 세계법을 매개로 한 세계 상태를 수립하지 못했다.

뉘른베르크 소송이 약속한 바를 지키지 못했다는 사실은 나쁜 결과를 함축하고 있었다. 나는 당시 "뉘른베르크 법정이 축복이 아니라 도

---

[64] 연합국은 뉘른베르크 헌장에 따라 나치당의 상징 도시인 뉘른베르크에 국제군사재판소Int'l Military Tribunal를 설치하고 최우선적으로 22인의 수괴급전범major war criminals을 1945년부터 1946년까지 재판하였다. 괴링, 헤스, 리벤트롭, 카이텔, 칼텐브룬너, 로젠베르크, 프랑크, 프릭, 풍크, 슈트라이허, 되니츠, 래더, 쉬라흐, 자유켈, 요들, 파펜, 자이스-인크바르트, 슈페어, 노이라트, 프리체, 보르만 등이 재판을 받았다. 이 중 12명은 사형, 3인은 종신형, 4인은 유기징역, 3인(샤흐트, 파펜, 프리체)은 무죄를 선고받았다.

리어 재앙의 싹이 될 우려도 있으며, 마침내 세상 사람들이 이 재판은 사이비재판이자 쇼였다고 판단할 우려도 있다. 그런 일이 있어서는 안 된다."[65]고 썼다. 지금 와서 생각해 보면, 뉘른베르크 법정은 쇼가 아니었고, 법적 형식에서 보자면 도리어 나무랄 데 없는 재판이었다. 그러나 그럼에도 불구하고 사이비재판이라는 판단을 피할 수 없다.

뉘른베르크 재판은 그 효과 면에서 패전국에 대한 승전국의 일회적인 재판에 그쳤을 뿐 아니라, 공통의 법 상태와 법 의지의 기초를 갖추지 못했다. 그렇기 때문에 재판이 마땅히 추구해야 했던 바의 반대만을 성취하였다. 법을 정립한 것이 아니라 도리어 법에 대한 불신만 키운 것이다. 뉘른베르크 재판의 소란스러운 규모를 고려할 때 그 환멸은 압도적이었다.

• • •

우리가 아무리 위대한 이념을 고수한다고 하더라도 이러한 경험을 배척해서는 안 된다. 여전히 불법적인 권력이 엄청나게 강화되고 있다. 뉘른베르크에서 구상했던바 세계 평화를 정립하는 일은 아직도 직접적으로 성공하지 못하고 있다. 법 자체에 복종하려는 열강의 의지에 입각하여 법으로 보장된 평화를 구축하는 데에는 하나의 전제가 필요하다. 평

---

[65] 129쪽 참조.

화는 고통으로부터의 안전과 해방이라는 동기만으로는 탄생할 수 없다. 평화는 자유의 긴장 속에서 반복적인 모험을 통해 항구적으로 재건될 수밖에 없다. 이러한 평화의 지속적인 실현에 필요한 전제가 바로 품위와 존엄을 겸비한 정신적·윤리적 삶이다. 이러한 삶이야말로 평화의 근거이자 의미다.

한국어판 부록

국가범죄와
야스퍼스의 책임론

변혁적 정의

유엔총회가 채택한 〈인권피해자 권리장전〉[1]은 대량의 인권침해를 겪은 사회가 구현해야 할 이행기 정의transitional justice의 원칙들을 제시한다. 〈권리장전〉은 인권침해 사건의 진실 규명, 가해자의 처벌과 징계, 피해자에 대한 배상과 원상회복, 치유와 재활 조치, 악법의 개폐 및 재심, 재발 방지를 위한 제도 개혁과 군경 공직자·미디어 종사자·의료인 등에 대한 인권법 및 인도법 교육, 시민에 대한 일반적인 인권 교육을 포함한 만족과 사죄 등을 담고 있다.

〈권리장전〉은 형사처벌이나 금전배상과 같은 법적 수단으로 환원할

---

[1] Basic Principles and Guidelines on the Right to a Remedy and Reparation for Victims of Gross Violations of International Human Rights Law and Serious Violations of International Humanitarian Law. Adopted and proclaimed by General Assembly resolution 60/147 of 16 December 2005. 국제인권법학자 반 보벤과 바시오우니의 연구 성과에 기초하였기 때문에 이를 '반 보벤과 바시오우니 원칙Van Boven and Bassiouni principle'이라 부르기도 한다.

수 없는 적극적인 정치적 열망을 표현하고 있으며, 인간의 정신적 정화와 사회제도의 근본적 변혁을 추구한다. 이를 통해 과거 국가범죄에 대해 공동체가 지는 책무는 옅은 의무가 아니라 두터운 의무라는 점을 알 수 있다. 법철학자 풀러의 용어를 차용하면, 그것은 의무의 도덕이 아니라 '열망의 도덕'[2]에 해당한다.

과거청산과 관련하여 이러한 두터운 의무의 이행 여부와 이행 정도는 국가폭력 이후 사회를 주도하는 정치적 헤게모니에 달려 있다. 그 헤게모니의 구성과 향배에 따라 가해자 처벌과 피해 배상을 시행할 수도 있고, 가해자와 피해자의 관계 회복과 공동체의 재건에 치중할 수도 있고, 때로는 기만적인 방침으로 사태를 유야무야할 수도 있다. 가해자와 피해자 양자의 관계에 초점을 두는 접근 방식은 구체적인 관계에 집중하기 때문에 상당한 성과를 보장하지만, 국지적 제약성도 드러낸다. 예컨대, 가해자 처벌이나 배상은 그 자체로 높은 수준의 정의를 구현한다고 평가할 수도 있지만, 가해의 구조와 의식, 악습이 개혁되고 근절되지

---

[2] '의무의 도덕'이 논하는 의무가 은행 대출금을 은행에 상환함으로써 관계를 종결짓는 의무라면, '열망의 도덕'이 논하는 의무는 그 의무를 얼마나 충실하게 이행하였는지가 결정적으로 중요한 의무이다. 열망의 도덕은 고전적인 덕으로서 훌륭함ἀρετή이나 완전함을 지향한다. Fuller, Lon L., *The Morality of Law rev.* ed., Yale University Press, 1963, p. 3 이하. '열망의 도덕'이라는 표현은 앙리 베르그손이 처음 사용한 것으로 알려졌다.

않는다면 과거의 만행이 반복될 수밖에 없기 때문이다.[3] 따라서 처벌과 배상을 넘어서 사회 구성원의 정신적 쇄신과 구조의 혁신을 전방위적으로 추구하는 '변혁적 정의transformative justice'에 주목해야 한다.

한국 사회에서 20년 넘게 진행되고 있는 과거청산 작업은 현재로서 매우 불완전하다. 아베라는 돌출적인 인물로 인해 한일 관계가 역사적 책임 문제로 불을 뿜고 있는 상황에서, 개혁정부 아래서 착수된 과거사 정리 작업을 공식적으로 중단하고 극우적 사관을 담은 교과서로 청소년의 정신을 분탕질하려는 집단이 바로 현재의 정치 세력이기 때문이다. 군대와 국정원은 개혁정부 아래서는 인권침해 사건에 대하여 각각 진상조사 보고서까지 발간하며 국민을 향해 사죄하였지만, 현재는 시민사회를 향한 적대적 이데올로기를 유포하고, 심지어 사이버전戰이라는 새로운 장르에까지 진출하여 대중들의 공개적인 토론과 소통의 공간을 침탈하고 있다. 그 결과, '일베' 논란에서 보듯이 표현의 자유 영역이 국가폭력 희생자에 대한 증오적 언동과 권력의 언어로 도배되고 있다.

---

[3] 필자는 1970~80년대 '일본유학생간첩단' 사건에서 법정에 증거로 제출된 영사증명서가 검찰 측의 일방적인 희망 사항이자 근거 없는 맞춤문서일 뿐만 아니라, 영사(정보부 직원)의 범죄 수사 활동 자체가 외교적으로 주재국의 주권을 침해하는 심각한 문제라고 지적하였다.(이재승, 《국가범죄》, 앨피, 2010, 426쪽 이하) 당시 간첩 사건 피해자들 대다수가 30~40년이 흐른 지금 재심을 통해 무죄판결을 받고 있는 상황에서 검찰과 국정원은 모르쇠로 일관하다가, 2013년 또다시 소위 '류우성 씨 사건'에서 영사를 통해 중국의 출입경 문서를 날조하여 법정에 증거로 제출하였다.

이러한 형세를 전환시키는 길은 어디에 있는가? 가해자와 피해자의 범주에 들지 않는 보통 사람들의 각성과 참여이다. 과거청산은 이 보통 사람들을 주체로 각성케 하여 국가범죄를 일삼는 국가를 혁신하는 과정이기 때문이다.

그렇다면 보통 사람들은 국가범죄 과정에서 어떤 잘못을 범했고, 어떻게 그 잘못을 바로잡아야 할까? 피해자들에게는 어떻게 응답해야 하고, 미래지향적으로 어떤 책무를 지는 것일까?

보통 사람들의 역할과 과제를 논의하려면, 무엇보다 '책임' 개념의 엄밀성을 유지해야 한다. 전후 일본에서 나온 '일억총참회─億總懺悔'[4]와 같은 사이비 책임론은 운명론과 무책임성을 조장하여 급기야 누가 무엇을 잘못했는지, 그리고 무엇을 해야 하는지에 대한 개념을 상실하게 하고, 결국 힘을 가진 자의 절대적 군림과 힘없는 자의 맹목적 굴종을 합리화하였다.

제2차 세계대전 후 독일 보수파들도 독일의 잘못은 침략전쟁과 홀로

---

[4] 제2차 세계대전 직후 일본에서 구성된 전후처리 내각의 히가시쿠니 수상이 1945년 8월 25일 기자회견에서 제창한 내용이다. 전쟁과 야만을 저지른 것에 대해 세계 인류를 향한 성찰인지, 천황에게 패전의 수치를 안긴 것에 대한 국민으로서 참회인지 불투명하다. 이를 두고 마사오는 '천황'의 책임을 회피하려는 전략적 수사로서, 오징어가 탈출하기 위해 먹물을 쏘는 격이라고 지적했다. 마사오, 김석근 옮김, 〈전쟁책임론의 맹점〉(1956), 《전중과 전후 사이(1936~1957)》, 휴머니스트, 2011, 609쪽.

코스트가 아니라 패전에 있으며, 자신들은 죄의 공동체가 아니라 수난의 공동체라는 견해를 분출시켰다.[5] 야스퍼스의 《죄의 문제》는 바로 이러한 흐름에 대한 비판적 대응이었다.[6] 이 글에서는 야스퍼스의 책임이론에 내재된 약점을 검토하고, 그 가능성을 재구성하여 이를 기초로 보통 사람들의 죄와 책임을 논의하려고 한다.

---

[5] 당시 상황에 대해서는 Lammersdorf, Raimund, *The Question of Guilt, 1945-47 : German and American Answers*, 1999, www.ghi-dc.org/conpotweb/westernpapers/lammersdorf.pdf. ; 한편 독일 복음교회의 '슈투트가르트의 죄선언'에 대해서는 Conway S. John, "How Shall the Nations Repent? The Stuttgart Declaration of Guilt, October 1945", *Journal of Ecclesiastical History*, Vol. 38, 1987, pp. 596-622.

[6] 야스퍼스가 강의할 당시의 분위기는 전달자마다 조금씩 다른 것 같다. 어떤 사람들은 깨달음으로 인도하는 엄숙한 분위기였다고 평하고, 어떤 이는 학생들이 야스퍼스에게 야유를 퍼부었다고 지적하기도 한다. Rabinach, Anson, *In the Shadow of Catastrophe : German Intellectuals between Apocalypse and Enlightenment*, University of California Press, 1997, pp. 129-165.

독일인의 죄

죄의 단계

야스퍼스는 제2차 세계대전 직후인 1946년에 《죄의 문제》[7]를 통해 전쟁과 잔혹 행위에 대한 독일의 정치적 책임을 포괄적으로 검토하고 국가폭력이 자행된 사회에서 보통 사람들이 져야 할 책임에 대한 중요한 준거들을 제시했다.

그는 기본적으로 책임을 법적인 죄·정치적 죄·도덕적 죄·형이상학적 죄[8]로 구분하고, 이러한 죄 개념을 통해 전후 독일인들의 삶에서 정

---

[7] Jaspers, Karl, *Die Schuldfrage-Zur politischen Haftung Deutschlands*, Piper, München, 1946. 인용은 이 책의 2012년판을 기준으로 표시함.

[8] 독일어 '슐트Schuld'는 죄나 책임으로 번역할 수 있다. 야스퍼스의 글에서 슐트는 죄의 차원, 속죄의 차원, 개선의 차원까지 포함한다. 본디 죄를 의미할 때는 도덕적 비난을 함축하지만, 책임

신적 혁신을 모색했다. 야스퍼스는 공적인 차원에서 법적 죄와 정치적 죄를 외적으로, 사적인 차원에서 도덕적 죄와 형이상학적 죄를 내면적으로 논의하였다. 법정이 공적인 차원에서의 죄를 추궁한다면, 사적인 차원에서의 죄는 양심이 판정한다.

앞질러 말하자면, 야스퍼스는 내적인 포럼forum internum과 외적인 포럼forum externum의 구분법을 고수하였기 때문에 독일인의 죄에 대한 종합적인 입장을 제시하는 데 실패했다. 국가폭력에 대한 죄와 책임이 진정성을 가지려면 근본적으로 그 표현은 종합적이고 외적이고 공식적이어야 하기 때문이다. 필자는 근본적으로 모든 종류의 죄에 대한 속죄(책임)는 외적인 차원과 내적인 차원을 동시에 가지고 있다고 생각한다.

야스퍼스의 책임론을 검토하기에 앞서 네 가지 죄의 주체를 간단히 제시해 보자. 우선 법적인 죄는 소수의 독일인 전범들에 국한되고, 정치적인 죄는 독일 국적을 가진 시민 전체에 해당하며, 도덕적인 죄는 나치의 만행을 방관하거나 동조한 대다수 독일 사람들(범위를 넓히자면 전쟁 중 나치에 협력한 다수의 유럽인들)이 해당하고, 형이상학적 죄는 수용소에서 살아남은 유대인을 포함하여 인류 전체의 구성원으로서 개인이 예외 없이 부담한다.

을 말할 때는 그러한 비난을 함축하지 않는다. 이러한 용어법에 따르면, 법적인 죄와 도덕적인 죄만이 본래적인 '죄'에 해당하고, 정치적 죄와 형이상학적 죄는 '책임'에 해당한다.

다음으로 죄의 단계를 고려해 보자. 우선 '법적인 죄가 존재하지 않지만 도덕적 죄는 존재한다'와 같은 진술이 주목을 끈다.[9] 집단학살과 같은 공권력에 의한 중대한 인권침해 행위를 생각해 보자. 이러한 공권력에 대해 일반 시민은 법적인 죄를 저지르지는 않았지만 그러한 만행을 침묵하거나 방관하거나 그것에 동조하였기 때문에, 즉 저항하지 않기 때문에 도덕적인 죄를 범했다고 말할 수 있다. 여기서 시민의 도덕적 죄(책임)는 타자(국가, 특정한 공권력)의 법적인 죄뿐만 아니라 자신의 부도덕한 행위도 전제한다. 그러므로 일정한 사태가 법적인 죄에는 해당하지 않지만 일반 시민들에게는 도덕적인 죄가 있다는 주장은 매우 신중하게 이해해야 한다.

우선 중대한 인권침해가 아니어서 법적인 죄의 사항이 아니라면 그러한 사태에 대해 도덕적인 죄나 다른 죄들을 거론할 필요가 없다. 천재지

---

[9] 윤해동은 2013.10.2 박유하의 《제국의 위안부》 서평회에서 다음과 같이 지적하였으나 그 진술은 여전히 혼란스럽다.

"박유하 교수에 따르면(필자 추가) 일본 국가는 법적인 차원의 '범죄'를 저지르지 않았으므로 '법적 책임'을 물을 수는 없다, 그러나 구조적인 차원의 '죄'를 진 것은 확실하므로 죄에 대한 '도의적 책임'을 물을 수는 있다는 것이다. 과연 이런 차원으로 일본 국가의 범죄 혹은 죄에 대한 책임을 한정해도 되는 것일까? 야스퍼스의 말을 빌려 본다면, 일본 국가는 법적인 책임으로부터 자유롭다고 하더라도 '도덕적 책임'은 물론이거니와 '정치적 책임'과 함께 '형이상학적 책임'으로부터도 자유로울 수 없다. 저자의 입장에 따르더라도 정치적 책임이란, 식민지민을 비인도적인 방법으로 동원하고 착취하는 구조를 만든 데에 대한 책임이며, 형이상학적 책임이란 일본인 전체 혹은 그 문제를 냉전 하의 침묵으로 방관해 두었던 한국인들까지도 함께 져야 할 책임이리라!!!"

변의 희생자에 대한 시민의 책임을 논의할 때 그와 같은 표현이 가능할 것 같다. 즉, 천재지변의 희생자들 앞에서는 (타자의) 법적인 죄가 존재하지 않더라도 보통 시민들의 도덕적 죄가 아닌 도덕적 책임을 말할 수 있다. 이 책임은 시민의 부도덕한 행동(침묵, 방관, 동조)을 전제하지 않으므로 도덕적 비난을 포함하지 않는다. 이러한 도덕적 책임은 행위결과책임이 아니라 구제지원책임에 해당한다.[10]

따라서 중대한 인권침해 행위로서 범죄임에도 불구하고 국가범죄성을 부인하거나 희석시키기 위하여 그 사건에 대한 법적 책임을 회피하고 막연히 도덕적인 죄나 형이상학적 죄를 거론하는 것은 죄와 책임의 문법에 어긋난다. 행위의 중대성에서 보자면 법적인 죄(책임)는 다른 어떠한 죄나 책임에 대해서도 논리적 우선성logical priority을 갖는다.[11]

정치적인 죄, 도덕적인 죄, 형이상학적 죄는 책임의 완전성과 연관되

---

[10] 밀러는 우리의 행동 및 결정과 관련되어 생겨난 결과에 대하여 우리가 지는 책임을 '행위결과책임outcome responsibility'이라고 부르고, 그들의 필요로써 우리가 지원해야 하는 책임을 '구제지원책임remedial responsibility'이라고 부른다. 어떤 면에서 한국은 위안부 문제에 대한 일본의 책임을 행위결과책임으로 파악한다면, 일본의 국민기금 지지자들은 이를 구제지원책임으로 이해하는 것 같다. 이러한 책임 개념에 대해서는 Miller, David, *National Responsibility and Global Justice*, Oxford University Press, 2008, p. 81 이하.

[11] 오누마 교수는 위안부 문제와 관련하여 도덕적 책임이 법적 책임보다 중요하다는 다소간 경건주의적 주장을 펼쳤다. 일본인은 법보다 도덕을 중요시하는 전통이 있다는 논거를 더했다. 학문적 위조 수준의 책임론이다. 이 경우 우리는 '사소한 법적 책임을 이행하라'고 말해야 할 것이다. 야스아키, 정현숙 옮김, 《일본은 사죄하고 싶다》, 전략과문화, 2007, 58쪽.

어 법적인 죄를 보완하는 것이다. 테트리스 게임처럼, 법적인 죄(책임)라는 맨 아래 칸이 공백으로 있는 한 고상한 죄(책임)들이 그 위 칸을 채울 수 없다. 한 마디로, 그렇게 고상한 죄들을 심각하게 논의하는 이유는, 법적 죄와 책임이 없어서가 아니라 중대한 불법과 부정의를 공식적으로 청산하는 데에는 그만큼 다양한 차원의 중층적 논의가 불가피하다는 데에 있다. 동시에 중대한 인권침해 행위에 대한 책임 문제는 본질적으로 법적인 차원에서 출발할 수밖에 없다.

물론 여기서 법적인 수단이 무엇인지에 대해서는 논란이 있다. 법적 책임을 이행하는 방식은 옅은 관점과 두터운 관점으로 나눌 수 있다. 어쨌든 국가폭력은 사사로운 불법행위로 피해를 입은 피해자에게 단순히 물질적 배상으로 만족하는 옅은 관점이 아니라, 국가폭력을 야기한 구조와 사고방식을 혁신하는 두터운 관점을 필요로 한다.

개인적 죄 또는 집단적 죄

야스퍼스는 '공식적으로' 법적인 의미에서도, 도덕적 의미에서도 민족의 집단적 죄를 거부한다. 그는 집단적 죄나 집단적 사고방식을 '범속하고 무비판적인 사고'라며 비판하지만, 실제로는 《죄의 문제》 여러 곳에서 집단적 책임을 사실상 인정하고 있다는 인상을 준다.

전반부에서 야스퍼스는 전체로서 민족을 범죄자라고 고발하는 것은 불가능하고, 도덕적으로 비난하는 것도 불가능하다고 주장한다. 홀로코스트에 대하여 나치당이나 돌격대와 같은 조직과 조직 구성원 전체에 집단적 죄를 인정할 수 있지만, 독일인 전체, 독일 민족에게 그러한 법적인 죄와 도덕적 죄를 부과할 수는 없다고 한다. 왜 그런가?

우선 독일인의 범위가 불분명하기 때문이라고 한다. 민족적 특성은 사람에 따라 차이가 나며, 민족성은 범주적인 것이 아니라 양적인 것이며, 정체성 면에서 독일인임을 결정하는 기준은 없다고 주장한다.[12] 나아가 전체 민족은 개인으로 환원될 수 없으며, 비극적 수난을 겪을 수도 없고, 범죄자가 될 수도 없다고 한다. 민족은 도덕적으로 혹은 비도덕적으로 행동할 수 있는 주체가 아니며, 민족 속의 개인들만이 도덕적인 행위자가 될 수 있다고 한다.

그리고 반유대주의는 그리스도 살해자라는 비난과 관련 있지만, 2천년 전 예루살렘에서 일부 유대인들이 로마인과 결탁하여 예수를 십자가에 매달았다는 이유로 유대 민족에게 그리스도 살해자의 업보를 부과하는 것은 불합리하다고 말한다. 유대 민족에 대한 도덕적 비난이 불

---

[12] 플레처는 나치 독일에는 순혈(혼혈)의 정도에 따라 시민 등급을 엄밀하게 결정하는 국적법 Reichsbürgergesetz이 존재했기 때문에 누가 독일인인지 분명치 않다는 야스퍼스의 주장에 의문을 던진다. Fletcher, George, "The Storrs Lectures : Liberals and Romantics at war : The Problem of Collective Guilt", *Yale Law Journal*, Vol. 111(2002), p. 1499 이하.

합리하고 편협한 것이라면, 독일 민족에게 홀로코스트 범죄에 대한 집단적 죄를 지우는 것도 똑같이 어리석다고 지적한다.

야스퍼스는 집단적 죄의 비합리적 특성을 비판하고 개인적 차원의 책임을 논한다.

"그러므로 우리에게는 개인으로서 다음과 같은 원칙이 타당하다. 우리는 그렇게 간단히 스스로 죄가 없다고 느껴서는 안 된다. 우리 자신을 재난의 희생자라고 쉽게 동정해서는 안 된다. 우리가 겪는 고통에 대한 찬사나 위로를 기대해서는 안 되며, '나는 어디에서 잘못 느끼고, 잘못 생각하고, 잘못 행동했는가'라고 자문하고 신랄하게 자신을 성찰해야 한다. 우리의 죄를 외부 사태나 다른 사람에게서 찾지 말고, 가능한 한 지속적으로 우리 자신에게서 찾아야 한다. 결코 비참으로 도피해서는 안 된다."

하지만 오늘날 책임 논의에서 집단적 죄를 부정하더라도 민족의 집단적 도덕적 책임responsibility을 인정하는 견해가 우세하다.[13] 야스퍼스도 정치적 죄에 관해서는 공식적으로 집단적 책임을 인정한다. 그가 말한 정치적 죄는 법률적인 맥락에서 오히려 민사적인 국가책임, 국제법상

---

[13] 집단책임으로서 민족적 책임을 긍정하는 입장은 Mohamed, Saira, "An neglected option : the contributions of state responsibility for genocide to transitional justice", *University of Colorado law Review*, Vol. 80(2009), p. 327 이하. ; Miller, 앞의 책, p. 111 이하.

국가책임 또는 국민 전체의 책임과 구조상 등가물이다.[14] 그러므로 민사법적인 측면에서 보자면, 야스퍼스가 법적인 집단책임을 인정했다고 볼 수 있다.

나아가 집단적 죄를 배척함에도 불구하고, 야스퍼스는 《죄의 문제》 여러 곳에서 도덕적 의미나 형이상학적 의미에서의 집단적 죄(책임)를 시사한다.[15] 물론 야스퍼스는 모두가 집단적으로 공동책임을 진다고 말하지 않지만 각 개인이 도덕적 죄와 형이상학적 죄를 예외없이 진다는 점을 언급하고 있기 때문에 필자는 이를 집단적 책임을 개별적으로 표현했다고 판단한다. 도덕적·형이상학적 의미에서 집단적 죄(책임)의 인정은 야스퍼스 주장의 모순이나 결함이라기보다는 공적인 책임의 구성에서 불가피한 방식이 아닐까 생각한다. 이 점은 뒤에서 좀 더 살펴보자.

---

[14] Darcy, Shane, *Collective Responsibility and Accountability Under International Law*, Transnational Publishers, 2007, introduction xv. 집단적 책임의 유형 구분에 대해서는 Feinberg, Joel, "collective Responsibility", French(ed.), *Individual and Collective Responsibility*, Schenkman Books, 1998, pp. 51-76.

[15] Norrie, Alan, "Justice on the Slaughter-Bench : The Problem of War Guilt in Arendt and Jaspers", *New Criminal Law Review*, Vol. 11(2008), p. 187 이하.

네 가지 죄

법적 죄

법적인 죄는 구체적으로 처벌 법규를 위반한 자의 형사범죄로서, 그 대가는 법에 따른 형벌이다. 야스퍼스는 나치 독일의 국내법, 죄형법정주의에 입각해서 죄와 벌을 운용하는 보수적인 견해를 비판하고 여기에 자연법, 국제법, 인권과 같은 다른 전통을 대립시킨다.

야스퍼스는 자연법과 인권을 내세워 뉘른베르크 재판소 설치 헌장의 관할 범죄(평화에 반한 죄, 전쟁범죄, 인도에 반한 범죄)의 정당성을 옹호하고, 뉘른베르크 재판소가 새로운 세계 질서의 이상을 추구한다고 평한다. 간단히 말해서, 뉘른베르크 재판소는 단순히 전쟁에서 패배했다는 이유만으로 패배자에 부과된 승자의 법정이 아니라는 것이다. 따라서 중대한 인권침해의 법적 책임을 규명할 때 법적인 죄의 기준을 오로지 해당 국가의 실정법에 한정하려는 시도는 야스퍼스의 구상과 맞지 않는다. 즉, 법과 명령에 따랐다 하더라도 그것이 자연법, 국제법, 인권을 침해하는 행위라면 법적 책임을 추궁하는 중대한 죄에 해당하는 것이다.

정치적 죄

시민은 자신이 속한 국가와 공직자의 잘못에 대하여 책임을 져야 한다. 독일 사람들은 나치 체제가 자신들 속에서 등장한 것을 용인한 것에 대해 책임을 져야 한다. 정치적 죄는 심정윤리와 대비되는 책임윤리[16]와 관련된다.

개인의 선의나 심정, 의도 등은 책임윤리의 세계에서는 공적功績이라고 할 수 없다. 따라서 어떤 개인이 나치에 적극적으로 저항하다가 투옥되어 고초를 겪었다고 하더라도 나치 체제의 등장과 만행에 대한 정치적 죄를 피할 수 없다. 즉, 개인적으로는 자신의 저항 행적으로 정치적 책임을 다했다고 말할 수 있지만 나치체제의 등장이라는 객관적 사정에서 그 사회의 누구도 집단적 정치적 책임을 면할 수 없다는 것이다.[17]

은둔자도 정치적 현실에 관여하지 않았으므로 개인에 대한 도덕적 비난을 회피할 수 있을지 모르지만 현실 자체에 대한 정치적 책임은 면하지 못한다. 개인은 국가에 투표를 했든 안 했든 상관없이 자신을 지배하는 국가에 대하여, 자신이 지배를 당하고 있는 방식에 대하여 정치적 책임을 진다.[18]

---

[16] 베버, 전성우 옮김, 《직업으로서의 정치》, 나남, 2007 참조.

[17] 유사한 맥락에서 비전향 공산당 지도자들이 전후 일본에서 권위를 획득하는 배경과 관련하여, 마사오는 도덕적 책임과 정치적 책임을 날카롭게 구별하면서 비전향파의 태도를 비판하고 있다. 마사오, 앞의 책, 608쪽 이하.

[18] 필자는 지배당하는 방식에 대한 정치적 책임을 완화시키는 논리는 없다고 생각한다. 즉, 군주국이든 공화국이든 국민이 지는 정치적 책임은 궁극적으로 동일하다고 생각한다. 하지만 마사오는 야스퍼스의 맥락에서 보자면 다소 혼란스럽게 말하고 있다. "국내 문제에서도 일본은 독일의 경우처럼 정치적 민주주의의 지반 위에 파시즘이 권력을 장악한 것은 아니므로 일반 국민의 시민으로서의 정치적 책임은 그만큼 가볍지만, 파시즘 지배에 묵종한 도덕적 책임까지 면

오로지 발생한 결과에 대하여 정치인이 책임을 지듯이, 전쟁과 홀로코스트를 자행한 국가에 속하는 시민(국민)이라면 그러한 전쟁과 홀로코스트에 대해 또 그 정부에 대해 정치적 책임을 져야 한다. 독일인이 히틀러를 권좌에서 몰아내고 전쟁을 자의로 중단시키지 못한 한, 그들은 승리자인 연합국이 정치적으로 부과한 조치들을 수인해야 한다. 정치적 책임은 예외를 인정하지 않기 때문에 특정한 정치 공동체에 속했다는 이유만으로 생겨난 운명적 책임이기도 하다.

정치는 운명이다. 국적자라는 지위로 인한 정치적 죄 관념은 도덕적 비난을 함축하지 않는다는 점에서 법적인 죄나 도덕적인 죄와 달리 고유한 의미에서 '책임responsibility'이라고 부른다.[19] 야스퍼스는 정치적 죄 Schuld에 대해서만 책임Haftung이라는 표현을 사용하였다.[20]

그러나 죄와 책임을 구별하는 정설에 의문이 생긴다. 법적인 죄와 도덕적인 죄는 개인에 대한 도덕적 비난moral blame을 전제하고, 정치적인

제되는가의 여부는 의문으로 남는다." 마사오, 앞의 책, 610쪽.

[19] Schaap, Andrew, "Guilty Subjects and Political Responsibility : Arendt, Jaspers and The Resonance of the 'German Question' in Politics of Reconciliation", *Political Studies*, Vol. 49(2001), p. 749.

[20] 아렌트도 '정치적 (집단적) 책임responsibility'과 '도덕적/법적 (개인적) 죄guilt'를 명료하게 구별한다. Arendt, Hannah, "Collective Guilt(1968)", in *Responsibility and Judgment*, Random Hounse, 2003, p. 151.

죄와 형이상학적 죄는 그러한 비난을 전제하지 않는다고 하지만, 오히려 법적인 죄와 도덕적인 죄는 '강한 도덕적 비난'을, 정치적 죄와 형이상학적 죄는 '약한 도덕적 비난'을 함축하기 때문이다.

야스퍼스는 정치적 죄의 효과로서 원상회복, 배상, 정치권력의 상실이나 제한, 공민권의 상실이나 제한, 강제이주, 추방 등을 거론한다. 야스퍼스가 언급한 강제이주나 추방은 오늘날 국제인도법에서 책임 추궁 방식으로 용인되지 않기 때문에 논외로 해야 하겠다. 그러나 이러한 정치적 책임은 본질적으로 군사적 점령 체제에서 점령지 주민이 부담하는 국제법상의 의무와 연관되어 있다. 독일 국민의 부담으로서 정치권력의 상실은 연합국에 의한 주권 박탈이나 제한을 의미하고, 공민권의 상실과 제한은 연합국이 점령 기간에 독일인 개인에게 실시한 정화 조치의 맥락에서 이해할 수 있다.[21]

연합국통제위원회의 〈전범, 나치 그리고 군국주의자의 체포 및 처벌 그리고 위험한 독일인의 구금, 통제 그리고 감독에 대한 지령 제38호(1946.10.12.)〉와 미군정 당국의 〈나치즘 및 군국주의로부터 해방을 위한 법률 제104호(1946.3.5.)〉는 이러한 정화 조치의 세목을 정하고 있다.[22]

---

[21] 과거청산 방식으로서 숙정의 사례와 한계는 이재승, 앞의 책, 129~142쪽.

[22] 전후 일본에서도 유사한 취지에서 〈바람직하지 않은 인물의 공직 파면과 배제에 관한 각서 (1946.1.4.)〉가 시행되었다. 친일반민족행위진상규명위원회,《외국의 식민지·점령지 과거사청산

연합국은 심판소Spruchkammer를 설치하여 모든 독일인을 대상으로 나치 협력 여부를 심사하여 주범, 열성파, 소극가담자, 부화뇌동자, 무혐의자 등 5등급으로 분류하고, 주범과 열성파에게는 형사처벌을 포함한 중한 정화 조치를, 소극가담자와 부화뇌동자에게는 약한 정화 조치를 취했으며, 무혐의자에게는 이동의 자유를 허용하는 결백증명서Persilschein를 발급해 주었다.[23]

야스퍼스가 도덕적 죄에서 거론한 인간 군상은, 내용적으로는 정치적 책임과 연관된 정화 조치 대상자들의 분류 기준에 가깝다. 시민들이 개인으로서 부담하는 연합국의 정치적 정화 조치는 도덕적 비난을 함축한 정치적 죄를 겨냥하기 때문이다. 야스퍼스는 정치적 생활 방식과 개인의 도덕적 생활이 착종되어 있기 때문에 도덕적 죄와 정치적 죄가 엄밀히 구별될 수 없다고도 지적한다.[24]

야스퍼스가 국가폭력 이후 시민이 어떠한 책임을 이행해야 하는지와 관련하여 정치적 죄(책임)를 미래지향적으로 발전시켰는지는 의문이다. '죄의 문제'라는 저작은 '독일의 정치적 책임에 관하여'라는 부제를 달았

법령 I》, 2007 독일과 일본편 참조.

[23] 이재승, 앞의 책, 133쪽 이하.

[24] 이러한 논조는 1946년판 68~69쪽에서 강하게 드러난다.

음에도 불구하고, 전체적으로 과거로부터의 정화를 중시하였다.[25] 야스퍼스는 정화가 정치적 자유의 조건이라는 통찰을 제시한다. 인간의 (죄)의식에서 비로소 연대와 공동책임 의식이 발생하고, 이러한 의식이 없으면 자유는 불가능하다고 이해했다. 정치적 부자유에 대하여 스스로 정치적 책임을 인식하는 것이 정치적 자유를 실현하는 내적 변혁의 시작이며, 정치적 자유는 개인이 국민 다수 속에서 공동체의 정치에 공동의 책임을 느낌으로써 시작된다고 통찰하였다. 여기에서 죄와 구별되는 의미에서 '정치적 책임' 개념을 발견할 수 있다.

야스퍼스에 따르면, 모든 국민이 정부의 모든 행위에 책임을 진다는 것은 피할 수 없는 경험적 사실이지만, 국민이 스스로 책임감을 느끼는 것은 정치적 자유의 성숙을 보여 주는 최초의 징표이다. 야스퍼스는 정치적 책임을 자유 상실의 대가이자 자유 회복의 조건으로 이해한다.[26]

야스퍼스의 정치적 책임은 점령 체제 아래서 형사책임을 보완하는 의미에서 배상과 정화 조치를 다루는 회고적인 성격을 띠고 있어서, 그것이

---

[25] "정화는 인간이 마땅히 가야 할 인간의 길이다. 죄에 관한 사상에서 정화는 하나의 계기일 뿐이다. 정화는 외적인 행동으로, 혹은 마술로 일어나지 않는다. 정화는 어디까지나 내적인 과정으로, 결코 종료되지 않는 지속적인 자기생성이다. 정화는 우리의 자유가 걸린 문제이다."(90쪽)

[26] 비슷한 생각은 압델누어, 김경수 옮김, 〈체제변화 이후 정치적 책임의 상속〉, 《아세아연구》, 제53권 2호.(2010), 15쪽 이하. ; Arendt, 앞의 글, 158쪽.

미래지향적 과업을 제대로 포착하고 있는지는 더 논의가 필요하다. 아렌트는 시민의 정치적 행동과 책임 간의 관계를 부각시킴으로써 야스퍼스의 시민 지위 책임론을 상당히 보완하였다.[27]

도덕적 죄

도덕적 죄는 야스퍼스의 책임이론에서 지렛대 역할을 한다. 실제로 도덕적 죄는 법적 죄, 정치적 죄, 형이상학적 죄와 접하면서 유동적인 성격을 가진다. 도덕적인 죄는 형사적 범죄에 해당할 정도는 아니라도 작위든 부작위든 개인의 도덕적 과오를 의미한다. 그런데 법적인 죄와 도덕적인 죄는 본디 생각만큼 명료하게 구분할 수 있는 것이 아니다. 어찌 보면 야스퍼스가 거론한 도덕적 죄는 법적인 죄의 방조범에 해당할 개연성이 매우 높다.

야스퍼스는 법적 죄나 정치적 죄를 객관적으로 판단하지만, 도덕적 죄는 각 개인의 내면에서 각자의 양심이 판단한다고 말한다. 그리고 내적·외적 법정의 구분에 입각해, 도덕적 죄는 타인과 관련해서가 아니라 자기 자신과 관련해서만 말할 수 있다고 한다. 즉, 타인의 양심에 대해서는 도덕적으로 비난할 권한이 없다는 것이다. 그렇게 되면 이제 도덕

---

[27] Schaap, 앞의 글 참조.

적인 죄는 심정의 마술을 통해 자기기만적 속죄 감정으로 전락할 우려
도 없지 않다. 야스퍼스는 여기서 나름의 개념적 제동장치를 제시한다.

야스퍼스가 도덕적인 죄로 예시하는 것은 1. 허위의 삶, 2. 양심의 착
오, 3. 나치즘의 부분적 시인, 양다리 걸치기, 기회주의적 순응, 4. 자기
기만, 5. 적극적 참여와 소극적 방관, 6. 부화뇌동 등과 같은 인간 행태이
다.[28] 문제는 이러한 행태들을 각자의 내면적 성찰을 통해서만 판정할
것인지, 그것이 타인의 시선으로도 확인 가능한 객관적 사태인지 여부
이다.

야스퍼스는 외적인 법정과 내적인 법정을 진지하게 구분하지만, 앞서
제시된 행태들은 많은 경우에 형사범죄나 정치적 정화 조치의 사유로
단죄할 만한 것들이다. 야스퍼스 본인도 정치와 도덕의 착종을 거론하
고 있다. 이 부분이 이 저작의 매력적인 부분이자 다양한 발전 가능성
을 안고 있는 대목이다.

"도덕적 과오는 정치적 죄와 법적인 죄의 온상이다. 무수한 자잘한
태만의 행태와 안이한 순응, 부정의不正義를 유치하게 두둔하거나 부지
불식간에 촉진하는 행태, 불투명성을 확산시키고 그 자체로 악이 활개
치도록 하는 공적인 분위기 조성에 관여하는 행태 등 이 모든 것이 결

---

[28] 아렌트는 협력자를 정치적 책임의 문제로 논의하고, 회피자(은둔자)를 도덕적 책임의 문제로
구분하였다.

과적으로 사회적 상태 및 사건에 대한 정치적 죄를 함께 발생시킨다."

　법적·정치적 죄와 도덕적 죄의 구분은 말 그대로 절대적인 것이 아니
며, 그런 면에서 도덕적 죄에 대한 야스퍼스의 논지는 무의미하지 않다.
개인은 자신의 양심에 비추어, 정확하게 말하면 자신의 마음속에 새겨
진 완전한 행동양식(신, 자연법 등)에 비추어 전쟁과 홀로코스트의 상황
에서 옳은 것을 행하는 데 최선을 다했는지를 묻고 자신의 도덕적 죄의
유무를 판정한다. 문제는 선인은 최선을 다하지 못했다고 자책하고, 악
인은 최선을 다했다며 변명한다는 점이다.[29]

　이 지점에서 야스퍼스의 저작에서 도덕적 죄가 존재하지 않는 사례
를 찾는 것은 유익하다. 양심의 착오에 빠지지도 않고, 자기기만도 없
고, 타인의 객관적 시선으로 보아도 최선을 다해 인간의 불행을 저지하
려고 했다면 그러한 사람은 도덕적 죄를 범했다고 볼 수 없다. 야스퍼스
는 백장미단의 일원으로 처형당한 숄 남매와 반나치 활동을 이유로 수
용되었다가 살아나온 니묄러 목사를 언급한다.

　야스퍼스는 양심의 판단을 통해 자신의 도덕적 죄를 인정한 자는 바

---

[29] 뉘른베르크 법정에서 나치 시대 법무장관 프란츠 쉴레겔베르크가 한 변명에 대해서
는 Lippman, Matthew, "THE PROSECUTION OF JOSEF ALTSTOETTER ET AL. : LAW,
LAWYERS AND JUSTICE IN THE THIRD REICH", *Dickinson Journal of International Law*,
Vol. 16(1998), p. 398 이하.

로 이 깨달음을 통해 정화된다고 주장한다. 도덕적 죄는 통찰을 일깨우고, 이어서 속죄와 쇄신을 촉발하며, 이러한 내적 과정이 세계에서 현실적으로 변화를 일으킨다는 것이다. 내외의 구분법에 따른다면, 도덕적 죄는 도덕적 참회를 하며 자기반성을 할 수 있는 자에게만 의미 있는 죄이다. 야스퍼스는 대부분의 독일인들이 이러한 도덕적 죄를 범한 것으로 판단하였다. 즉, 인간이 심정의 마술로 도덕적인 죄를 피할 수 있다고 보지 않은 것이다.

형이상학적 죄

야스퍼스는 형이상학적 죄를 다의적으로 사용하면서 실존주의자로서의 성격을 드러낸다.[30] 야스퍼스는 일찍이 '한계상황'으로서 죄를 논의했으며, 비극의 본질과 관련해서도 죄의 문제를 검토하였다.[31]

사실 형이상학적 죄는 다른 모든 죄들의 전제이자 죄의 이념이 아닐까 생각한다. 도덕적 죄나 정치적 죄만큼 논의되지 않지만 그만큼 재구

---

[30] 노리는 야스퍼스가 《죄의 문제》에서 형이상학적 죄를 아홉 가지 의미로 사용했다고 지적한다. Norrie, 앞의 글, p.211.

[31] Jaspers, Psychologie der Weltanschauungen, Springer, 1971, p. 273 이하. ; 야스퍼스의 비극론에도 동일한 사상이 엿보인다. 야스퍼스, 전양범 옮김, 《철학학교/비극론/철학입문/위대한 철학자들》, 동서문화사, 209, 187쪽 이하.

성의 여지가 많다. 야스퍼스의 견해에 따르면, 형이상학적인 죄는 인간으로서 타인과의 절대적 연대를 수립하지 못했다는 점에서 생겨난다. 인간은 위험에 처한 타인을 구하기 위해 때로는 자신의 생명을 걸어야 할 의무를 진다. 물론 생명을 희생해도 아무것도 달성할 수 없다는 사정이 아주 명백하다면 희생을 도덕적으로 요구할 수 없다. 그러나 그럴 때조차 인간에게는 또 다른 종류의 죄책감이 남게 된다는 것이다.

속수무책과 근원적 무력감에 기초한 이러한 감정은 법적·정치적·도덕적 죄의 맥락에서는 파악할 수 없는 것이다. 끔찍한 죄가 자행되었는데도 내가 아직 살아 있다는 사실이 "씻을 수 없는 죄가 되어 내게 돌아온다." "내가 있는 곳에서 불법과 범죄가 자행되고 다른 사람들이 죽어 나가는데 나는 살아남았다면, 내 안에서 하나의 소리가 들리고, 이를 통해 나는 안다. '살아남았다는 사실이 나의 죄다.'" 이런 점에서 보면 형이상학적 죄는 강제수용소에서 살아남은 자가 죽은 동료에게 느끼는 감정, 생존자의 죄책감survivor guilt과 같은 것이다. 장 아메리나 프리모 레비의 증언은 이러한 감정을 잘 보여 준다.

야스퍼스는 죄의 귀속이 개인을 향해 있다는 점에서 형이상학적 죄도 도덕적 죄와 유사하게 개인적이라고 본다. 그러나 형이상학적 죄가 완전한 인류 공동체와 인간의 연대를 전제하기 때문에 근원적으로 집단적 성격을 가진다는 점을 주목해야 한다. 인간으로서 타자가 없다면 이러한 죄도 존재하지 않는다. 혼자만 사는 세상에서는 정의가 문제되지 않는다.

형이상학적 죄는 나의 도덕적 악행이나 오류와 무관하게 발생한다는 점이 중요하다. 형이상학적 죄는 인간이 인류의 일원으로서 상호 연관되어 있다는 근본적인 깨달음으로, 참사 앞에서 인류 공동체의 일원으로서 소환되고 있음에 대한 의식이다. 메이는 형이상학적 죄를 도덕적 죄의 연장이거나 극한으로 이해한다.[32] 어쩌면 형이상학적 죄는 도덕적 비난을 함축하지 않으므로 '형이상학적 부채'[33]라 부르는 게 더 적절할 것이다.

형이상학적 죄 개념은 도덕적 죄나 정치적 죄를 보완하지만, 비난 가능한 행위를 전제하지 않으므로 '죄가 없는 도덕적 책임'이다. 죄 없는 죄의식이라고 할 수 있으며, 참사와 불행 앞에서 인간은 객관적으로 죄가 없더라도 그러한 상황에서 죄책감을 느껴야 인간이라고 할 수 있다.[34] 통상적으로 인간으로서 근원적 공감 능력이 결여된 자를 비난하는 것도 이러한 형이상학적 죄의 양상이다.

---

[32] May, Larry, *Sharing Responsibility*, The University of Chicago Press, 1992, p. 147 이하.

[33] Radzik, Linda, "Collective Responsibility and Duties to Respond", *Social Theory and Practice*, Vol. 27(2001), p. 467.

[34] 절멸수용소 생존자 브루노 베텔하임의 말이다. 인용은 아감벤, 정문영 옮김, 《아우슈비츠의 남은 자들》, 새물결, 2012, 141쪽.

한편 형이상학적 죄는 라이프니츠의 형이상학적 악metaphysical evil[35]이나 원죄도 연상시킨다. 다른 한편으로는, 인간이 통제하기 어려운 불운이나 불행과 같은 전형적인 비극의 소재와 연결된다. 어떤 측면에서 그러한 불운과 불행은 인간의 결함으로 이해될 수도 있다.

어떤 학자들은 법적·정치적 측면에서 형이상학적 죄를 전쟁범죄 이외에 뉘른베르크 재판에서 새롭게 등장한 '인도에 반한 죄crime against humanity'에 대한 윤리적 균형추라고 파악하기도 한다. 그래서 할펜은 야스퍼스의 형이상학적 죄 개념을 두고 "독일 사람들이 인도주의의 기본적인 표준에 따라 행동하지 못한 것에 대한 싸구려 변명"이라고 혹평하였다.[36]

형이상학적 죄는 민족이나 인종 또는 종족적 특수성을 벗어나 인류나 인도성의 이념Idea of humanity을 전제하기 때문에 죄명에 '형이상학적'이라는 수식어가 붙어 있다.[37] 이 인도성 이념을 통해서 형이상학적 죄는 홀로코스트가 자행된 현실에 살고 있는 사람들뿐만 아니라 홀로코

---

[35] Latzer, Michael, "Leibniz's Conception of Metaphysical Evil", *Journal of the History of Ideas*, Vol. 55(1994), pp. 1-15.

[36] Halpern, Ben, "Guilty, But Not Answerable", *Jewish Frontier*, April(1948), pp. 41-60.

[37] 여기서 신칸트학파 거장 코엔이 야스퍼스에게 미친 영향을 지적할 수 있겠다. Olson, Alan M., "Metaphysical Guilt", *Existenz*, Vol.3, No 1, 2008, pp. 9-19.

스트 이후에 태어난 사람들에게까지 죄의 전염과 상속을 가능케 하는 논리가 될 수 있다. 이 개념은 정치 공동체의 구성원을 전제하는 정치적 책임을 넘어서서 세계공동체 및 세계시민적 책임과 연결된다.

야스퍼스에 따르면 형이상학적 죄의 효과는 신 앞에 선 자의식의 혁신이며, 온갖 자부심의 몰락과 겸허함이다.[38] 야스퍼스는 참으로 경건주의적인 기독교도로서 이 문제를 풀어 갔다. "도덕적 죄와 형이상학적 죄는 오로지 공동체에 속한 개인만이 자신의 책임으로 파악하므로, 이 두 죄에 대한 외형적인 속죄는 본질적으로 존재하지 않는다. 그러나 도덕적이고 형이상학적 죄는 중단되지 않는다. 도덕적이고 형이상학적 죄를 담지한 자는 자신의 삶을 영속시키는 하나의 과정 속에 발을 들여놓게 된다."

그러나 전쟁과 홀로코스트 앞에서 인간의 과오를 논정하는 무대가 순수 비극과 같이 최종적으로 인간의 내심뿐이라면, 야스퍼스의 주관주의는 독일인들의 죄를 가리는 올리브 잎사귀로 전락할 우려가 있다.[39] 여기서 야스퍼스가 철학자의 자기기만 속에서 책임 문제를 형이상

---

[38] 야스퍼스가 말한 근본적 변화는 실제로 칸트가 말한 인간의 선한 소질을 다시 작동시키는 인간 심성의 혁명을 의미한다. 칸트, 신옥희 옮김, 《이성의 한계 안에서의 종교》, 이화여자대학교 출판부, 2001, 54쪽 이하.

[39] 죄값으로서 비실천적이고 비정치적인 내적 변화만 고집하는 야스퍼스에 대한 블뤼허와 아

학적으로 채색했다는 고진의 지적도 경청할 만하다.[40] 끝없이 내면 지향을 감행하는 야스퍼스의 실존철학에 대해서는 이미 루카치[41]나 사르트르[42]가 질리도록 비판을 가했다.

국가폭력의 청산에서도 '외형적 속죄'가 결정적으로 중요하다. 형이상학적 죄는 내면세계에서 끝도 없이 '윤리화'될 것이 아니라, 공적 포럼을 통하여 세계시민적 책무를 산출하도록 '정치화'되어야 한다. 즉, 인간 정신의 각성을 넘어 평화적인 인류 공동체를 추구하려는 정치적 의지와 행동으로 번역되어야 한다. 고양된 내면이 외화되고, 외화된 표준이 내면의

렌트의 불만에 대해서는 Rabinbach, Anson, "German as Pariah, Jew as Pariah. Hannah Arendt and Karl Jaspers", Aschheim(ed.), *Hannah Arendt In Jerusalem*, University of California Press, 2001, p. 300 이하. ; Norrie, 앞의 글, p. 218 이하.

[40] 고진, 송태욱 옮김, 《윤리 21》, 사회평론, 2001, 131~142쪽.

[41] 루카치는 야스퍼스의 실존철학이 독일 중간계급의 내면에 도피 기제를 만들어 히틀러의 등장에 기여했다고 성토하였다. 루카치, 한기상(외) 옮김, 《이성의 파괴 2》, 심설당, 1997, 564쪽.

[42] "야스퍼스는 마르크스주의자들이 만드는 역사에 개인으로 동조하기를 거부했다. 키르케고르는 체험의 현실성을 인정했기 때문에 헤겔과 비교해서 진보를 이루었다. 하지만 야스퍼스는 실천의 현실적 흐름에서 벗어나 내면적 자질qualité에 다다르는 것을 유일한 목적으로 삼는 추상적 주관성으로 도피했기 때문에 헤겔로부터 후퇴하였다. 바로 이 퇴행의 이데올로기는 지난날 두 차례의 패전으로 궁지에 몰린 일부 독일인의 태도, 그리고 영혼의 귀족성으로 특권을 정당화하면서 자신의 객관성을 정교한 주관성으로 회피하면서 말로 표현되지 않는 현재에 매혹되어 미래를 보지 않으려던 일부 부르주아의 태도를 아주 잘 나타냈다. 철학적으로 보면 무기력하고 음험한 이 같은 사상은 과거의 유물일 뿐 큰 흥미를 제공하지 않는다." 사르트르, 박정자(외) 옮김, 《변증법적 이성비판 I》, 나남, 2009, 43~4쪽.

고양으로 보증되는 단계, 마침내 내면적 행동과 세계 속에서의 행동이 높은 수준에서 일치되는 것이 꼭 필요하다. 바로 그것이 진정성이기 때문이다.

실제로 법적인 죄와 정치적인 죄의 속죄도 외적인 국면만이 존재하는 것이 아니라 내면의 개전과 변화를 상응하게 요구한다. 형이상학적 죄의 외화된 속죄는 사르트르나 벤하비브의 맥락에서 코스모폴리탄적인 세계 지향이나 정치적 행동일 수밖에 없다.[43] 야스퍼스 본인도《원자폭탄과 인류의 미래》(1957)와《독일은 어디로 가는가》(1966)에서 이와 같은 정치의 변혁을 모색하기 때문에《죄의 문제》에서 드러난 경건주의적 경향을 과도하게 질타하고 싶지는 않다. 어쨌든 도덕적 죄와 형이상학적 죄에 대한 속죄는 외화를 통해서만 국가폭력과 참극에 대한 (세계)정치적 책임과 법적 책임을 해명할 수 있는 '정치적으로 역동적인' 실존적 책임론으로 상승할 수 있다.

---

[43] "공민公民으로서의 연대 이외에도 유럽인으로서 지는 연대와 인류적 연대가 있다. 소극적 방관의 책임은 동료 시민 상호 간의 책임에서 인류의 책임으로까지 이어진다."(1946년판, p. 81) 메이는 형이상학적 죄를 사르트르의 진정성authenticité과 같은 것으로 파악하고 있다. May, 앞의 책, p. 150. ; Benhabib, Seyla, *The Rights of Others : Aliens, Residents and Citizens*, Cambridge University Press, 2004.

집단적 죄와 책임

집단의 유형

집단책임은 법적, 도덕적, 정치적 측면에서 다양하게 논의된다. 핵심적인 질문은 개인의 행위를 특정 집단의 행위collective action로 간주할 수 있는지, 그 행위의 책임을 다시 전체로서 또는 개인으로서 집단 구성원 전원에게 추궁할 수 있는지, 또 책임 내용을 어떻게 결정할 것인지, 그 책임이 단순히 과거를 지향하는 것인지 또는 미래를 지향하는 것인지 등이다.

집단의 일부 구성원이 자행한 중대한 인권침해 행위에 다른 구성원이 직접적으로 가담하지 않았다 하더라도 어떤 식으로든 책임을 공유한다는 데에는 의견이 일치하지만, 그 책임의 내용이나 성격은 한결같지 않다. 이 문제에 대한 논의틀이 집단적 책임collective responsibility과 공유 책임shared responsibility이다.

집단적 책임이 특정 집단의 집단적 행위주체성과 집단적 의도를 인정함으로써 집단의 구성원에게 이른바 집단적 행위에 대한 연대책임을 지게 하는 틀이라면, 공유 책임은 집단적 행위주체나 의도를 인정하지 않지만 그 구성원들의 일정한 연관성을 인정하여 결과적으로 책임을 공유하게 하는 틀이다.

집단책임을 논의하려면 '집단'이 무엇인지부터 짚고 넘어가야 한다. 집단에는 회사·법인·군부대와 같이 매우 조직적인 집단도 있고, 지역공동체·민족·인종·국민과 같이 범위와 경계가 분명하지 않거나 분명하더라도 행위주체로 삼기에는 범위가 너무 넓은 경우도 있다. 집단적 책임 문제에서 주로 거론되는 집단은 비조직적 집단인 민족이나 국민 등이다. 상황에 따라 집단으로서 국민은 국가, 국적 보유자 전체로서 국민, 특수한 민족들 중 어느 한 민족을 의미할 수 있다.[44] 국가범죄의 피해자가 외국의 국민인지, 국적은 동일하지만 다른 인종(민족)의 구성원인지, 국적과 민족이 동일하지만 일정한 정치적 성향을 가진 인물군인지

---

[44] 밀러는 국가를 다소 허구적인 것으로 이해하기 때문에, 국가책임은 민족적 책임과 결부되어야 실질적인 의미를 갖는다고 생각한다. Miller, 앞의 책, p. 143 이하. 그러나 국제법학에서는 '민족적 책임'이라는 용어보다는 '국가책임'을 일반적으로 사용해 왔다.

에 따라 책임의 주체가 가변적이라는 점에 유의해야 한다.

인권침해 사건이 발생한 이후 여러 세대가 지나 피해자가 모두 사망한 역사적 부정의historical injustices의 사안인지, 피해자가 생존해 있는 현재적 부정의current injustices의 사안인지도 중요하다. 역사적 부정의는 책임의 상속 문제로 이어지기 때문이다.[45] 이 경우 개인주의자들이라고 하더라도 국민으로서 정치적 책임을 상속하지 않을 수 없다. 나아가 초국경적 인권침해인지 한 국가 안에서 자행된 국내적 인권침해인지도 구별해야 한다. 식민지배의 종식 이후에 국가폭력을 자행했던 식민지배 세력이 전면적으로 철수한 상황인지, 아니면 그들이 식민지 현지에 정착한 상황인지에 따라 식민지배와 관련된 책임 이행 수단에도 차이가 생길 수 있다.

사회 구성원의 차이도 청산 방향의 차이를 낳는다. 호주나 미국의 식민주의와 한국에서의 식민주의는 그 청산 방식이 다를 수밖에 없다. 따라서 역사적 부정의를 낳은 사회구조를 장기적으로 혁신하자는 발상은 가해자들의 후손과 피해자들의 후손이 동일한 정치사회에 소속했을 때 용이하게 택할 수 있다. 초국경적 관계에서라면 대체로 장기적이고 점진

---

[45] 한일 과거사 속에서 책임의 상속 문제에 대해서는 Jun-Hyuk Kwak & Melissa Nobles(ed.), *Inherited Responsibility and Historical Reconciliation In East Asia*, Routledge, 2013.

적인 사회적 연결모델보다는 법적 책임모델이 효과적일 수 있다.[46] 그러나 국내적인 인권침해 사건에서도 피해자의 상황에 따라 서로 다른 해법이 활용될 수 있다.

집단적 죄

집단적 죄collective guilt란 "개인이 자신의 행위와 관계없이 집단에 소속되었다는 이유만으로 죄인이 되는 것"[47]을 의미한다. 문제는 민족이나 국민의 집단적 죄를 인정할 수 있는지다. 논의의 한쪽은 집단의 행위를 부정하고 오로지 개인의 관점에서 죄를 논의하고, 다른 쪽은 집단에 생명력을 부여하여 집단적 의사와 집단적 행동을 인정하고 집단적 죄가 가능하다고 상정한다. 이러한 논의는 민족의 집단적 도덕적 책임에서도

---

[46] 영Young의 '사회적 연결모델'은 인권침해의 직접적 당사자들이 모두 사라지고 구조적인 폐해는 지속되는 문제 영역(노예제 이후의 인종차별주의)에 적합하다. 이러한 사유틀을 위안부 문제에 적용하면 어떻게 될까? 위안부들은 아직 생존해 있다. 책임 구성 권한이 한일 공동인지, 일본 단독인지 분명하지 않다. 그런 점에서 초국경적/초국민적 관계에서는 사회적 연결모델보다 법적 책임모델이 더 합당할 수 있다. 그러나 〈인권피해자 권리장전〉은 배상을 전통적인 법적 책임에 한정하여 접근하지 않기 때문에 사회적 연결모델의 유용성이 사라지는 것은 아니다. 김희강, 〈일본군 '위안부' 문제와 책임성〉, 《아세아연구》, 통권 141호(2010/9), 79쪽 이하.

[47] Goldhagen, Daniel Jonah, *Hitler's Willing Executioners : Ordinary Germans and the Holocaust*, London : Abacus, 1996, p. 481.

유사한 형태를 취한다. 각각 대변자의 용어를 따서 전자를 '방법론적 개인주의'[48]로, 후자를 '낭만주의'[49] 또는 자유주의나 공동체주의로 부를 수 있겠다.

집단적 범죄와 집단적 처벌의 역사는 오래되었다. 성경은 신의 명령에 따라 이스라엘 사람들이 다른 종족을 말살하는 사례를 집단적 처벌로 기록하고 있다. 예컨대, 모세와 여호수아의 아말렉족 공격을 집단적 처벌로, 소돔과 고모라의 파괴를 불신앙에 대한 집단적 응징으로 서술하고 있다. 예수 살해자라는 이유로 집단살해를 당한 유대인은 집단처벌의 현대적 사례일 것이다.

이러한 집단적 죄는 부정의, 보복, 무차별성과 동의어로 취급되기 때문에 기피의 대상이다. 그래서 집단처벌을 금지하는 것은 국제법의 중

---

[48] '방법론적 개인주의methodological individualism'는 슘페터가 베버의 입장을 염두에 두고 처음 사용했다. 베버의 입장은 다음과 같다. "한편 또 다른 (예를 들어 법학적인) 인식 목적이나 실천적인 목표를 위해서는 사회적 구성체(국가, 조합, 주식회사, 재단)를 개별적인 개인과 똑같이 취급하는 것이 (예를 들어, 권리와 의무의 담지자로서 또는 법적으로 관련되는 행위의 실행자로서) 합목적적이고 불가피할 수 있다. 이와 달리 사회학으로 행위를 이해적으로 해석하는 데에서는 이러한 구성체가 단지 개별적인 인간의 특별한 행위의 경과와 연관일 뿐이다. 왜냐하면 우리에게는 이 개별적인 인간만이 의미 있게 지향된 행위의 이해 가능한 담지자이기 때문이다." Weber, Max, *Wirtschaft und Gesellschaft*, 5.Aufl., 1985, Mohr, p. 6 이하.

[49] Fletcher, 앞의 글, p. 1449 이하.

요한 전통을 이루고 있다.[50] 만일 집단적 죄가 인정된다면 집단적 처벌을 위해서 징벌전쟁punitive war도 허용해야 할 것이다.[51] 이미 지적했듯이 야스퍼스는 나치당이나 돌격대와 같은 특수조직의 집단범죄를 인정했지만, 법적인 의미에서 독일 민족의 집단적 범죄는 부정하였다. 아렌트도 "모두가 죄인이라는 곳에서는 아무에게도 책임이 없다. 책임과 달리 죄는 항상 선별되며, 엄격하게 개인적인 것이다."라며 집단적 범죄를 개념적으로 거부하였다.[52]

이에 비해 플레처는 독특하게 집단적 범죄를 주창한다.[53] 그러나 플레처의 '인간주의적 집단책임론'과 아렌트의 지론 간의 격차는 크지 않

---

[50] Darcy, 앞의 책, pp. 7-80.

[51] 집단적 처벌과 관련하여 이미 국제노동기구(ILO)와 국제인권단체 휴먼라이츠워치(HRW)는 공산체제 붕괴 이후에 새로 수립된 정권이 과거에 공산당원이었다는 이유만으로 공민권을 제한하려 한 숙정 조치를 인권침해로 규정하고, 책임을 개별적으로 추궁하라고 권고했다. 이재승, 앞의 책, 151쪽.

[52] Arendt, 앞의 글, p. 147.

[53] 플레처에 대한 비판은 Morris, Herbert, "George Fletcher and Collective Guilt : A Critical Commentary on the 2001 Storrs Lectures", *Notre Dame Law Review*, Vol. 78(2002~2003), p. 731 이하. ; 안성조, 〈플레처의 집단책임론에 대한 비판적 재론〉, 《서울대학교 법학》, 제51권 제1호(2010/3), 289~323쪽. 구유고에서 밀로셰비치를 지지하고 이슬람계 학살에 가담하지 않은 사람에게까지 가해자 집단인 세르비아계라는 이유로 집단살해의 죄를 묻는 것은 이론적으로 불가능하다는 견해는 Clark, Janine Natalya, "Collective Guilt, Collective Responsibility and the Serbs", *East European Politics and Societies*, Vol. 22(2008), pp. 668-692.

다. 플레처 역시 범행에 가담하지 않았는데도 단체에 소속됐다는 이유만으로 무고한 개인을 처벌하려는 집단적 범죄론, 즉 '소속에 의한 죄 guilt by association'[54]를 명시적으로 거부한다. 동시에 모든 구성원이 처벌되어야 한다는 원시적인 집단적 처벌론도 거부한다.[55] 플레처는 민족의 집단적 행위주체성을 인정하지만, 집단이나 민족에 대한 책임 추궁 방식에서 흥미롭게도 책임의 분배를 주장한다.[56]

이른바 '공정한 책임 분배론'은 범죄를 실행한 개인의 책임과 배후에서 그 범죄를 충동질한 민족의 책임을 조정하려는 것이다. 플레처는 범죄를 실행한 몇몇 개인에게 모든 책임을 지우는 것은 정의롭지 않다고 평가하고, 개인의 배후에서 문화적으로 부추겼거나 1차적인 범죄 충동을 억제하는 2차적 의지를 형성하는 데 문화적으로 지장을 초래한 민족이나 집단에게도 책임을 물어야 한다고 주장한다. 결국 국가폭력을 문화적 범죄의 일종으로 이해한 것이다.

---

[54] 미국 대통령 매킨리가 무정부주의자에게 살해당하자 무정부주의자 단체 성원이라는 이유로 무정부주의자들의 미국 입국을 금지시켰다. Gary, Keisha A., "Congressional Proposals to Revive Guilt by Association : Ineffective Plan to Stop Terrorism", *Georgetown Immigration Law Journal*, Vol. 8(1994), pp. 227-252.

[55] 미국에서 집단처벌의 사례들은 멕시코 국적 박탈, 중국인 입국 금지, 일본인 강제구금 http://www.altoarizona.com/history-of-racist-us-laws.html.

[56] Fletcher, 앞의 글, p. 1537 이하.

더 나아가, 플레처는 아이히만을 사형에 처할 일이 아니었다고 주장한다. 아이히만의 처형은 유대인 학살의 책임을 몇몇 개인들에게 전가하는 시도라고 보았기 때문이다. 플레처의 주장은 아렌트의 '악의 평범성'[57]과 그 결이 유사하다. 아렌트도 아이히만의 재판 과정을 지켜보면서 악을 신비화하고 실체화하려는 경향을 거부하였다. 아렌트는 인간들이 어떻게 끔찍한 악을 저지를 수 있는지에 관심을 표명하면서 관료제와 시스템을 주목했다. 아렌트는 아이히만이 근본악을 구현한 악마가 아니라 타자에 대해 아무런 생각도 하지 않는 관료적인 인간이라고 이해했다. 나아가, 신비화되고 악마화된 근본악은 처벌도, 용서도, 화해도 불가능하다고 보았다.[58]

한편 플레처는 아이히만에게 그러한 악을 이의 없이 행하도록 제도적으로 문화적으로 교육적으로 부추긴 독일의 보통 사람들의 책임을 강조했다.[59] 플레처는 아이히만의 배후에 있는 독일인들, 밀로셰비치 배후에 있는 세르비아인들을 거론한다. 개인은 섬처럼 고립된 존재로서 행동하지 않기 때문에 집단에게만 귀속되는 집단적 범죄associative guilt 관

---

[57] 아렌트, 김선욱 옮김, 《예루살렘의 아이히만》, 한길사, 2006, 347쪽 참조.

[58] 번스타인, 김선욱 옮김, 《한나 아렌트와 유대인 문제》, 아모르문디, 2009, 236~239쪽.

[59] Fletcher, 앞의 글, p. 1541.

념은 실행 행위자인 개인의 책임을 감경해 주는 역할을 한다. 그렇다면 집단에 대해서는 어떻게 책임을 추궁할 것인가?

플레처는 집단적인 책임 이행 수단으로서 원상회복이나 배상과 같은 민사적인 수단을 고려한다.[60] 플레처는 범죄를 모두 처벌해야 하는 것은 아니라고 지적하면서 참회를 통한 화해도 강조한다. 르완다 가차차 법정Gacaca이 집단학살에 가담한 수만 명의 주민들에게 고백과 참회를 전제로 형량을 줄여 주려 한 방침도 이러한 사고와 일맥상통한다. 어쨌든 집단적 책임은 문화적이고 정치적이고 전망적인 방식으로 이행되는 것이 합당하다.

집단적 도덕적 책임

민족의 집단적 죄collective guilt를 부정하면서도 집단적 도덕적 책임 collective moral responsibility을 인정하는 견해는 널리 퍼져 있다. 방법론적으로 철저한 개인주의자들은 행위, 결정, 책임 등의 문제에서 개인만이 도덕적 행위주체성을 가진다고 주장한다. "가치는 개인에게 속하며, 개인은 도덕적 책임의 유일한 담지자이다. …… 집단책임은 …… 야만적

---

[60] Fletcher, 앞의 글, p. 1536.

이다."[61] "집단은 도덕적 잘못을 저지르지 않는다. 집단은 도덕적 선택을 내릴 수도 없고, 따라서 집단에게는 도덕적 책임이 귀속될 수 없다."[62] 나아가 자신이 야기하지 않은 행위에 대해 도덕적 책임을 지는 것은 불공정하다고 지적하면서 집단의 도덕적 책임을 부정한다.[63]

반면 집단적 도덕적 책임의 옹호자들은 중대한 인권침해 행위(노예제, 홀로코스트, 집단살해)에 직접 가담하지 않은 사람들도 집단적인 도덕적 책임을 져야 한다고 주장한다.[64] 책임은 개인뿐만 아니라 집단에도 귀속되고, 도덕적 비난은 개인뿐만 아니라 집단도 겨냥할 수 있다고 한다.[65] 이들은 집단적 폭력에 직접 가담하지 않았더라도 집단적 의도, 관행의 동조, 정체성, 이익 공유 등을 이유로 집단적 책임이나 공유 책임을 인정

---

[61] Lewis, H. D., "Collective Responsibility", *Philosophy*, Vol. 24(1948), pp. 3-6.

[62] Downie, R. S., "Collective Responsibility", *Philosophy*, Vol. 44(1969), pp. 66-69.

[63] Sverdlik, Stephen, "Collective Responsibility," *Philosophical Studies*, Vol. 51(1987), pp. 61-76.

[64] Smiley, Marion, "From Moral Agency to Collective Wrongs ; Re-thinking Collective Moral Responsibility", *Journal of Law and Policy* (special issue on collective responsibility), Vol. 19(2010), pp. 171-202. Held, Virginia, "Can a Random Collection of Individuals Be Morally Responsible?" *The Journal of Philosophy*, Vol. 68(1970), pp. 471-482.

[65] Cooper, David, "Collective Guilt", *Philosophy*, Vol. 43(1968), pp. 258-268.

한다.[66]

이 문제와 관련해서 야스퍼스의 개념적 혼란을 언급해야겠다. 야스퍼스는 '공식적으로' 집단적 도덕적 죄를 부정하였지만, 이와 상충하는 견해를 제시하면서 자신의 개념적 파행을 실토한다. 집단적 도덕적 죄를 인정하는 대목은 쉽게 찾을 수 있다. 정치적 집단적 책임과 도덕적 죄가 교착된다는 점을 여러 차례 언급했으며, 국민의 생활 방식에서의 집단적 도덕적 책임을 인정하였다.[67]

야스퍼스는 지도자에게 맹목적으로 복종하는 것이 정치적 죄이고, 정치적 죄의 맥락에서 복종의 분위기를 집단적 죄로 규정한다. 복종의 문화는 정치적이며 도덕적인 것이기 때문에 본질적으로 집단적인 책임을 의미한다. 나아가 오늘날 집단적 도덕적 책임의 근거들로 통용되는 것을 야스퍼스도 이미 충분히 고려하였다. 그는 가족 혈통에 유사한 민족성, 독일적 정신생활의 공통성, 공통의 언어와 역사에 입각한 운명 공

---

[66] Miller, 앞의 책, p. 143 이하. : May, Larry, *Morality of Groups, Collective Responsibility, Group-based Harm, and Corporate Rights*, The University of Notre Dame Press, 1987, p. 36 이하. ; Dimitrijevic, Nenad, *Duty to Respond-Mass Crime, Denial, and Collective Responsibility*, CEU Press, 2011, p. 155 이하.

[67] "도덕적인 죄는 어떠한 경우에도 개인에게만 존재하는, 철저히 자기 자신과 대면하게 하는 죄이지만, 집단적인 것 속에도 말하자면 도덕적인 것, 즉 개인으로서는 완전히 피할 수 없는 집단적인 생활 방식과 감정 방식에 존재하는 도덕적인 것이 있다. 이 도덕은 정치적으로도 중요하다."(1946, p. 69)

동체, 조상들의 행위와 전통의 구속성, 정치생활의 공동성, 동시대인의 행위에 대한 연대성, 독일인으로서 자부심과 정체성 등을 거론하며 나치 체제의 등장과 만행에 대한 집단적 책임을 주장할 뿐만 아니라 책임의 상속까지 인정했다.

아이리스 영의 사회적 연결모델

집단적 도덕적 책임에 대한 논의는 결국 과거 중대한 인권침해에 대해 현실적으로 어떻게 공적인 책무를 형성할 것인지로 귀착된다. 이른바 문제의 초점은 과거지향적인 책임에서 미래지향적인 책임으로, 배상과 처벌이라는 옅은 책임에서 만족과 재발 방지의 보증을 포함하는 두터운 책임으로 발전해 간다.

독일의 〈기억책임미래재단법(2000)〉 서문은 다양한 책임 개념을 사용한 것으로 유명하다.[68] 이 법은 미국에서 시작된 유대인 강제노동 소송

---

[68] 이 법의 서문은 다음과 같다.

"나치 국가가 강제수용과 강제구금을 통해, 강제노동과 무수한 인권침해 행위들로 인한 절멸을 통해 심각한 불법Unrecht을 자행했다는 점, 나치 불법에 관여했던 독일 기업들이 역사적 책임historische Verantwortung을 지고, 이를 이행하지 않으면 안 된다는 점, 독일 재계의 재단 설립에 함께 참여하기로 결정한 기업들이 스스로 이러한 책임을 고백했다는 점, 과거에 자행된 불법과 당시에 받은 인간적인 고통이 재정적 급부를 통해서도 결코 원상회복될 수 없다는 점, 나치 체제의 희생자로서 목숨을 잃었거나 그 사이에 사망한 사람들을 위한 이 법률이 너무 늦게

을 화해로 마무리하면서 제정되었다. 서문은 강제노동과 관련하여 독일 재계와 독일 의회의 책임을 논하면서 법적 책임을 배제하려는 의도에서 '법적 안정성'을 말하고 '역사적 책임', '도덕적 책임', '정치적 책임'을 언급한다. 여기서 밝힌 다양한 책임들은 대체로 법적 책임을 부인하거나 우회하려는 수사처럼 보인다. 반면 정치철학자 아이리스 영은 과거청산의 맥락에서 구조 혁신을 위한 총체적인 책임 언어로서 정치적 책임을 거론한다. '정치적 책임'이란 말이 영에 의해서 새로운 진정성을 얻은 것이다.

야스퍼스는 국민의 정치적 죄를 국민의 지위에서 찾았기 때문에 그의 정치적 책임론은 전망을 제공할 수 없었다. 아렌트도 야스퍼스와 마찬가지로 정치적 책임을 구성원 지위에서 찾았다.[69] 영은 아렌트의 개념이 미지근하다는 점을 지적하고 이를 적극적으로 재구성한다.[70] 영은

제정되었다는 점을 인정하며, 독일연방하원은 나치 희생자들에 대한 정치적이고 도덕적인 책임 politische und moralishe Verantwortung을 고백한다. 연방하원은 희생자들에게 가해진 불법에 대한 기억을 미래 세대들에게도 일깨울 것이다./연방하원은 이러한 법률을 통해서 독일-미국 정부 간 협정과 미국 정부의 부수성명 그리고 협상에 참여한 모든 당사자들의 공동성명이 특히 미국에서 독일 기업과 독일 정부의 법적 안정성Rechtssicherheit을 충분한 정도로 보장해야 한다는 전제에서 출발한다./연방하원은 연방상원의 동의를 얻어 다음의 법률을 의결한다."

[69] Arendt, 앞의 글, p. 149. 아렌트는 숄 남매를 정치적 책임을 완수한 사례로 설명한다. 아렌트, 김선욱 옮김, 《예루살렘의 아이히만》, 한길사, 2006, 172쪽.

[70] "아렌트는 정치적 책임의 개념을 너무 열어 두었다. 국가의 단순 성원성이라는 관념은 너무 정

과거의 불법을 단순히 시정하고 피해자를 구제하는 수준의 정의를 넘어, 그러한 불법과 부정의를 야기한 사회구조를 전체적으로 혁신한다는 의미에서 사회적 연결모델에 기초하여 정치적 책임을 논의한다.[71]

"우리가 속한 제도가 부정의나 범죄를 저지르는 것을 보거나 혹은 그런 범죄가 저질러지고 있다고 믿는다면, 우리는 다른 이들을 동원해 그 제도에 반대해야 하고 반대 의사를 드러내야 할 정치적 책임을 진다. 그리고 제도를 변화시켜 더 나은 결말을 이끌어 낼 수 있도록 함께 행동해야 할 정치적 책임을 진다. 이런 뜻에서 정치적 책임이란 미래지향적이다. 그리고 이는 기본적으로 책임을 진다는 것이 정치적이라는 점을 함축한다."[72]

사회의 모든 구성원이 행위를 통해 구조적 부정의의 생산과 재생산에 기여한다는 바로 그 사실 때문에 구성원 모두에게 구조적 부정의를 바로잡을 책임이 있다는 것이다.[73] 영은 역사적 부정의를 구조적 부정의

태적이다. 한 사회의 일원이라는 것은 통상적으로 한 개인이 믿는 것과 아는 것에 따라, 그리고 그나 그녀가 그 사회의 제도들이나 동료 성원들과 어떻게 관계하는지에 따라 역동적인 함의를 갖는다." 아이리스 M. 영, 허라금 옮김,《정치적 책임에 관하여》, 이후, 2013, 159쪽.

[71] 영, 앞의 책, 287쪽 이하.

[72] 영, 앞의 책, 166쪽.

[73] 영, 앞의 책, 289쪽.

문제로 파악하기 때문에, 구조 개혁 문제가 과거청산의 핵심적 사항으로 등장하게 된다. 영의 정치적 책임은 〈인권피해자 권리장전〉이나 변혁적 정의의 기본 관념과 일치한다.

영의 모델은 실제로 사르트르의 진정성이나 메이의 '사회적으로 응답하는 주체'[74]의 책무와도 크게 다르지 않다. 야스퍼스가 언급한 법적 죄, 정치적 죄, 도덕적 죄, 형이상학적 죄, 집단적 죄를 변혁적 정의의 관점에서 공식적으로 종합한다면 세계시민적·정치적 책임이라는 전망을 획득할 수 있을 것이다. 야스퍼스는 죄의 구분에 많은 공력을 기울였지만, 그것을 어떻게 통합해야 하는지에 대해서는 완전하게 답하지 못하였다.[75] 차원의 구분은 도덕적 무분별과의 혼동을 피하기 위함이지 그 자체로 최종적인 해법이 아니다. 더구나 내적 포럼과 외적 포럼의 구분을 고수하는 한 새로운 종합을 성취할 수 없다.

다만, 야스퍼스가 구분한 죄과들은 특정한 개인이나 사회가 과거 인권침해 사건과 관련해 공식적인 정치적·윤리적 책임을 확립하는 데 중

---

[74] May, Larry, *The Socially Responsive Self*, The University of Chicago Press, 1996.

[75] "모든 것을 두서없이 단일한 차원으로 끌어들여 눈대중으로 판단하는 나쁜 판사에게서 볼 수 있는 천박한 죄 논쟁을 피하려면, 먼저 죄 개념을 구별해야 한다. 그러나 이러한 구별은 결국 우리의 죄라고 말할 수 없는 하나의 근원으로 우리를 인도할 것이다. 따라서 상이한 차원들 간에 긴밀한 관계가 있다는 점을 인식하지 못하면 이 모든 구별도 오류가 된다. 각각의 죄 개념은 다른 죄 개념의 영역에 일정한 영향을 미치는 현실을 안고 있다."

요한 자료들이다. 국가범죄에 대한 공식적 책임은, 궁극적으로 내면의 법정에서 벌이는 고독한 성찰이 아니라 공적인 포럼에서의 격렬한 소통으로 형성해야 할 과제이기 때문이다.

응답할 의무

변혁적 정의의 관점에서 국가범죄가 자행된 사회에서 보통 사람들은 대량의 인권침해 피해자들에게 정치적으로 응답할 의무duty to respond를 진다.[76]

침해 행위를 순전히 자연적 행위의 맥락에서 관찰한다면 정부의 대표자들, 공직자들, 군인, 경찰, 여타 개별적 실행자들만이 가해자가 될 것이다. 하지만 국가폭력의 개별적인 실행자들은 개체의 수준을 넘어 집단적 수준에서 행동하기 때문에, 집단학살이나 국가범죄의 배후로 작동하는 보통 사람들에게 집단적 수준의 책임이 존재한다.

국가범죄는 명령자, 이데올로그와 기술자들만으로는 완결되지 않으

---

[76] '응답할 의무' 개념은 Radzik, Linda, "Collective Responsibility and Duties to Respond", *Social Theory and Practice*, Vol. 27(2001), pp. 455-471. ; Dimitrijevic, Nenad, *Duty to Respond-Mass Crime, Denial, and Collective Responsibility*, CEU Press, 2011.

며, 일반 시민의 열광과 동조, 묵인이라는 대중심리적 관여가 필요하다. 범죄 실행자와 범죄와 무관한 자라는 이분법이 오히려 집단적 죄의 구조와 실상을 은폐하고 심층적인 과거청산, 즉 구조 개혁을 방해한다. 직접적인 가해 행위에 가담하지 않는 이상 보통 사람들에게 집단학살의 명령자나 구체적 실행자들과 같이 형사책임을 물을 수는 없지만, 그러한 만행을 저지하지 못하고 방관하고 때로는 지지한 것에 대해 정치적 책임이나 도덕적 책임을 지워야 할 것이다. 국가폭력은 대중이 관여한 문화적 범죄로 간주된다. 역사적 부정의에 대해서도 공동체주의자들이 두 가지 집단적 책임을 모두 인정한다면, 자유주의자들 역시 최소한 정치적 책임은 피하지 못할 것이다.

그렇다면 국가폭력 이후의 사회에서 누가 이행기 정의를 주도할 것인가? 이제 과거청산과 관련하여 정치의 주체가 문제이다. 보통 사람들의 정치적 참여와 주체로서의 열망이 실제로 없다면, 그리고 이들의 혁신이 없다면 과거청산은 형세와 이해관계에 따라 파행을 거듭할 것이다.

국가폭력의 주변에 있던 보통 사람들은 즉자적으로 정의의 주체가 되기 어렵다. 보통 사람은 희생자들과의 관계에서는 가해자의 얼굴을 하고, 권력 남용자와의 관계에서는 피해자의 얼굴을 하기 때문에 그들의 정신은 죄의식과 트라우마로 얼룩져 있다. 이러한 의식의 착종과 분열을 다잡는 깨달음과 전향이 필요하다. 인권침해를 방임하고 때로는 가해 구조에 기여했다는 점에서, 보통 사람들은 자신들의 과오를 인정하고 과거청산을 추구하는 사회책임적 존재로 변전變轉해야 한다.

보통 사람들이 국가폭력과 그 역사를 자신의 과오로 인수하여 그들 자신과 화해를 이루게 하는 것은 과거청산 정치의 개인적 의식 차원에 속한다. 국가범죄의 책임을 권력자들, 구체적인 실행자들, 지배집단에게 전가하지 않고 자신을 죄(책임)의 주체로 인정하는 것이 각성된 주체의 최초 행동이다. 야스퍼스 식으로 말하자면, 보통 사람들이 스스로 정치체에 대한 대가를 지불함으로써 자유를 선언하고 획득하는 것이다.

이때 책임은 과거의 잘못을 교정하는 회고적 태도에 그치지 않고 현재의 제도를 미래지향적으로 혁신하는 책무로 이어진다. 개체적 차원에서의 자기화해 또는 자기지양은 공적으로는 보편적 시민성의 획득을 의미한다.[77] 보편적 시민의 미덕이자 정체政體의 미덕으로서 시민성은 집단살해의 이데올로기와 살육적인 정치체제를 극복하는 거점이자 과거청산 정치가 지향하는 목표점이다. 그러나 이러한 변전 과정은 진실 규명, 집단적 기억, 인권 교육, 공적인 계몽, 바람직한 정치적 공론을 통해 외화되고 제도로 확립되어야 한다.

국가폭력을 겪은 사회에서 시민 윤리를 구현한 보편적 시민이 최초

---

[77] 이에 관해서는 이재승, 〈화해의 문법―시민정치의 관점에서―〉, 《민주법학》, 제46호(2011), 123~158쪽 ; 반폭력의 정치로서 발리바르의 시빌리테civilité에 대해서는 발리바르, 진태원 옮김, 《폭력과 시민다움. 반폭력의 정치를 위하여》, 난장, 2012 참조.

로 응답할 의무는 타인, 특히 피해자를 상대로 사죄와 화해를 위해 커밍아웃하는 것이다. 보편적 시민이라면 응당 국가폭력의 피해자들을 만났을 때 "나는 학살자들을 지지하지 않으며, 당신 가족은 국가와 국민의 이름으로 학살되었으며, 당신 가족의 억울한 죽음을 기억한다. 나는 모든 인권침해와 차별을 반대한다"고 말해야 한다.[78]

국가폭력 이후의 사회에서 여전히 역사 왜곡, 부인 행위, 증오적 언동을 일삼는 도착자들은 이러한 근본적인 의무에 역행하는 자들이다. 각성한 시민은 희생자를 모욕하고 국가폭력을 찬양하는 발언을 접하면 참지 말고 댓글을 달아야 하며, 그저 친구들과 격정을 토로하는 것에 그치지 말고 이성을 공적으로 사용하고 구체적으로 행동해야 한다. 보편적 시민은 진실에 기초한 집단적 기억을 형성하고 보존할 의무를 부담하며, 인권침해를 정상화하는 이데올로기를 상대로 투쟁해야 한다.[79]

국가폭력에 대한 보편적 시민의 응답 의무는, 부정의한 집단 구조를 형성하는 종래의 가치관과 믿음, 태도를 바꾸고, 국가폭력을 야기한 종래의 정치사회 구조를 혁신하는 것이다. 2005년 유엔총회가 채택한 〈인

---

[78] Radzik, 앞의 글, p. 466 이하.

[79] 진실 규명, 기억, 보존에 관한 국민의 권리와 의무에 대해서는, 2005년 증보된 유엔의 〈불처벌 투쟁원칙〉을 참조하라. Orentlicher, Diane, Updated Set of principles for the protection and promotion of human rights through action to combat impunity(E/CN.4/2005/102/Add.1).

권피해자 권리장전〉 역시 사회의 정치구조, 제도, 이데올로기, 사람들의 의식을 바꾸는 것을 만족과 재발 방지 보증으로 보고 이를 제공하는 것이 국가의 의무라고 규정했다.[80] 그러나 시민이 아무것도 요구하지 않는데 국가가 정의를 실현할 리는 만무하다. 국가가 이러한 의무를 이행하도록 정치를 변혁시켜야 하는 것이 바로 보통 사람들의 정치적 책무라는 점이 여기서 드러난다.

한 마디로, 보편적 시민은 항구적인 불침번으로서 폭력을 야기한 정치와 국가구조를 영구적으로 혁신함으로써 과거청산을 정치의 일상적 과정으로 삼는다.

---

[80] 각주 1)의 피해자 권리장전 제22조 및 제23조 참조.

죄의 문제

2014년 11월 30일 초판 1쇄 발행
2023년 12월 10일   3쇄 발행

지은이 | 카를 야스퍼스
옮긴이 | 이재승
펴낸이 | 노경인 · 김주영

펴낸곳 | 도서출판 앨피
　출판등록 | 2004년 11월 23일 제2011-000087호
　전화 | 02-336-2776 팩스 | 0505-115-0525
　전자우편 | lpbook12@naver.com

ISBN 978-89-92151-62-7